W0090342

GRAHAM PHILLIPS/
MARTIN KEATMAN

ARTUS

Die Wahrheit
über den legendären König
der Kelten

Aus dem Englischen von
Christiane Jung

Deutsche Erstausgabe

WILHELM HEYNE VERLAG
MÜNCHEN

HEYNE SACHBUCH
Nr. 19/386

Titel der englischen Originalausgabe
KING ARTHUR
Erschienen 1992 bei Random House U. K. Ltd., London

Wir möchten Mark Booth, Katrina Johnston,
Roderick Brown und Jenny Johnson
für ihre wertvolle Unterstützung danken.

2. Auflage

Redaktion: Ruth Singer

Copyright © 1992 by Graham Phillips und Martin Keatman
Copyright © der deutschsprachigen Ausgabe 1995
by Wilhelm Heyne Verlag GmbH & Co. KG, München
Printed in Germany 1995
Innenphotos: Jenny Johnson
Umschlagillustration: Nicolai Lutohin, München
Umschlaggestaltung: Atelier Adolf Bachmann, Reischach
Satz: Schaber Satz- und Datentechnik, Wels
Druck und Bindung: Ebner Ulm

ISBN 3-453-08776-3

INHALT

1 Die Legende 7

2 Die Schauplätze 23

3 Artus vor den Artusromanen 38

4 Das Artusgefolge 54

5 Geheimnisse und Zauberei 67

6 Historische Manuskripte 81

7 Die Datierung der Ereignisse 99

8 Die Angelsachsen 114

9 Die Schlacht von Badon 130

10 Vortigern 145

11 Ambrosius 163

12 Die Wurzeln 179

13 Die Votadini 195

14 Viroconium 215

15 Der letzte Feldzug 229

16 Der wahre König Artus 244

17 Die Artusdynastie 261

Der heutige Forschungsstand 283

Chronologie der wichtigsten Ereignisse 299

Bibliographie 309

Register 316

1

DIE
LEGENDE

Trotz all der Anstrengungen, die seit Jahrhunderten bei der Suche nach König Artus unternommen wurden, entzieht er sich weiterhin der Geschichtsschreibung. Es mangelt nicht nur an Hinweisen, mit Hilfe derer man entdecken könnte, wer er wirklich war; bis jetzt konnte auch niemand zweifelsfrei nachweisen, daß er überhaupt existierte. Es gibt Anhaltspunkte, jedoch in unterschiedlichster Form: in der Volkserzählung, in der Archäologie und in der Geschichtsschreibung. Der Versuch, das Geheimnis von König Artus zu lüften, gleicht dem Versuch, ein riesiges Puzzle zu legen. Viele haben sich bemüht, das Bild zu vervollständigen, doch oft waren die von ihnen gelegten Teile falsch plaziert, und bis vor kurzem fehlten einige noch vollständig.

Wir sind dabei, ein historisches Abenteuer zu wagen – die Suche nach dem wahren König Artus: nach seiner Identität, seinem Camelot und seiner letzten Ruhestätte. Indem wir die Geschichte vorsichtig aus der Mythologie lösen und die faszinierenden Beweisstücke, die danach übrigbleiben, zusammensetzen, entdecken wir zum erstenmal eine wahre Geschichte, die in jeder Hinsicht ebenso packend ist wie die romantische Legende.

Vor langer Zeit, als Britannien entzweit und ohne König war, verwüsteten Horden von Barbaren das einst fruchtbare Land. Der Thron stand leer für einen gerechten und aufrechten Mann, der das Volk aus seinem erbärmlichen Joch befreien und die Eindringlinge aus dem Land vertreiben würde. Doch nur der, welcher aus dem Stein ein prächtiges Schwert zog, konnte sich als der rechtmäßige Erbe erweisen. Jahre vergingen, und viele versuchten sich, doch das geheimnisvolle Schwert stand fest und unnachgiebig in dem alten, verwitterten Stein. Da trat eines Tages ein junger Mann aus dem Wald, und zum Erstaunen aller gelang ihm, was den Stärksten unter ihnen nicht gelungen war. Die Menschen feierten; der König war gekommen, und sein Name war Artus.

Nachdem er das höchste Amt des Landes angetreten hatte, begann Artus das verwüstete Reich wieder aufzubauen. Er errichtete die uneinnehmbare Festung Camelot und gründete einen Orden von tapferen Kriegern, die Ritter der Tafelrunde. Dann ritt der König aus, um das Böse zu vertreiben, welches das Land belagert hielt. Das befreite Volk schloß ihn bald in sein Herz, und Artus regierte gerecht über sein wiedererblühendes Königreich und nahm die schöne Lady Guinevere zu seiner Königin.

Sogar eine schlimme Seuche, die das Land heimsuchte, wurde durch die neuerwachte Entschlossenheit von Artus' Gefolgsleuten besiegt, denn sie begaben sich auf die Suche nach dem Heiligen Gral, einem sagenhaften Kelch, der das Geheimnis zur Heilung aller Krankheiten enthielt. Doch wie so oft in Zeiten des Wohlstandes gibt es jene, die von der Macht verführt werden. Bald entzweite Rebellion das Königreich, ein bewaffneter Aufstand, angeführt von Modred, Artus' verräterischem Neffen. Und noch jemand, besessen von dunklen Mächten, nährte die Quelle des Zwistes: die geheimnisvolle und teuflische Zauberin Mor-

ganna. In einer letzten Schlacht wurde Modred schließlich bezwungen und Morganna von Merlin, dem Hofzauberer, vernichtet. Doch nicht alles endete gut, denn Artus selbst war tödlich verwundet.

Als er sterbend auf dem Schlachtfeld lag, bat der mächtige König darum, daß Excalibur, die Quelle seiner Macht, in einen heiligen See geworfen und so für immer den Sterblichen entzogen werde. Als das Zauberschwert fiel, erhob sich ein graziler Arm aus dem Wasser, fing das Schwert am Heft auf und zog es mit sich in die kristallene Tiefe.

Da der große König dem Tode nahe war, wurde er durch Zauber auf einer Barke zu der sagenhaften Insel Avalon gebracht, begleitet von drei geheimnisvollen Jungfrauen, die vollkommen in Weiß gekleidet waren. Viele sagen, daß er auf der Insel starb und begraben wurde, doch es gibt jene, die glauben, daß Artus' Seele nicht unter den Toten zu finden ist. Man sagt, daß er schläft und eines Tages zurückkehren wird.

Dies ist im großen und ganzen die sagenhafte Geschichte von König Artus und den Rittern der Tafelrunde, wie sie die meisten von uns heute kennen. In dieser oder jener Form hat man sie auf der ganzen Welt erzählt und in fast alle Sprachen übersetzt.

Während der Neugotik des letzten Jahrhunderts ließen die geisterhaften Zeilen Tennysons und die romantischen Bilder der Präraffaeliten die Artussage wieder aufleben. Heute lesen wir die bezaubernden Romane von Rosemary Sutcliffe, die Stücke von John Arden und die Gedichte von John Heath-Stubbs. Auf der Bühne konnten wir das später verfilmte, aufwendige Musical ›Camelot‹ sehen; ebenfalls auf der Leinwand finden wir John Boormans farbenfrohes Epos ›Excalibur‹, den wundervollen

Zeichentrickfilm von Walt Disney und sogar die herrlich humorvolle Version von Monty Python. Auf der ganzen Welt ist König Artus ein Bestseller.

Doch Artus ist mehr als nur eine gute Idee für ein Buch, ein Theaterstück oder einen Film. Wo immer man sich auf den Britischen Inseln umhört, entdeckt man eine Fülle von Artuserzählungen. Überall im Land lebt der große König in der Überlieferung weiter. Geschichten erzählen, daß er hier geboren oder dort gestorben sei, daß er in diesem Tal mit einem Drachen gekämpft oder auf jenem Berg einen Riesen getötet habe. Es gibt Artushügel, Artussteine und Artushöhlen. König Artus erscheint in England und Wales in mehr Legenden von alten Stätten als jede andere Figur.

König Artus personifiziert die Entschlossenheit der Nation. Wie Britannia oder John Bull verkörpert er den kriegerischen Geist der Briten, der in Zeiten der Not erwachen wird. Seine Geschichte enthält alle dafür typischen Merkmale: den Sieg eines Kindes, wo die Starken versagten, Ritter in schimmernden Rüstungen und hilflose Damen. Doch am faszinierendsten ist das Bewußtsein, daß etwas Magisches immer noch auf seine Entdeckung wartet. Vielleicht der Gral, die göttliche Antwort auf all unsere Wünsche.

König Artus bedeutete für viele Menschen eine Menge von verschiedenen Dingen, doch in den letzten Jahren trieb der Mythos um König Artus die seltsamsten Blüten. Einige der extremeren Ideen sind geradezu absurd: Sie reichen von der Behauptung, Artus sei ein Außerirdischer, bis zu der Vorstellung, er sei der König von Atlantis. Eine Theorie, die tatsächlich einen gewissen Grad an Akzeptanz erreichte, behauptete, er sei der erste Europäer, der Amerika entdeckt habe. Besessene haben ganze Vermögen ausgegeben, um seine Spur zu finden; richtige

Vereine wurden zu diesem Zweck gegründet. Manche behaupten sogar, seine sterblichen Überreste gefunden zu haben, während andere ihre ausgeklügelten Schwindeleien als ›Beweise‹ deklarieren. Seit den 60er Jahren haben sich Hippies auf die Gralsuche gemacht, von den Medien auch ›The Grail Trail‹ genannt. Sie ziehen in Scharen durch die Stadt Glastonbury in Somerset, sehr zum Ärger der Einwohner. In den 80er Jahren schließlich stand König Artus durch das ›Kerker- und Drachen-Fieber‹ erneut im Mittelpunkt.

Es gibt Führer, Studien- und Busreisen, Zeitschriften und Videofilme, die der Artusfan erwerben kann; es gibt sogar Reiseunternehmen, die Artusferien anbieten. König Artus ist unbestritten die bekannteste Figur in der britischen Geschichte, und es ist kaum verwunderlich, daß die Mehrzahl der Briten sowie Tausende von Touristen seine Geschichte kennen. Vielleicht glauben sie nicht alle Erzählungen, vielleicht akzeptieren sie nicht alle Legenden, aber viele von ihnen sind davon überzeugt, daß die Geschichten einen wahren Kern haben. Doch ist dies eine berechtigte Annahme? Gründen sich die Geschichten wirklich auf historische Ereignisse?

Die Geschichte von König Artus, wie wir sie heute kennen, stammt aus der Feder von Sir Thomas Malory und wurde 1485 unter dem Titel *Le Morte Darthur* (Artus' Tod) gedruckt. Malory erfand die Geschichte nicht. Er sammelte vielmehr eine große Anzahl bereits bestehender Geschichten, die zu seiner Zeit populär waren, und erzählte sie neu. Da es zu den ersten gedruckten Büchern gehörte, etablierte sich Malorys Buch als Standardwerk. Und doch findet sich im Mittelalter, der Zeit der Turniere, der höfischen Kultur und der Ritter in Rüstungen, in der die Geschichten zu spielen scheinen, kein Hinweis auf einen solchen König, weder in England noch anderswo in der christlichen Welt. Wie konnte eine solch unbestimmte und undeutliche Figur eine derartige Berühmtheit erlangen?

Zur Beantwortung dieser Frage müssen wir die Entwicklung der Artuserzählung selbst verfolgen und untersuchen, wie die Geschichte in den Romanen des Mittelalters entstand. Der erste detaillierte Bericht über das Leben von Artus wurde um 1135 von dem walisischen Kleriker Geoffrey of Monmouth, dem späteren Bischof von St. Asaph, geschrieben. Geoffreys Werk, die *Historia Regum Britanniae* (Geschichte der Könige Britanniens), legte das Fundament, auf dem alle späteren Erzählungen über König Artus aufbauen. Wie sein Titel vermuten läßt, ist das Buch nicht als Fiktion angelegt. Im Gegenteil: Es präsentierte sich als genaue historische Darstellung der britischen Monarchie. Doch zu einer Zeit, wo es so gut wie keine präzise historische Darstellung gab und Geschichte nicht wie heute als Wissenschaft betrachtet wurde, die ausschließlich von der Deutung bewiesener Tatsachen abhängt, nahmen sich Schriftsteller oft die Freiheit, Historie nach ihrem Belieben auszuschmücken. Auf diese Weise ist es sehr schwierig, Fakten und reine Erfindung in den Werken des Geoffrey of Monmouth auseinanderzuhalten.

Geoffreys in Latein verfaßte *Historia* verfolgt die Entwicklung der britischen Insel und gipfelt in der Beschreibung des goldenen Zeitalters von König Artus. Nach Geoffrey wird Artus als Sohn des britischen Königs Uther Pendragon auf der Burg Tintagel in Cornwall geboren. Bereits in jungen Jahren zum König gekrönt, beweist Artus schon bald seine Autorität, indem er die barbarischen Feinde in der Schlacht von Bath besiegt. Mit seinem magischen Schwert Caliburn, von dem es heißt, es sei auf der Zauberinsel Avalon geschmiedet worden, schlägt Artus die Schotten im Norden und vereint das Land. Nachdem er Irland und Island erobert hat, regiert Artus mit Königin Ganhumara an seiner Seite zwölf Jahre lang in Frieden. Er gründet einen Ritterorden, in den er berühmte Kämpfer aus allen Ländern aufnimmt, bevor er sich mit dem ehrgeizigen Ziel trägt, Europa zu erobern. Nachdem Norwegen, Dänemark und Gallien (ein Gebiet, das sich einst über Norditalien, Frankreich und Belgien, zusammen mit Teilen von Deutschland, den Niederlanden und der Schweiz erstreckte) ohne Schwierigkeiten in seine Hände fallen, kehrt Artus nach Hause zurück und hält in einer Periode des Friedens Hof in der Stadt Caerleon in Südostwales.

Nach einiger Zeit zieht Artus wieder in den Krieg, diesmal, um in Burgund zu kämpfen. Doch nicht alles geht gut. Schon bald sieht er sich gezwungen, nach Britannien zurückzukehren, um eine Revolte niederzuschlagen, die von seinem Neffen Modred angeführt wird, der unklugerweise als Stellvertreter während Artus' Abwesenheit eingesetzt worden war. Obwohl er den Aufstand in der Schlacht von Camlann – irgendwo in Cornwall – niederschlagen kann, wird Artus tödlich verwundet und zur Genesung auf die Insel Avalon gebracht. Geoffrey verschweigt uns, was dann aus Artus wird.

Als zweitwichtigste Figur hinter Artus erscheint in Geoffreys *Historia* der Zauberer Merlin, über den der Priester außerdem zwei Gedichte schreibt. In den *Prophetiae Merlini* (Merlins Prophezeiungen) und der *Vita Merlini* (Das Leben Merlins) beschreibt Geoffrey Merlin als führenden Machthaber hinter dem Thron.

Geoffreys Werk traf schnell auf allgemeine Begeisterung, und bald ließen sich Schriftsteller in ganz Europa von den Abenteuern König Artus' inspirieren. Der erste war der aus Jersey stammende Dichter Wace, der 1155

13

den *Roman de Brut* (Die Geschichte von Brutus) verfaßte. Diese in französischen Versen geschriebene Bearbeitung von Geoffreys Werk war der erste Artusroman und enthält einen wichtigen Zusatz zu der Geschichte, nämlich die Tafelrunde. Fünfzig Ritter konnten an dem riesigen Tisch Platz nehmen, wobei Wace zufolge sein Zweck darin bestand, ein Gefühl der Gleichheit unter Artus' Edelmännern zu fördern.

Obwohl Geoffrey of Monmouth die Artussage bekanntmachte und Wace sie in seinen Gedichten ausarbeitete, war es der französische Autor Chrétien de Troyes, der für die Etablierung des beliebten Romanthemas verantwortlich war. In seinen fünf Artusgeschichten, die zwischen 1160 und 1180 geschrieben wurden, erweiterte Chrétien die Handlung fantasievoll durch die Einführung mittelalterlicher Vorstellungen von Rittertum und von höfischer Liebe. Chrétien erfand nicht nur viele der Ritter (darunter Sir Lanzelot), er verwendete außerdem den viel lyrischer klingenden Namen Guinevere für Artus' Königin und führte Camelot als Namen für den Artushof ein.

In den folgenden Jahrzehnten war König Artus groß in Mode, und in den späten 90er Jahren des 12. Jahrhunderts schrieb Robert de Boron, ein Dichter aus Burgund, eine Trilogie über Artus. Robert war für die Einführung des wohl bekanntesten Motivs der Geschichte verantwortlich, den Heiligen Gral. Von diesem Kelch, den Christus beim letzten Abendmahl benutzte, heißt es, er besäße wunderbare Heilungskräfte. Auf ihrer abenteuerlichen Suche nach dem Gral gewinnen Artus' Ritter sowohl weltliche Erfahrung als auch geistige Einsicht.

Durch das zusätzliche Element der Gralsuche gewannen die Geschichten von König Artus auch unter den Christen Zustimmung, und viele Geistliche begannen, ihre eigenen Artusgeschichten zu verfassen. Der englische Priester Layamon, der um 1200 schrieb, übertrug die Sage als erster ins Englische. Sein Werk *Brut* war eine Adaption von Waces *Roman de Brut*. Untypisch für einen Priester erhebt Layamon König Artus zu einer Messiasfigur. In seiner Version lebt Artus als Unsterblicher auf der verborgenen Insel Avalon, mit dem Versprechen, eines Tages wiederzukehren.

Zu Beginn des 13. Jahrhunderts wurden die restlichen Motive der Geschichte beigefügt, die sich schließlich als Artusgeschichte durchsetzte. Zwischen 1215 und 1235 wurde eine große Anzahl verstreuter Artusgeschichten unter dem Titel *Vulgate Cycle* anonym zusammengefaßt. Der *Vulgate Cycle* ist verantwortlich für viele der folgenden Ausschmückungen der Geschichte, besonders für die Annahme, Modred sei das Kind der inzestuösen Beziehung zwischen Artus und seiner Schwester Morgause.

Nach dem *Vulgate Cycle,* der den Wendepunkt von der Verserzählung zur Prosaerzählung markierte, fügten erfolgreiche Schriftsteller weitere Themen hinzu, bis im späten 15. Jahrhundert die wohl bekannteste Version der Artuslegende erschien, *Le Morte Darthur* von Sir Thomas Malory aus Newbold Revel in Warwickshire. 1470 abgeschlossen, wurde das Buch 1485 von William Caxton gedruckt und entwickelte sich zu einem der ersten Druckwerke mit großer Verbreitung. Das Buch enthält acht Geschichten und bekam von Malory den Titel *The Whole Book of King Arthur and his Noble Knights of the Round Table* (Das vollständige Buch von König Artus und seinen edlen Rittern der Tafelrunde). Obwohl *Le Morte Darthur* eigentlich nur der Titel der letzten Geschichte ist, setzte sich dieser Kurztitel für das Gesamtwerk bis zum heutigen Tag durch.

Le Morte Darthur beginnt mit der Geburt von Artus,

dem unehelichen Sohn von Uther Pendragon. Nachdem er im verborgenen herangewachsen ist, erweist sich Artus als der rechtmäßige König, indem er das Schwert aus dem Stein zieht. Er heiratet Guinevere, gründet die Tafelrunde auf Camelot (das Malory als Winchester identifiziert) und zeugt Modred in unbewußtem Inzest. Nach einer Zeit des Wohlstandes machen sich Artus' Ritter auf die Suche nach dem Heiligen Gral. Während dieser Zeit hat Lanzelot ein ehebrecherisches Verhältnis mit Königin Guinevere. Das Paar wird schließlich entdeckt, und Artus verfolgt Lanzelot bis nach Frankreich, wobei er Modred als Stellvertreter zurückläßt. Am Ende der Geschichte erfährt Artus von Modreds verräterischem Plan, die Macht zu ergreifen, und kehrt zurück, um den Aufstand niederzuschlagen. In einer Entscheidungsschlacht stirbt Modred, und Artus erhält eine tödliche Wunde. Er wird auf einer Barke in das Tal von Avalon gebracht. Nach der Schlacht wird Artus' Schwert Excalibur widerstrebend von Sir Bedivere der ›Lady of the Lake‹ zurückgegeben, während sowohl Lanzelot als auch Guinevere in ein Kloster eintreten und ihr Leben in Frieden beenden.

Dies also ist die Entwicklung der Artusgeschichte in der Literatur. Aber ist sie bloß eine erfundene Geschichte, oder hat sie einen historischen Kern? Obwohl die mittelalterlichen Romanciers (also die Romanschriftsteller des Mittelalters) sich in ihren Artusepen ihrer künstlerischen Freiheit bedient haben, scheinen sie doch alle die historische Realität König Artus' zu akzeptieren. Umgekehrt werden sie jedoch unsicher, wenn sie die beschriebenen Ereignisse zeitlich einordnen sollen. Dies ist ein unglücklicher Umstand, denn wenn wir die Wahrheit herausfinden wollen, ist es entscheidend, die Zeit zu fixieren, in der Artus gelebt haben soll. Nach ihrem Äußeren zu urteilen, spielen die Geschichten im Mittelalter. Die Ritter tragen prächtige Rüstungen, fechten mit Breitschwertern und orientieren sich an den höfischen Regeln. Doch mittelalterliche Autoren, die ihre eigenen Versionen von alten Geschichten verfaßten (wie zum Beispiel der griechischen oder römischen Sagen), beschrieben die Figuren ausnahmslos auf eine dem Leser verständliche Weise, indem sie sie in ihre Zeit übertrugen.

Wenn wir die wahre Artuszeit herausfinden wollen, müssen wir zunächst zu Geoffrey of Monmouth in das 12. Jahrhundert zurückkehren. Im Unterschied zu den anderen Romanwerken sollte Geoffreys Werk als präzises historisches Dokument gelten. In seinen Vorwort heißt es, es sei von einem »bestimmten, sehr alten Buch übertragen worden, welches in der britischen Sprache verfaßt war« und dem Verfasser vom Archidiakon Walter of Oxford überlassen worden sei. Kann man Geoffrey vertrauen? Da es keine Spur von diesem ›sehr alten Buch‹ gibt, bleibt uns nur der Inhalt von Geoffreys Werk als eigenständige Quelle.

Obwohl Geoffrey erzählt, daß Artus 542 n. Chr. in der Schlacht von Camlann kämpfte, gibt es eine Reihe historischer Ungereimtheiten. Dem Leser wird erklärt, daß Artus einen Feldzug gegen die Gallier geführt habe, und zwar während der Regierungszeit von Leo I., von dem wir aus anderen Quellen wissen, daß er von 457 bis 474 Kaiser von Konstantinopel war. (364 hatte sich das Römische Reich in das von Rom regierte Westreich und das von Konstantinopel regierte Ostreich geteilt.) Das bedeutet aber, daß Artus bei der Schlacht von Camlann ungefähr 100 Jahre alt gewesen sein müßte. Diese Unlogik mag ein Ergebnis der Verwirrung sein, die durch zwei verschiedene Zeitrechnungen entstand. Der Kalender von Victorius, der um 465 für Papst Milarius von Victorius von Aquitanien entwickelt wurde, begann seine Berechnung mit der Kreuzigung Christi, wogegen der ›Anno-Domini-Kalender‹, den Geoffrey benutzte und der 525 von dem italienischen Mönch Dionysius Exiguus entwickelt wurde, seine Berechnung mit Christi Geburt begann. Dieses System konnte sich erst im späten 6. Jahrhundert durchsetzen. Wenn Geoffrey diese beiden Zeitrechnungen durcheinanderbrachte, könnte Artus um 510 und nicht 542 gestorben sei, und dies wären nur 36 Jahre nach dem gallischen Krieg.

Größere Ungereimtheiten treten auf, wenn wir Zeitgenossen von Artus untersuchen. Obwohl es keinen historischen Beleg für Artus' Vater Uther Pendragon gibt, scheinen Artus' zwei Onkel jedoch auf historischen Figuren zu basieren. Das Problem ist nur, daß sie in unterschiedlichen Ländern und zu unterschiedlichen Zeiten lebten. Geoffrey erklärt, daß Uther der Bruder von Aurelius Ambrosius war. Dies ist höchstwahrscheinlich Ambrosius Aurelianus, ein authentischer Kriegsherr, der während des späten 5. Jahrhunderts gegen die Angelsachsen kämpfte. Geoffreys Einordnung von Artus in diesen Zeitraum scheint also konsequent. Es paßt jedoch keineswegs zu dem, was Geoffrey uns über Uthers zweiten Bruder Constans erzählt. Geoffrey of Monmouth erklärt, daß Constans, der Sohn von Constantius, ein Mönch war. Nach Geoffrey wurde Constans nach Constantius' Tod dazu überredet, sein Klosterleben aufzugeben und König zu werden. Constans kann als Sohn des Eroberers Constantius III. identifiziert werden, der ebenfalls ein Mönch war und überredet werden konnte, sein Klosterleben aufzugeben, um Nachfolger seines kaiserlichen Vaters zu werden. Unglücklicherweise lebte dieser Constans über ein halbes Jahrhundert *vor* Ambrosius.

Schon zu Geoffreys Lebzeiten gab es ernsthafte Spekulationen darüber, wann König Artus vermutlich gelebt hat. Wace zum Beispiel legt den Tod von Artus in die Mitte des 7. Jahrhunderts, 100 Jahre später als Geoffrey. Um Hinweise auf den wirklichen Artus zu finden, bleibt uns also nichts anderes übrig, als eine Epoche von einem Vierteljahrtausend zu untersuchen, angefangen bei 400 n. Chr. bis ungefähr 650 n. Chr. Zu Malorys Zeiten wurde Artus als feudaler König beschrieben, doch wenn er im 5. oder 6. Jahrhundert gelebt hätte, dann wäre er ein britischer Kriegsherr gewesen, der eher einem Anführer der Wikinger als einem Monarchen mit goldener Krone ähnelte.

In der Schlacht unterschied sich ein britischer Krieger mit Sicherheit erheblich von dem Ritter in strahlender Rüstung, wie wir ihn uns heute als Ritter der Tafelrunde vorstellen. Er trug keinen Helm mit Federschmuck und Visier, sondern eine Schädelbedeckung aus Eisenplatten, bronzenen Riemen und Schutzplatten für Nase und Wangen. Die Rüstung bestand aus nicht viel mehr als einem kurzärmeligen Kettenhemd, während die Schilde aus dickem Holz gemacht und mit einem Metallrahmen verstärkt wurden. Die Schwerter konnten keine langen, schweren Breitschwerter gewesen sein, sondern entsprachen eher dem römischen Typ *spatha,* der ungefähr 70 cm lang war und einen kreuzförmigen Griff hatte. Die Lebensumstände waren sicherlich nicht mit dem Glanz in den riesigen gotischen Burgen des Hochmittelalters vergleichbar. Sogar ein Anführer lebte nur in einer einräumigen Hütte aus Flechtwerk, mit Lehmwänden und Reetdach. Die Verteidigungsanlage bestand nicht aus Steinmauern, Zinnen und Zugbrücken, sondern aus hölzernen Palisaden, Erdwällen und Wassergräben.

Wenn Artus wirklich im 5. oder 6. Jahrhundert gelebt hat, ist es nur logisch, alle verläßlichen Zeugnisse aus dieser Zeit zu untersuchen. Doch schon hier stoßen wir auf ein Problem. Die Hauptquellen der englischen und walisischen Geschichte zu dieser Zeit bestehen aus dem Werk des Mönches Gildas aus dem 6. Jahrhundert, den Aufzeichnungen einiger ausländischer Reisender sowie frühen Klosterschriften. Diese beschäftigen sich nicht hauptsächlich mit militärischen Dingen, doch ist es bei dem großen Ruhm, der Artus später umgab, verwunderlich, daß keine dieser Quellen, die immerhin Zeitzeugen seiner Taten gewesen sein mußten, einen Hinweis auf ihn gibt. Ist die Geschichte von Artus doch nur ein Mythos, entsprungen aus der lebhaften Fantasie eines Geoffrey of Monmouth, auch gegen die Behauptung, seine Quelle sei ein ›sehr altes Buch‹?

Zusammenfassung

Die moderne Artusgeschichte wurde von Geoffrey of Monmouth im 12. Jahrhundert bekanntgemacht, als man annahm, daß Artus ein britischer König war, der ungefähr 600 Jahre zuvor gelebt hatte. Während des Mittelalters entstanden viele Geschichten über König Artus, die man allgemein als Artusromane bezeichnet.

1   Als älteste überlieferte Artusgeschichte gilt die *Historia Regum Britanniae* (Geschichte der Könige Britanniens), die um 1135 von dem walisischen Kleriker Geoffrey of Monmouth geschrieben wurde. Nach Geoffrey wurde Artus auf Burg Tintagel in Cornwall geboren und nach vielen großen Taten schließlich auf die geheimnisvolle Insel Avalon gebracht, nachdem er in der

Schlacht von Camlann, ebenfalls in Cornwall, verwundet worden war.

2   Während der zweiten Hälfte des 12. Jahrhunderts entwickelte sich die Artusgeschichte zu einem beliebten Thema der Romanliteratur, wobei jeder erfolgreiche Autor Geoffreys Grundgeschichte erweiterte. Der erste war der aus Jersey stammende Dichter Wace, der 1155 die Tafelrunde in die Geschichte von König Artus einführte.

3   Um 1170 führte der französische Dichter Chrétien de Troyes die mittelalterlichen Vorstellungen von ritterlichen Tugenden und höfischer Liebe in die Geschichte ein. Chrétien war nicht nur für die literarische Erfindung vieler Ritter, darunter Sir Lanzelot, verantwortlich, er war außerdem der erste Schriftsteller, der König Artus' Hof den Namen Camelot gab.

4   In den späten 90er Jahren des 11. Jahrhunderts fügte der aus Burgund stammende Dichter Robert de Boron das bekannteste Motiv der Geschichte ein: den Heiligen Gral – ein Kelch, den Christus beim letzten Abendmahl verwendete.

5   Um 1200 wurde die Geschichte durch den englischen Priester Layamon erstmals in die englische Sprache übertragen. Seine Geschichte erhob König Artus zu einer Messiasfigur, denn Artus lebte angeblich als Unsterblicher auf der verborgenen Insel Avalon und würde eines Tages zurückkehren.

6   Anfang des 13. Jahrhunderts setzte sich die Artusgeschichte durch, doch erst 1470 wurden alle frühen Ge-

schichten von dem englischen Schriftsteller Sir Thomas Malory zusammengefaßt. Malorys Zusammenstellung, *Le Morte Darthur,* war die erste gedruckte Artuslegende und entwickelte sich deshalb zu der uns heute bekannten Artusgeschichte.

7 Zu Malorys Zeit war die Geschichte von Artus vollständig dem Mittelalter angepaßt worden. Artus galt als feudaler Herrscher, der zusammen mit Rittern in glänzenden Rüstungen auf einer Burg lebte. Hat er tatsächlich im 5. oder 6. Jahrhundert gelebt, so ist er jedoch ein keltischer Krieger mit ganz anderem Lebensstil gewesen.

2

DIE
SCHAUPLÄTZE

Auch wenn vieles aus Geoffreys Artusgeschichte nicht historisch belegbar ist, so hat er König Artus doch nicht erfunden. Ungefähr zehn Jahre vor Erscheinen der *Historia*, im Jahre 1125, schrieb William of Malmesbury, ein Mönch aus dem Kloster von Malmesbury in Wiltshire, die *Gesta Regum Anglorum* (Die Taten der englischen Könige). In diesem Buch wird Artus flüchtig erwähnt. William berichtet von Artus, der Ambrosius Aurelianus im Kampf gegen die heranrückenden Angeln unterstützte und die Briten in der Schlacht von Badon anführte.

In der British Library finden sich außerdem zwei Manuskripte aus dem frühen 12. Jahrhundert, die ebenfalls kurz auf Artus eingehen. In den *Annales Cambriae* (Annalen von Wales) wird davon berichtet, daß Artus um 518 n. Chr. die Schlacht von Badon gewann und daß er um 539 n. Chr. gemeinsam mit Medraut in der Schlacht von Camlann fiel. Das zweite Werk, die *Historia Brittonum* (Geschichte der Briten), beinhaltet eine Liste von Schlachten, die Artus führte, erzählt uns jedoch nur wenig mehr über ihn. Zusammen mit den Informationen von William of Malmesbury (die wir später analysieren wollen), ist es mit Hilfe dieser zwei Manuskripte möglich, die Artuszeit zwischen dem späten 5. und dem frühen 6. Jahrhundert anzusiedeln. Unglücklicherweise gilt diese Zeit als das Dunkle Zeitalter, aus dem fast keine schriftlichen Überlieferungen vorhanden sind. Und so müssen wir uns allein auf das Werk von Geoffrey of Monmouth verlassen, wenn wir irgendwelche Details aus dem Leben von Artus erfahren wollen.

In seiner *Historia* stellt Geoffrey viele Behauptungen als historisch hin, von denen wir aus zuverlässigen zeitgenössischen Quellen wissen, daß sie falsch sind. So erklärt er beispielsweise zu Beginn seines Werkes, daß die britische Nation von einem gewissen Brutus gegründet worden sei, der eine Kolonie mit mehreren Tausend aus der griechischen Sklaverei befreiten Trojanern gründete. Er verleugnet, daß Britannien jemals von den Römern unterworfen worden ist und schließt mit einer Beschreibung, wie die Sachsen mit Hilfe einer afrikanischen Armee in England einfielen. Geoffrey unterläßt es nicht nur, viele der großen britischen Anführer zu nennen, die nachweislich existierten; diejenigen, die er nennt, waren oft Könige anderer Länder. Geoffrey läßt sich leicht zu fantasievollen Behauptungen hinreißen. So erklärt er zum Beispiel, daß Britannien einst von Riesen bevölkert war und beschreibt Merlin als Sohn eines Dämons.

Und doch hat Geoffrey König Artus offenbar nicht erfunden. Es ist deutlich, daß Geoffrey sich die *Historia Brittonum* zu Hilfe nahm (was wir später zeigen werden), und es ist sehr wahrscheinlich, daß er weitere, heute unbekannte Quellen benutzte, um eine Geschichte zu konstruieren, die sich in etwa an die Fakten hält, wenn er über besser dokumentierte Zeiten der britischen Geschichte schreibt. Es drängt sich die Frage auf, warum er König Artus überhaupt so viel Aufmerksamkeit schenkte.

Und mehr noch: Warum folgten ihm so viele darin? Warum sollte ein eher unbekannter Krieger aus dem Dunklen Zeitalter sechs Jahrhunderte nach seinem Tod zu einer solch berühmten Romanfigur werden?

Die Hauptursache scheint politischer Natur zu sein: König Artus wurde in der mittelalterlichen Propaganda zu einer wichtigen Figur. Die Könige von England, seit der Schlacht von Hastings im Jahre 1066 normannischen Blutes, mußten auf irgendeine Weise ihr göttliches Herrschaftsrecht belegen. In einer Zeit mangelnder Verständigung bedurfte es mehr als nur der Armeen, um die Ordnung zu erhalten. Die Monarchie brauchte die Unterstützung der Kirche. Da es hauptsächlich Kirchenmänner waren, die lesen und schreiben konnten, waren sie besonders wichtig für die Regierenden. Zudem meldete die französische Dynastie der Karpetinger immer wieder ihren Anspruch auf den britischen Thron an und drängte die Normannen, ihre Herrschaft über England zu begründen.

Viele der sächsischen Adligen konnten sich zu Recht als Nachkommen der Könige von England bezeichnen, wie zum Beispiel Alfred der Große und König Edgar. Dagegen führten die Normannen ihre eigenen königlich-britischen Vorfahren ins Feld. Da sie sich auf keltische Krieger beziehen konnten, die während des 5. und 6. Jahrhunderts nach der Invasion der Sachsen in die Normandie geflüchtet waren, sahen sich die Normannen nach keltischen Figuren um, die als angemessene Ahnen herhalten konnten. Unglücklicherweise gab es keinen Hinweis, daß irgendeine dieser keltischen Personen im mittelalterlichen Sinne als König bezeichnet werden konnte. Der Krieger Artus bot sich noch am ehesten an, und da die Artussage den Bedürfnissen der normannischen Herrscher entsprach, wurde Geoffreys *Historia* begeistert aufgenommen, vor allem von dem König normannischen Ursprungs, Heinrich I.

Mit Hilfe der oben erwähnten mittelalterlichen Geschichtsschreiber können wir einen ungefähren Rahmen für die Artuszeit festsetzen, nämlich das 5. oder 6. Jahrhundert. Doch was ist mit den Schauplätzen? Wo wurde Artus geboren? Wo war sein Hof? Und wo wurde er begraben? Welche Quellen Geoffrey und anderen bei der Rekonstruktion von Artus' Leben auch immer zugänglich gewesen sind – uns ist kaum etwas davon erhalten geblieben. Vieles, was sich auf König Artus bezieht, existiert nur in Form von Mythen, Legenden und Volkserzählungen. Um die Orte zu untersuchen, die in den Artuslegenden beschrieben werden, wenden wir uns nun den Plätzen in Britannien zu, die normalerweise mit König Artus in Verbindung gebracht werden.

Allgemein wird angenommen, daß Artus auf Burg Tintagel an der Nordküste von Cornwall zur Welt kam. Jeder, der das kleine Dorf zur Ferienzeit besucht, wird Scharen von Besuchern aller Nationalitäten vorfinden. Die Ruinen der Burg stehen vor Tintagel auf einer Art Insel, die vom schäumenden Meer umspült wird und nur durch einen schmalen Felssteg mit dem Festland verbunden ist. Doch dieser Steg ist schon lange brüchig, so daß jeder Besucher der Ruinen heute eine Brücke überqueren und viele Stufen erklimmen muß.

Der früheste Hinweis auf eine Verbindung von Tintagel mit König Artus findet sich in der *Historia* von Geoffrey of Monmouth: Uther Pendragon begehrt Ygerna, die Frau von Gorlois, dem Herzog von Cornwall. Mit Hilfe eines Zaubertranks, den der Zauberer Merlin für ihn zubereitet hat, nimmt Uther für einige Zeit die Gestalt von Gorlois an. So besucht er die Burg des Herzogs auf Tintagel und schläft mit der Herzogin. Dabei wird Artus gezeugt. Nach dem Tod von Gorlois macht Uther Ygerna zu seiner Königin, und Artus wird auf Burg Tintagel geboren.

Die Tourismusindustrie und Tausende Besucher scheinen sich nicht an der einfachen historischen Tatsache zu stören, daß die jetzige Burg niemals die Geburtsstätte eines Kriegers gewesen sein kann, der Jahrhunderte vor der Schlacht von Hastings (1066) gelebt hat. Die Burg wurde im frühen 12. Jahrhundert für Reginald, den Lord von Cornwall, gebaut. Die Geschichte wurde vielleicht von Geoffrey ausgedacht, um Reginald zu gefallen, der immerhin der reiche Bruder von Geoffreys Gönner Robert, dem Lord von Gloucester, war. Zu Geoffreys Verteidigung wurde gelegentlich gemutmaßt, daß Artus in einer Burg geboren wurde, die bereits vorher an dieser Stelle stand. Doch haben moderne Ausgrabungen erwiesen, daß der Berg von einer frühen Mönchsgemeinde bewohnt wurde – es ist sehr unwahrscheinlich, daß irgend jemand hier geboren wurde.

Mit diesen Zweifeln an Artus' Geburtsstätte untersuchen wir nun die Legende von seiner prächtigen Burg Camelot. Und sofort stoßen wir auf ein Problem: Es gibt keinen Hinweis darauf, daß ein Ort namens Camelot je existiert hat. Geoffrey erwähnt ihn überhaupt nicht; genauso Wace. Das erste Mal taucht Camelot als Bezeichnung für den Hof von Artus im 12. Jahrhundert bei dem Dichter Chrétien de Troyes auf. Doch wird er auch nur in einem der Werke Chrétiens erwähnt, nämlich im *Lancelot ou Le Chevalier de la Charreté*, und auch nur nebenbei.

Während des 13. Jahrhunderts begannen die Romanschreiber, sehr viel mehr aus Camelot zu machen. Sie beschrieben detailliert die wunderschöne Stadt und ihre eindrucksvolle Burg. Obwohl sich alle Schriftsteller in ihren Beschreibungen voneinander unterscheiden, ähneln sie sich in dem Punkt, daß sie die Lage dieses Ortes nicht näher spezifizieren. Nach Malory allerdings lag Camelot bei Winchester in Hampshire, und in der Großen Halle von Burg Winchester findet man immer noch das berühmteste aller Artusrelikte, den Runden Tisch.

Heute besteht dieser Tisch nur noch aus einer Tischplatte ohne Beine und hängt an der Wand. Sein Durchmesser beträgt etwa fünf Meter, er besteht aus massiver Eiche und wiegt schätzungsweise eineinviertel Tonnen. Der Runde Tisch gleicht wegen seiner grünen Farbe und den weißen Segmenten einer riesigen Dartscheibe. Die Segmente sollen die Plätze bezeichnen, an denen der König und seine Ritter einst saßen. In Malorys Tagen hielten viele diesen Tisch für echt, so wie man Burg Winchester allgemein für Artus' Festung hielt. Leider ist die Burg, wie bereits Tintagel, nicht annähernd alt genug, um aus der Zeit von Artus zu stammen, denn sie wurde im 11. Jahrhundert von Wilhelm dem Eroberer gebaut.

Doch was ist mit dem Tisch selbst? Seine Bemalung wurde nach Malorys Zeit während der Herrschaft Heinrich VIII. aufgetragen. Seine Struktur ist jedoch sehr viel älter. 1976 stellte man wissenschaftliche Versuche an, um das wahre Alter herauszufinden. Nach eingehenden Untersuchungen der Baumringe in dem Holz, Analysen der Tischlermethoden und einer Radiokarbondatierung kam man zu dem Ergebnis, daß der Tisch während der Herrschaft von Eduard III. hergestellt worden ist; wahrscheinlich im Jahre 1344, als der König sich zur Gründung eines Ritterordens entschloß, der auf der Tafelrunde aufbaute, wie sie in den bekannten Romanen beschrieben wurde. (1348 verwarf er diese Idee wieder und gründete statt dessen den Hosenbandorden.) Zu Artus und dem

6. Jahrhundert gibt es keine Verbindung. Doch der Tisch zeigt den beträchtlichen Einfluß der Artuslegenden während des Mittelalters.

Nicht nur in England gibt es eine Stadt, die Anspruch darauf erhebt, Camelot gewesen zu sein. Einige halten die kleine Stadt Caerleon am Fluß Usk in Südostwales dafür. Geoffrey führt Caerleon als den Ort an, an dem Artus einige Zeit nach seinem ersten gallischen Feldzug Hof hielt. Wahrscheinlich ist dies auch der Ort für eine von Artus' Schlachten, die in der *Historia Brittonum* als ›City of the Legion‹ (die Legionsstadt) bezeichnet wird, da dies die wörtliche Übersetzung für Caerleon ist. Zur Zeit der Römer wurde sie Isca Silurum genannt und diente als militärischer Vorposten mit großer Zivilbevölkerung. Tatsächlich wissen wir, daß noch zu Geoffreys Zeiten eindrucksvolle römische Ruinen zu sehen waren, da sich Geoffrey in seinen Schriften darauf bezieht. Ausgrabungen in neuerer Zeit haben eine Reihe römischer Überreste entdeckt, unter anderem ein Amphitheater, welches von einigen für den Ursprung des Runden Tisches gehalten wird. Doch auch wenn man Caerleon Verbindungen mit den Artuslegenden zugestehen kann, so paßt der Ort nicht zur Camelotlegende: Nach Geoffrey hält Artus hier nur eine kurze Zeit Hof, während die *Historia Brittonum* Caerleon nur als Kampfplatz beschreibt.

In England gibt es noch andere Kandidaten. Burg Cadbury, eine Bergfestung in Somerset aus der Eisenzeit, wurde lange Jahre für Camelot gehalten. Den ersten Hinweis gab der Hauptantiquar Heinrichs VIII., John Leland, im Jahre 1542. Doch Leland führt an, daß es ihm, auch wenn die Leute am Ort Cadbury für den Sitz Camelots hielten, nicht gelungen sei, eine spezielle Artuslegende zu finden, die sich auf die Bergfestung bezieht. Wahrscheinlich sei der Volksglaube aufgrund der Tatsache zustandegekommen, daß das Wort Camel auch in den Namen von zwei nahegelegenen Dörfern zu finden ist, nämlich in Queen Camel und West Camel. Obwohl die Bergfestung lange vor der Zeit gebaut wurde, in der Artus gelebt haben soll, gibt es keinen Hinweis auf eine Verbindung mit diesem Ort, der über die von Leland erwähnte Namensverwandtschaft hinausgeht. Das Wort Camelot ist mit an Sicherheit grenzender Wahrscheinlichkeit eine Erfindung Chrétien de Troyes und dient nur wenig dazu, einen Anspruch zu untermauern. Trotzdem wurden unter der Leitung des Archäologen Leslie Alcock in den späten 60er Jahren dieses Jahrhunderts riesige Ausgrabungen in Cadbury unternommen. Obwohl man Hinweise darauf fand, daß der Platz wie viele andere in der fraglichen Zeit um 500 umgestaltet worden ist, fand man keinen Beweis für eine Verbindung zu dem historischen König Artus.

Wenn Camelot nicht zu belegen ist, was können wir dann von den modernen Bezügen zu Avalon, der legendären Ruhestätte von Artus, halten?

Der erste Autor, der Avalon erwähnte, war Geoffrey of Monmouth. In seiner *Historia* nennt er die ›Insula Avallonis‹ und bezieht sich zweimal darauf. Er sagt, daß Calibur, das Schwert von Artus, auf der Insel geschmiedet und daß Artus nach seiner letzten Schlacht dorthin gebracht wurde, damit seine Wunden versorgt werden konnten. In seiner *Vita Merlini* nennt er die Insel auch ›Insula Pomorum‹, die Insel der Äpfel. Nach Geoffrey liegt sie irgendwo im westlichen Meer und ist die Heimat von Morgan (eine gute Zauberin und nicht die Hexe späterer Geschichten), die eine Schwesternschaft von neun Jungfrauen leitet. Nach der Schlacht wird Artus auf die Insel gebracht und auf ein goldenes Bett gelegt. Morgan bietet ihm Heilung an, wenn er ihr verspricht, mit ihr auf der Insel zu bleiben.

Wann immer Avalon erwähnt wird, fällt einem sofort der kleine Marktort Glastonbury im Westen des Landes ein. Neben seinen Hauptstraßen, die in die Ortschaft führen, begrüßen Schilder die Touristen im ›Alten Avalon‹. Der Anspruch der Stadt, die mystische Insel Avalon und Ruhestätte von Artus zu sein, gab lange Zeit Anlaß zur Kontroverse. Glastonbury, das inmitten einer kleinen Hügelgruppe liegt, war in früherer Zeit beinahe eine Insel, denn ein Großteil der Landschaft stand unter Wasser. Es ist ohne Zweifel ein imposanter Ort, denn sein höchster Berg, Glastonbury Tor, auf dessen Gipfel ein einzelner Steinturm steht, ist in der fruchtbaren Ebene Somersets meilenweit zu sehen.

Wie kommt es zu der Verbindung von Glastonbury mit der geheimnisvollen Insel? Offenbar hat niemand vor 1190 Glastonbury mit Avalon in Beziehung gebracht. Im Gegenteil: frühen Historikern war diese Beziehung völlig unbekannt. William of Malmesbury, der zu Beginn des 12. Jahrhunderts schrieb, verfaßte eine Geschichte von Glastonbury. Nicht ein einziges Mal nennt er einen Zusammenhang zwischen Glastonbury und Avalon. Noch weniger Caradoc of Llancarfan, der um 1140 schrieb und den ersten bekannten Text verfaßte, in dem die Artusgeschichte in Verbindung mit Glastonbury gebracht wird. Er bezeichnet Glastonbury nicht als Avalon, sagt jedoch, daß der Abt von Glastonbury dabei half, Guinevere aus den Händen von König Melwas von Somerset zu befreien.

Glastonburys Verbindung zu König Artus entstand als Ergebnis einer Entdeckung, die man, wie es heißt, im späten 12. Jahrhundert in den Grundmauern der Abtei machte. Die eindrucksvollen Ruinen der Abtei von Glastonbury, die noch heute stehen, entstammen dem späten 12. Jahrhundert und wurden nach der Zerstörung viel älterer Gebäude durch ein Feuer im Jahre 1184 errichtet. 1190 erklärten die Mönche während der Rekonstruktionsarbeiten, die dem Feuer folgten, daß sie ein Grab mit den Gebeinen eines großen Mannes sowie einige kleinere Knochen und ein Büschel mit blondem Haar entdeckt hätten. Gemeinsam mit diesen Überresten sei ein Kreuz gefunden worden, das die folgende lateinische Inschrift trüge:

HIC IACET SEPULTUS INCLYTUS REX ARTHURIUS IN INSULA AVALLONIA CUM UXORE SUA SECUNDA WENNEVERIA.

»Hier liegt der berühmte König Artus auf der Insel Avalon mit seiner zweiten Frau Guinevere.«

Weder die Knochen noch das Kreuz existieren heute, und so kann man leider auch nichts beweisen. Doch die Entdeckung des Grabes kam, vorsichtig formuliert, gelegen. Die Abtei benötigte dringend Gelder für den Wiederaufbau, und der sicherste Weg Geld aufzutreiben, war, eine Menge Pilger anzuziehen. Geschichten über König Artus waren zu der Zeit so populär, daß nur wenige andere Relikte sich eigneten, so viele Besucher anzulocken. Die Inschrift des Kreuzes war ebenfalls recht angenehm, da sie der Welt nicht nur erklärte, daß Artus hier begraben sei, sondern auch, daß Glastonbury die Insel Avalon darstellte.

Die Erwähnung von Guinevere als zweite Frau von Artus war ein zusätzlicher Glücksfall, denn zu dieser Zeit waren zwei unterschiedliche, jedoch im selben Maß bekannte Geschichten im Umlauf: Die eine erzählte, daß Artus' Königin den Namen Guinevere trug, die andere nannte sie Ganhumara. Daß Guinevere nun seine zweite Frau sein sollte, stellte jedermann zufrieden. Einige Jahre später jedoch, als allgemein angenommen wurde, daß Artus nur eine Frau gehabt habe, behauptete man, daß das Kreuz nur diese Inschrift (in leicht verändertem Latein) gehabt habe:

HIC IACET SEPULTUS INCLITUS REX ARTURIUS IN INSULA AVALONIA.

»Hier liegt der berühmte König Artus auf der Insel Avalon.«

Günstigerweise wird Guinevere gar nicht mehr erwähnt.

1962 führte der Archäologe Dr. Ralegh Radford Ausgrabungen an der Stelle durch, an der die Mönche nach ihren Aussagen gegraben hatten, und fand Hinweise auf ein altes Grab. Vielleicht hatten die Brüder doch einige Gebeine gefunden? Unglücklicherweise kann man, ohne das Kreuz zu untersuchen, nicht nachweisen, daß der gefundene Körper der von Artus war. Wir haben jedoch die angebliche Inschrift, die selbst schon kontrovers ist. Man hat darauf hingewiesen, daß sich das Kreuz durch den Stil der lateinischen Inschrift als eine Fälschung aus dem 12. Jahrhundert verrate. Nach Meinung des Oxforder Linguisten James Hudson unterscheidet es sich von einer Inschrift aus dem 6. Jahrhundert so sehr, wie sich das moderne Englisch von einem Shakespeare-Text unterscheidet.

Zuletzt soll darauf hingewiesen werden, daß Artus nicht die einzige Berühmtheit war, den die Mönche angeblich nach dem Feuer ausgruben. Unter anderem erklärten sie, sie hätten St. Patrick, St. Gildas und – dies ist am unglaubwürdigsten – den Erzbischof Dunstan gefunden, welcher bereits seit über 200 Jahren friedlich in

Canterbury gelegen hatte. Diese dubiosen Überreste waren in Glastonbury zu besichtigen und zogen großzügige Spenden derjenigen an, die in der Abtei den Gottesdienst besuchten.

Heute ist die Affäre um die Gebeine von Artus mit so vielen Zweifeln behaftet, daß nur wenige Geschichtswissenschaftler sie ernst nehmen. Die Mönche entdeckten vielleicht ein unbekanntes Grab, und jemand kam auf die Idee, es als das Grab von König Artus auszugeben. Ein Kreuz mit Inschrift galt als ›Beweis‹ und wurde einer bereitwillig glaubenden Öffentlichkeit präsentiert. Was auch immer wirklich geschehen ist, wir können uns einer Sache sicher sein: Die Pilger kamen in Scharen, und die Abtei sammelte ein Vermögen.

Die Verbindung von Glastonbury mit dem Heiligen Gral verursachte ebenfalls viel Aufsehen, doch auch diese Idee scheint erst nach der ›Entdeckung‹ der Mönche aufgekommen zu sein. Die Bibel beschreibt, wie Josef von Arimatäa den Leichnam von Christus nach der Kreuzigung in das Grab legte. Nach dem Gedicht *Joseph d'Arimathie,* das Ende des 12. Jahrhunderts von Robert de Boron verfaßt wurde, stellte der Gral einen Kelch dar, der beim letzten Abendmahl verwendet wurde. Josef erhielt ihn von Pilatus und fing darin das Blut des gekreuzigten Christus auf. In dem Gedicht besteht Josef eine Reihe von Abenteuern, und schließlich wird der Gral nach Britannien gebracht, und zwar in das Tal von Avalon.

Obwohl Robert sich mit keinem Wort auf Glastonbury bezog, nahmen die Mönche der Abtei bald an, daß der Gral hier versteckt war. 1247 gab die Abtei eine überarbeitete Ausgabe der Geschichte von Glastonbury heraus, wie sie von William of Malmesbury ein Jahrhundert vorher begonnen worden war. Obwohl William in seinem

Originaltext *De Antiquitate Glastoniensis Ecclesiae* (Über die Geschichte der Kirche von Glastonbury), der 1130 geschrieben wurde, nichts von Josef von Arimatäa erwähnt, wird in der überarbeiteten Ausgabe von 1247 behauptet, daß die Kirche von Glastonbury von Josef selbst gegründet wurde; fraglos eine falsche Behauptung, die Nutzen aus dem bekannten Gedicht von Robert de Boron zog. Die Originalversion von William of Malmesbury gab nur an, daß die Kirche von Anhängern von Jesus gegründet wurde. Er zieht keine Beweise für diese Geschichte heran, noch nennt er irgendwelche Namen.

So kann der berühmte Schauplatz, der normalerweise mit Artus in Verbindung gebracht wird, einer genauen historischen Überprüfung nicht standhalten. Es gibt kein zeitgenössisches Dokument, welches die Existenz von Artus beweist, und Archäologen haben nichts gefunden, was seinen Namen trägt. Wenn man also annimmt, daß die mittelalterlichen Geschichten einfach nur eine romantische Erfindung waren, die sich zum größten Teil auf den wenig verläßlichen Geoffrey of Monmouth beruft, gibt es dann noch einen Grund, weiterzusuchen? Ist Artus also doch nur ein Mythos?

Selbst wenn Artus einfach der Mythologie entspringt, so ist doch die Legende sehr alt, was schon an sich sehr bezeichnend ist. Von William of Malmesbury, den *Annales Cambriae* und der *Historia Brittonum,* also drei Werke, die definitiv vor Geoffrey of Monmouth geschrieben wurden und die alle Artus erwähnen, wissen wir, daß sich die Legende im frühen 12. Jahrhundert durchsetzte. Um zu erklären, wie diese Legenden entstanden, müssen wir nun andere literarische Hinweise auf Artus untersuchen, um zu sehen, ob sie zeitlich vor Geoffrey of Monmouth einzuordnen sind.

Zusammenfassung

Obwohl Geoffreys Beschreibung von Artus' Leben nicht als historisches Werk angesehen werden kann, so hat er doch König Artus nicht erfunden, und manche seiner Behauptungen könnten auf der Wahrheit beruhen. Doch wenn wir versuchen, Artus zu lokalisieren, stellt sich heraus, daß Geschichten über die Schauplätze, die mit ihm in Verbindung gebracht werden, bestenfalls mittelalterliche Legenden, schlimmstenfalls bewußte Erfindungen sind.

1   In seiner *Historia Regum Britanniae* stellt Geoffrey viele historische Behauptungen auf, die sich bei Vergleichen mit verläßlichen zeitgenössischen Quellen als falsch erweisen. Zum Beispiel streitet er ab, daß Britannien je von den Römern erobert wurde und beschreibt, wie die Sachsen mit der Hilfe afrikanischer Heere in England einfielen. Man sollte ihn deshalb als Historiker nicht allzu ernst nehmen.

2   Obwohl es nur wenige Beweise für die Einzelheiten von Geoffreys Artusgeschichte gibt, existierte die Legende selbst schon vorher. Ungefähr zehn Jahre vor Geoffrey wird Artus flüchtig von William of Malmesbury erwähnt. Außerdem liegen in der British Library zwei Manuskripte von um 1100, die die Schlachten von Artus nennen: die *Annales Cambriae* und die *Historia Brittonum.*

3   Die Hauptursache für die Beliebtheit von Geoffreys Artusgeschichte liegt darin, daß sie die Basis einer mittelalterlichen Propaganda für den englischen König Heinrich I. bildete. Die Könige von England, normannischer

Abstammung seit der Schlacht von Hastings im Jahre 1066, brauchten einen Beweis dafür, daß sie die Nachkommen eines heldenhaften vorsächsischen britischen Königs waren. Die passendste Figur hierfür war der legendäre König Artus.

4 Wenn Artus tatsächlich sechs Jahrhunderte vor Geoffrey lebte, halten die Touristenattraktionen einer historischen Überprüfung nicht stand. Die Burg Tintagel, der angebliche Geburtsort von Artus, wurde nicht vor dem 12. Jahrhundert erbaut, und der Runde Tisch von Winchester läßt sich wissenschaftlich nachweisbar auf die Zeit von Eduard III., also um 1344 datieren.

5 Die Entdeckung des ›Artusgrabes‹ unter der Abteikirche von Glastonbury im Jahre 1190 wird von den meisten Historikern als Betrug angesehen, der Besucher anlocken sollte. Es gibt keinen Hinweis darauf, daß irgend jemand vor 1190 den Ort Glastonbury mit Avalon gleichgesetzt hat. Im Gegenteil scheinen die früheren Autoren von einer solchen Annahme überhaupt nichts zu wissen. Es gibt ebenfalls Hinweise auf einen Betrug, was die Verbindung von Glastonbury mit der Legende des Heiligen Grals betrifft. Eine überarbeitete Ausgabe des Buches *De Antiquitate Glastoniensis Ecclesiae* von William of Malmesbury, das 1247 von den Mönchen von Glastonbury herausgegeben wurde, beinhaltet die Erwähnung Josef von Arimatäas, die sich in Williams Originalversion von 1130 nicht finden läßt.

3

ARTUS VOR DEN ARTUS-ROMANEN

In all den Jahren wurde viel über die Rolle von Artus in der frühen walisischen Literatur spekuliert. Viele Autoren verwendeten diese Hinweise zur Unterstützung der verschiedensten Artustheorien. Leider erfährt man bei der genaueren Suche nach historisch verläßlichen Hinweisen in der walisischen Literatur einen Rückschlag: Keine der erhaltenen Ausgaben dieser Werke, die König Artus erwähnen, stammen aus der Zeit, bevor sich die Artusromane durchgesetzt hatten. Dennoch: Kann diese keltische Lyrik und Prosa uns vielleicht Einblick darin geben, welchen Status die Artuslegende hatte, als Geoffrey und seine Nachfolger ihre Werke verfaßten?

Das älteste erhaltene Manuskript eines walisischen Gedichtes, in dem Artus erwähnt wird, ist *Llyfr Du Caerfyrddin,* das ›Schwarze Buch von Carmarthen‹, das heute in der Nationalbibliothek von Wales in Aberystwyth steht. Wie viele der mittelalterlichen Manuskripte aus Wales erhielt dieses Werk seinen Namen aufgrund der Farbe seines Einbands. Es wurde um die Mitte des 13. Jahrhunderts zusammengestellt (wahrscheinlich von nur einem Schreiber) und enthält fast ausschließlich Gedichte, die von früheren Dokumenten kopiert wurden oder mündlicher Überlieferung entstammen. Obwohl Artus kurz in einigen der Gedichte des Manuskriptes erwähnt wird (so zum Beispiel in *Englynion y Beddau,* der ›Strophe über die Gräber‹, in der es heißt, daß der Begräbnisort von Artus ungeklärt sei), wird er nur einmal detailliert behandelt, nämlich in *Pa ŵr yw'r Porthor,* allgemein als ›Dialog von Artus und Glewlwyd Gafaelfawr‹ bezeichnet. In diesem Gedicht ist Glewlwyd Gafaelfawr der Wächter einer Burg, zu der Artus Einlaß begehrt. Er muß sich erst beweisen, bevor er eintreten darf. Leider enthält die Erzählung keinerlei Hinweise auf die Geschichte von Artus, denn beschrieben werden hier nur Dämonen, Monster und mythologische Wesen. Die einzige Erwähnung von Artus im ›Schwarzen Buch von Carmarthen‹, die einen historischen Anspruch erhebt, bezieht sich auf Artus' Anwesenheit bei der Schlacht von Llongborth (in *Englynion Geraint,* den ›Strophen von Geraint‹), obwohl dieser Ort leider nicht mehr identifiziert werden kann.

Etwas später als das ›Schwarze Buch von Carmarthen‹ erschien *Llyfr Taliesin,* das ›Buch von Taliesin‹ (ebenfalls in der Nationalbibliothek von Wales); dieses Manuskript entstand um 1300 und enthält Gedichte, die von einem Dichter aus dem 6. Jahrhundert mit gleichem Namen handeln. Obwohl man sich darüber streiten kann, ob Taliesin wirklich gelebt hat, enthält das Manuskript viele Stellen, an denen andere Personen als der Barde beschrieben werden. Artus wird in mehreren Gedichten des ›Buches von Taliesin‹ erwähnt, doch wieder nur flüchtig. Eine Ausnahme stellt das Gedicht *Preiddiau Annwn* (Die Beute von Annwn) dar, das davon erzählt, wie Artus und seine Männer das Zauberland Annwn überfallen und seine Schätze – einen sagenhaften Kessel und ein magisches Schwert – stehlen.

Wir wenden uns als nächstes dem bekanntesten aller walisischen Manuskripte zu, das Artus erwähnt, nämlich *Llyfr Coch Hergest,* dem ›Roten Buch von Hergest‹, welches um 1400 entstand und heute in der Bodleian Library in Oxford zu sehen ist. In diesem Manuskript interessieren uns besonders zwei Geschichten: *Breuddwyd Rhonabwy,* der ›Traum von Rhonabwy‹, sowie *Cyfranc Culhwch a Olwen,* die ›Geschichte von Culhwch und Olwen‹. Die erste, eine Geschichte von einem Krieger namens Rhonabwy, der vom König von Powys beauftragt wird, dessen abtrünnigen Bruder zu finden, beinhaltet ein historisches Ereignis, nämlich die Schlacht von Badon. Während seiner Reise hat Rhonabwy eine Vision von König Artus' Lager am Rande einer Schlacht. Interessanterweise ist Artus' Britannien, das in ›Rhonabwys Traum‹ beschrieben wird, sehr symbolträchtig und soll später noch einmal genau untersucht werden. ›Culhwch und Olwen‹ auf der anderen Seite hat deutlich alte Bezüge. Die Geschichte war auf jeden Fall bereits 1325 vorhanden, denn sie ist in Fragmenten in *Llyfr Gwyn Rhydderch,* dem ›Weißen Buch von Rhydderch‹ erhalten, das zu dieser Zeit entstand (heute liegt es in zwei Bänden in der Nationalbibliothek von Wales). Zudem haben linguistische Analysen ergeben, daß ›Culhwch und Olwen‹ eigentlich bereits im 10. Jahrhundert entstanden sein muß.

In dieser Geschichte bittet der Held Culhwch um die Hand von Olwen, der Tochter des Riesen Ysbaddaden. Der Riese will die Heirat jedoch verhindern und stellt Culhwch eine Reihe von unmöglichen Aufgaben, die er bewältigen muß, wenn er seine Braut gewinnen will. Auf Rat seines Vaters reist der Held an den Hof von Artus und bittet um dessen Unterstützung. Artus selbst bewältigt nun die meisten der gestellten Aufgaben an Stelle von Culhwch: Er befreit den König Mabon, erlegt einen riesigen Eber und fällt schließlich in Irland ein, von wo er einen Zauberkessel mit sich nimmt.

Dies ist im großen und ganzen alles, was man in der walisischen Prosa und Lyrik über König Artus finden kann. Obwohl es andere walisische Geschichten gibt, die ihn nennen, existieren sie nur in Form von späteren Übertragungen, die zu neu sind, um uns dabei behilflich zu sein, Schlußfolgerungen über den Status der walisischen Artuslegende während der Zeit mittelalterlicher Romane zu geben. Es gibt jedoch noch ein Gebiet walisischer Literatur, die man in bezug auf König Artus untersuchen muß: die Triaden.

Der Name gründet sich auf die Dreieranordnung von Themen oder Charakteren. Die Triaden dienten als eine Art Eselsbrücke für die Zusammenstellung walisischer Volkserzählungen und wurden anonym während des Mittelalters von einer Gruppe walisischer Autoren zusammengestellt – wahrscheinlich in der Hoffnung, etwas von der mündlichen Tradition aus Wales zu erhalten, die immer mehr verloren ging. Es sind keine Gedichte im eigentlichen Sinn des Wortes und umreißen eher die ehemals aufwendigeren Sagen. Manche bestehen nur aus einer Handvoll Zeilen. König Artus wird in einer Reihe mit dem Namen *Trioedd Ynys Prydain* erwähnt, den ›Triaden von Britannien‹, die außerdem eine Anzahl unbekannter historischer Figuren aus dem Dunklen Zeitalter beinhalten. (Obwohl die ›Triaden von Britannien‹ über viele walisische Manuskripte verstreut sind, wurden sie bis zum Jahre 1567 niemals in einem Text zusammengefaßt. Sie erschienen in *Y Diarebion Camberäec*, der zweiten Ausgabe von *Oll Synnwyr Pen Kembero Ygyd*, ›Alle Sinne in einem walisischen Kopf‹, von William Salesbury.)

Die ›Triaden von Britannien‹ faszinieren insofern, als

Artus nicht immer als Inbegriff majestätischer Tugend dargestellt wird, ganz im Gegenteil. Eine Geschichte in den Triaden, die ›Drei schlimmen Aufdeckungen‹, geben Artus die Schuld an der Unterwerfung der Briten, da er den Kopf des Gottes Bran entwendet habe, der in Londons Tower Hill vergraben war und als Glücksbringer gegen feindliche Invasionen galt. In ›Drei rote Heimsuchungen‹ wird Artus beschuldigt, einen Fluch über das Land gebracht zu haben: Wo immer er geht, wächst sieben Jahre lang kein Gras mehr, und er ist auch erfolglos in seinen Taten. In der Geschichte ›Drei starke Schweineherden‹ versagt Artus sogar kläglich bei dem Versuch, eine Herde von Schweinen zu plündern, die einem anderen König gehören. Weitere Verwirrung stiftet die Tatsache, daß Artus' Rang und seine Stellung nicht immer gleich beschrieben werden. In den ›Drei frivolen Barden‹ ist Artus zum Beispiel einer der Barden. Doch auch der König Artus ist in den Triaden zu finden. Die Schlacht von Camlann wird zum Beispiel in den ›Drei gescheiterten Schlachten‹ als Konflikt zwischen Artus und Modred erwähnt. Außerdem findet sich die Geschichte von ›Culhwch und Olwen‹ in den ›Drei ungezügelten Heimsuchungen‹ wieder, in der der Artushof in Kelliwic in Cornwall steht.

Eine Untersuchung der Artusfigur in der walisischen Literatur wäre ohne das *Mabinogion* nicht vollständig. Das *Mabinogion* wird oft als altes keltisches Manuskript beschrieben, und wäre deshalb bei der Suche nach einem historischen König Artus sehr wichtig. Tatsächlich ist es jedoch der Titel einer englischen Übersetzung von zwölf mittelalterlichen walisischen Geschichten, die von der Tagebuchautorin Lady Charlotte Guest aus Lincolnshire geschrieben wurden und in drei Bänden zwischen 1838 und 1843 herauskamen. 1877 erschienen sie in einem

Band und wurden seitdem mehrfach wiederaufgelegt. Das *Mabinogion* besteht aus elf Geschichten aus dem ›Roten Buch von Hergest‹ sowie einer Geschichte des Barden Taliesin (wahrscheinlich aus einer anderen Quelle). Es schließt Geschichten wie ›Culhwch und Olwen‹, *Peredur* (siehe Kapitel vier) und den ›Traum von Rhonabwy‹ ein, die tatsächlich für die Artusforschung von Interesse sind, doch bloße Übersetzungen von Geschichten darstellen, die man besser an der Quelle untersucht. Wir werden uns mit dem *Mabinogion* beschäftigen, um dem allgemeinen Mißverständnis entgegenzuwirken, es sei ein originales Artusmanuskript.

Das Wort Mabinogion kommt von *Pedair Cainc y Mabinogi,* ›Die vier Zweige der Mabinogi‹; ein Name, der zunächst vier der Geschichten betitelte *(Pwyll, Branwen, Manawydan* und *Math).* Der walisische Begriff *mabinogi* bedeutete eigentlich ›Jugend‹, wandelte sich später jedoch in ›eine Geschichte über die Jugend‹ und schließlich in ›eine Geschichte‹. Das *Mabinogion* ist insofern wichtig, als es eine größere Leserschaft für die frühe walisische Literatur erschloß, doch für die Artusforschung sollte man die Untersuchungen des *Mabinogion* bei den Geschichten im ›Roten Buch von Hergest‹ ansetzen.

Obwohl es bei modernen englischen und amerikanischen Autoren die Tendenz gibt, die Kollektivbezeichnung ›Mabinogion‹ für die elf Geschichten aus dem ›Roten Buch von Hergest‹ zu verwenden, steht sie doch nicht für einen einzigen Autor oder eine Ära. Das ›Rote Buch von Hergest‹ beinhaltet Beispiele jeder Art walisischer Literatur (Geschichten, Triaden, Gedichte und Sprüche), die zu der Zeit, in der das Buch zusammengestellt wurde, existierten, nämlich zwischen 1382 und 1410. Trotz der Tatsache, daß einige Teile eine andere Handschrift tragen, ist es doch das Werk eines einzigen

Gelehrten, der schlicht und einfach verschiedene Dokumente kopierte, die offenbar aus einer früheren Periode stammten.

Welche Schlußfolgerungen kann man nun aus dieser frühen walisischen Literatur ziehen? Wurde Artus in die walisischen Volkserzählungen einbezogen, nachdem er bereits Thema beliebter Romane geworden war? Oder dienten diese Geschichten für Geoffrey und die anderen Autoren als Quelle für deren eigene Werke?

Will man Schlüsse aus den ›Triaden von Britannien‹ ziehen, so sieht man sich vor Probleme gestellt. Anders als die anderen Gedichte liefern sie keine linguistische Basis, von der man auf die Originalgeschichten schließen könnte. Viele Motive können ohne weiteres aus der Römerzeit stammen oder sogar noch älter sein. Mit Sicherheit kann man nur sagen, daß die Triaden die Stellung der walisischen Artustradition im 13. und 14. Jahrhundert wiedergeben – lange nachdem die Artusromane sich durchgesetzt hatten.

In den Triaden erscheint einem die Beschreibung der Artusfigur verwunderlich, da er oft als inkompetent dargestellt wird. Sie kann kaum der Hintergrund für die Artusromane sein und ist damit eventuell ein Hinweis auf die Überlieferung unterschiedlicher Artustraditionen. Auf jeden Fall scheint es unwahrscheinlich, daß Artus ein zentrales Thema mittelalterlicher Romane in England und anderswo geworden wäre, wenn die bereits vorher existierenden walisischen Legenden von Artus seinen Charakter im 12. Jahrhundert angefochten hätten. Es ist eher wahrscheinlich, daß England König Artus als ihm zugehörig bezeichnete, und daß die Waliser es daraufhin für sinnvoll erachteten, die Artus nachgesagten Heldentaten bloßzustellen.

Was den ›Traum von Rhonabwy‹ betrifft, gibt es gute

Gründe, daran zu zweifeln, daß die Geschichte vor Geoffrey geschrieben wurde, obwohl sie vor den Romanen entstanden sein mag, denn die Handlung der Geschichte kann nicht genau datiert werden. Der König von Powys, der den Krieger Rhonabwy damit beauftragte, seinen Bruder zu suchen, wird als ›Madog ap Maredudd‹ bezeichnet, eine bekannte historische Figur, die um 1159 starb. Anhand dieses Hinweises kann man beinahe mit Sicherheit sagen, daß der ›Traum von Rhonabwy‹ nach Geoffreys *Historia* verfaßt wurde. Trotzdem ist die Traumsequenz in hohem Maße allegorisch und könnte auf einem früheren Kriegsgedicht basieren.

Da ›Culhwch und Olwen‹ wahrscheinlich bereits im 12. Jahrhundert verfaßt worden ist, also über 100 Jahre vor Geoffreys *Historia,* kann man sie als älteste überlieferte Artusgeschichte betrachten. Trotzdem gibt es deutliche Parallelen zwischen ›Culhwch und Olwen‹ und anderen Geschichten, die wir bereits anführten. Der Angriff auf Irland, um den Kelch zu stehlen, erinnert an die ›Beute von Annwn‹, und das Schiff von Artus wird in beiden Geschichten ›Prydwen‹ genannt. Zudem gibt es den Namen Glewlwyd Gafaelfawr, den Burgwächter aus dem Gedicht im ›Schwarzen Buch von Carmarthen‹. In ›Culhwch und Olwen‹ ist Glewlwyd Gafaelfawr der Wächter von Artus' eigener Burg, der die Anweisung erhielt, niemanden vorbeizulassen, wenn er nicht vorher bestimmte Bedingungen erfüllte – ähnliche Bestimmungen, wie sie Artus in dem ›Dialog zwischen Artus und Glewlwyd Gafaelfawr‹ auferlegt werden.

Es ist schon seltsam, daß Culhwch, der Held der Geschichte, plötzlich aus einem wichtigen Teil des Gedichtes verschwindet, während Artus weiter seine Aufgaben, die ihm der Riese gestellt hat, bewältigt. Eigentlich sollte man doch Culhwch als den Held der Geschichte ansehen, der Irland durchreist, um den Kelch zu suchen. Ist es möglich, daß die ›Beute von Annwn‹ in die Geschichte von ›Culhwch und Olwen‹ an irgendeinem Punkt ihrer Entstehung eingewebt worden ist? Wenn dem so ist, kann es sein, daß der Keim der frühesten walisischen Artuslegende in einer noch existierenden Version der ›Beute von Annwn‹ überlebte.

In dem noch vorhandenen Text der ›Beute von Annwn‹ lesen wir, wie Artus den Kelch und das Schwert aus dem Land Annwn stiehlt. Vielleicht hat Geoffrey aus diesem Gedicht sein Avalon und das magische Schwert Caliburn entwickelt, und Robert de Boron übernahm diese Idee für den Heiligen Gral; beide Autoren versuchen, alte und mythologische Texte dem Mittelalter anzupassen. Die Ähnlichkeiten bei den Grals- und Excaliburlegenden kann nicht übersehen werden, besonders da Annwn als ein Land beschrieben wird, das über dem Wasser liegt: ein mystisches Land voller Wunder, das auf jeden Fall in Beziehung zu Geoffreys Insel Avalon gesetzt werden muß. Tatsächlich wird die Verbindung zwischen Annwn und Avalon noch deutlicher, wenn wir in dem Gedicht lesen, daß das Land ›fort of glass‹ (Festung aus Glas) genannt wird – ein Name, den man im späten 12. Jahrhundert mit Glastonbury gleichsetzte.

Fünf Jahre, nachdem ›Artus' Überreste‹ 1190 von den Mönchen in der Kirche von Glastonbury ausgehoben worden waren, schrieb der Gelehrte Giraldus Cambrensis ein Werk mit dem Titel *De Principis Instructione* (Von den anleitenden Prinzipien). In diesem Text erklärt Giraldus, daß das Wort Glastonbury eigentlich ›Festung aus Glas‹ bedeute. Obwohl diese Assoziation unbelegt bleibt (der Name der Stadt ist wahrscheinlich auf Glasteing zurückzuführen, den Namen des Siedlungsgründers), gibt sie doch einen Hinweis darauf, daß die ›Beute von

Annwn‹ bereits vor dem ›Buch von Taliesin‹ existierte, das um 1300 verfaßt wurde, denn es scheint, als verwende Giraldus diesen Text, um den Anspruch der Stadt zu festigen, die Insel von Avalon zu sein. Giraldus' Behauptung, daß Glastonbury die ›Festung aus Glas‹ sei, demonstriert, daß in dieser Zeit die Gleichsetzung von Avalon und Annwn allgemein akzeptiert worden ist.

Geoffreys Avalon gleicht dem mystischen Land Annwn so sehr, daß es einen Zusammenhang geben muß. In Geoffreys Werk ist die Zauberin Morganna beispielsweise die Führerin einer Schwesternschaft von neun Frauen, die als Wächterinnen der Insel dienen; in der ›Beute von Annwn‹ ist Annwn die Heimat von neun Jungfrauen, die die Hüterinnen des magischen Kelches sind. In der ›Beute‹ wird das Schiff von Artus ›Prydwen‹ genannt, während Geoffrey den Namen ›Prydwen‹ als Name für Artus' Schild verwendet. Wollten Geoffrey und die folgenden Romanautoren eine alte keltische Geschichte ins Mittelalter versetzen? Oder wollte der walisische Autor der ›Beute von Annwn‹ eine rein mittelalterliche Geschichte in der keltischen Zeit spielen lassen? Wollen wir klären, welche Geschichte zuerst da war, müssen wir herausfinden, ob irgendeines dieser Motive walisischen oder keltischen Traditionen folgt.

Das Motiv der neun heiligen Frauen, die in der Abgeschiedenheit leben, kann natürlich keltischen Ursprungs sein. Der aus dem 1. Jahrhundert stammende Geographiker Pomponius Mela schreibt beispielsweise von neun Priesterinnen, die unter dem Keuschheitsschwur auf einer Insel an der Küste Britanniens leben. Diese Frauen stammten aus einem keltischen Stamm, ähnlich denen der Briten, und sollten die Fähigkeit besitzen, Krankheiten zu heilen und die Zukunft vorauszusagen. Dies ist das einzige den Historikern bekannte Beispiel, doch es könnte sehr wohl eine keltische Tradition darstellen, auf die sich Geoffrey in seiner Konstruktion der Artusgeschichte bezog. Was den Heiligen Gral betrifft (der natürlich nicht von Geoffrey of Monmouth erwähnt wird), gibt es viele Beispiele von Zaubergefäßen in der keltischen Literatur, so zum Beispiel den Kelch von Dagda in der irischen Volkserzählung. Dies ist ein Hinweis darauf, daß der Kelch in der ›Beute‹ auch aus walisischer Mythologie entstanden sein könnte. Tatsächlich fährt Artus in der Geschichte von ›Culhwch und Olwen‹ nach Irland, um den Kelch zu stehlen. Außerdem wird der Kelch dem Di-wrnach zugesprochen, sehr wahrscheinlich ein walisischer Ableger des irischen Dagda.

Es scheint daher, daß Geoffrey und die anderen Autoren frühe walisische Geschichten wie ›Culhwch und Olwen‹ sowie die ›Beute von Annwn‹ als Basis für ihre Artusgeschichten herangezogen haben könnten. Doch gibt es irgendeinen Hinweis darauf, daß eine Tradition der Artusgeschichte im keltischen Britannien vor der Zeit von Geoffrey of Monmouth existierte?

Eine Vielzahl von Autoren haben die sogenannten ›Saints' Lives‹ (Leben der Heiligen) aus dem Kloster von Llancarfan in Glamorgan zitiert. Fünf dieser mittelalterlichen Biographien aus dem walisischen Dunklen Zeitalter, die von verschiedenen Mönchen des Klosters zusammengestellt wurden, erzählen von Artus. Im ›Life of St. Cadoc‹ hilft Artus der Mutter des Heiligen wegzulaufen, während der Heilige in ›Life of St. Carannog‹ Artus dabei hilft, eine Riesenschlange zu besiegen. Wir erfahren, daß St. Illtud der Cousin und Kampfgenosse von Artus war, während St. Padarn als Feind von Artus die Erde dazu brachte, ihn zu verschlucken. Schließlich gibt es noch Caradocs ›Life of Gildas‹, das, wie bereits erwähnt, beschreibt, wie der Heilige Guineveres Befreiung aus den Händen von König Melwas in Somerset bewirkt.

Obwohl diese Werke keinerlei historischen Wert in bezug auf Artus haben (und zwar aus mehreren Gründen, wie zum Beispiel aufgrund der Tatsache, daß die Heiligen in verschiedenen Zeiten über drei Jahrhunderte verteilt lebten sowie wegen des deutlich mythologischen Charakters der Ereignisse), wurden sie doch oft als Beweis für eine frühe keltische Artustradition herangezogen. Unglücklicherweise wurde nur eine der Geschichten, ›Life of St. Cadoc‹, vor Geoffrey verfaßt. Obwohl das überlieferte Manuskript ein viel späteres Exemplar darstellt, konnte man das Original Lifris zuordnen, der im späten 11. Jahrhundert im Kloster unterrichtete. Wenn diese Verbindung stimmt, wird Artus im ›Life of St. Cadoc‹ mindestens fünfunddreißig Jahre vor Geoffreys *Historia* erwähnt.

Abgesehen von der *Historia Brittonum,* den *Annales Cambriae,* William of Malmesbury und Cadocs Biographie gibt es noch drei andere Erwähnungen von König Artus, die vielleicht aus der Zeit vor 1135 stammen. (In Kapitel 13 und 14 werden wir noch zwei britische Gedichte behandeln, die König Artus erwähnen und eventuell auch aus der Zeit vor dem 12. Jahrhundert stammen: das *Gododdin* und das *Canu Llywarch Hen.*)

Im Jahre 1113 reiste eine Gruppe von Kirchenvertretern aus der französischen Stadt Laon durch England und sammelte Spenden für den Wiederaufbau ihrer Kathedrale. Einige Jahre später schrieb Hermann von Tournai über diesen Besuch und beschreibt die Reise von Exeter nach Bodmin. Irgendwo auf diesem Weg, erzählt er, informierten die Bewohner die Reisenden, daß sie jetzt in das Land von Artus kämen. Sie wiesen auf zwei Punkte hin, nämlich *Arthur's Chair* und *Arthur's Ovens* (der

Stuhl und die Öfen von Artus). Dies waren wahrscheinlich Felsformationen. Hermann erwähnt außerdem eine Legende aus Cornwall, die erzählt, daß Artus noch lebe. Die Kontroverse, die sich um diese kurze Anmerkung entwickelte, dreht sich um den Zeitpunkt der Niederschrift. Allgemein nehmen Experten an, er liege zwischen 1130 und 1140.

Ein Manuskript aus Avranches in Frankreich, das die Überreste einer Chronik über das Kloster vom Mont Saint Michel in der Bretagne enthält, schließt König Artus in einem kurzen Vorwort ein. Es berichtet, daß Artus im Jahre 421 n. Chr. König von Britannien wurde. Die Chronik ist an vielen Stellen historisch nicht korrekt, so daß man diesem Datum nicht allzuviel Bedeutung beimessen sollte, doch zu klären ist, wann dieses Dokument erstellt wurde. War es vor oder nach Geoffrey? Nachdem Expertenanalysen ergaben, daß die Bemerkung über Artus gemeinsam mit der Chronik über die Jahre um 1100 geschrieben worden ist, scheint sie vor Geoffrey entstanden zu sein. Trotzdem war es bisher nicht möglich zu beweisen, daß diese Texte über das frühe 12. Jahrhundert wirklich zu der Zeit verfaßt wurden, über die sie schreiben. Sie können auch erst Ende des 12. Jahrhunderts entstanden sein und so nach Geoffrey.

Am Nordportal der Kathedrale von Modena in Norditalien gibt es einen Torbogen, den Modena Archivolt, der Figuren enthält, die eine Artusszene darzustellen scheinen. Die Szene zeigt eine Frau, die in einer Burg gefangengehalten wird, und drei Ritter auf Pferden kommen ihr zu Hilfe. Neben einer der Figuren steht die zeitgenössische Inschrift *Artus de Bretania,* ›Artus von Britannien‹. Der Bau der Kathedrale begann 1099, obwohl man den Archivolt allgemein zwischen 1120 und 1140 datiert. Selbst wenn wir ein späteres Datum anerkennen, ist der Modena Archivolt ein Beweis dafür, daß sich die Artusgeschichte bis nach Norditalien innerhalb eines Jahres nach Geoffreys *Historia* ausgebreitet hatte. Dies ist der eindeutigste Beweis dafür, daß die Artuslegende bereits zu der Zeit bekannt war, als Geoffrey of Monmouth sie aufzeichnete.

Diese isolierten Bezugnahmen sind verlockend, doch die Ausbreitung der Artusgeschichten zu Geoffreys Zeiten über Europa und die Art der keltischen Artusgedichte, die damals existierten, sind weiterhin schwer zu bestimmen. Alles, was wir wirklich über die Artuslegenden des frühen 12. Jahrhunderts wissen, stammt von William of Malmesbury, der einige Jahre vor der Veröffentlichung von Geoffreys Werk schrieb und sagt: »Dies ist der Artus, von dem die Briten noch heute soviel Unsinn erzählen.«

Von dem, was wir aus der Untersuchung der frühesten walisischen Literatur entnehmen konnten – die ›Beute von Annwn‹, die ›Geschichte von Culhwch und Olwen‹ und so weiter –, mag Williams ›Unsinn‹ einen anderen Artus beschrieben haben, als den König Artus, wie er in den Romanen vorkommt: ein rechtschaffener Anführer, verstrickt in die keltische Mythologie, oder ein Teufel, der mit bösen Göttern, Dämonen und mythischen Wesen verkehrt. Trotzdem sind es wahrscheinlich die keltischen Mythologien, die die Basis der Artusromane bilden – etwa Annwn, der Gral und die neun Jungfrauen. Behalten wir dies im Hinterkopf und analysieren das Hauptthema der mittelalterlichen Romane, um herauszufinden, ob sie irgendwelche Elemente enthalten, die früheren keltischen Ursprungs sein können. Wir beginnen mit den Schlüsselfiguren der Handlung.

Zusammenfassung

Wir haben uns bemüht, nach allen Hinweisen auf Artus zu suchen, die vor dem Werk von Geoffrey of Monmouth entstanden sind. Außer William of Malmesbury, den *Annales Cambriae* und der *Historia Brittonum* kann kein Text mit Sicherheit vor 1135 datiert werden. Doch es gibt andere wichtige Hinweise darauf, daß die Artuslegende bereits existierte, als Geoffrey seine *Historia* schrieb:

1 Jahrelang hat man den Hinweisen auf König Artus in der frühen walisischen Literatur viel Bedeutung beigemessen. Unglücklicherweise stammt keines der überlieferten Manuskripte, die sich auf König Artus beziehen, aus der Zeit bevor sich die Artusromane bereits allgemein durchgesetzt hatten. Trotzdem gibt es Anzeichen dafür, daß Geoffrey und die anderen mittelalterlichen Artusautoren ihre Geschichten auf frühe walisische Legenden gründeten.

2 In der ›Beute von Annwn‹ (überliefertes Exemplar von ca. 1275) ist das Thema des Gedichtes ein Überfall von Artus und seinen Männern auf das Zauberland von Annwn, um seine Schätze zu stehlen: einen sagenhaften Kelch und ein magisches Schwert. Die Ähnlichkeiten mit den Grals- und Excaliburlegenden kann nicht übersehen werden, vor allem da Annwn als ein Land beschrieben wird, das über dem Wasser liegt. Ein mystisches Land voller Wunder, das offenbar mit Geoffreys Insel Avalon verwandt ist.

3 In der Geschichte von ›Culhwch and Olwen‹ (überliefertes Exemplar von ca. 1325) reist der Held zum Hof von Artus und bittet um dessen Hilfe. Der Hauptteil des Gedichtes erzählt, wie Artus selbst für Culhwch die Aufgaben löst und Irland angreift, um einen Zauberkelch mitzunehmen. Wieder gibt es deutliche Parallelen zu der Insel Avalon.

4 Fünf der ›Saint's Lives‹ aus dem Kloster von Llancarfan in Glamorgan nennen König Artus. Obwohl diese
Werke keinerlei historischen Wert in bezug auf Artus enthalten, könnte eines von ihnen vor Geoffrey entstanden
sein: ›The Life of St. Cadoc‹, das vielleicht im späten
11. Jahrhundert geschrieben wurde.

5 Im Jahre 1114 reist eine Gruppe von Kirchenvertretern aus der französischen Stadt Laon durch England und
sammelt Spenden für den Wiederaufbau ihrer Kathedrale.
Einige Jahre später schrieb Hermann von Tournai über
den Besuch und die Artuslegenden in Cornwall. Doch dieses Dokument wurde erst zwischen 1130 und 1140 geschrieben.

6 Ein Manuskript, das in Avranches in Frankreich auf-
bewahrt wird, enthält die Überreste einer Chronik über
das Kloster von Mont Saint Michel in der Bretagne und
bezieht sich in einem kurzen Vorwort auf König Artus. Es
gibt Hinweise darauf, daß dieser Bezug um 1100 hinzuge-
fügt wurde, die Expertenmeinungen sind geteilt: Manche
stimmen für ein späteres Datum, nämlich um 1200.

7 Am Nordportal der Kathedrale von Modena in Norditalien gibt es einen Torbogen mit Figuren, die offenbar
eine Artusszene darstellen. Neben einer der Figuren steht
die Inschrift *Artus de Bretania*, ›Artus von Britannien‹. Die
Schrift wird von Kunstexperten zwischen 1120 und 1140
datiert. Die Wahrscheinlichkeit, daß sie vor Geoffrey of
Monmouth entstand, ist demnach sehr groß.

8 Wegen der vielen Hinweise zu oder vor Geoffreys Zeit
scheint es sicher, daß die Artuslegenden zu seiner Zeit bereits weit verbreitet waren. Geoffreys Rolle schien demnach zu sein, sie zu popularisieren und sie in einen historischen Kontext einzufügen.

4

DAS ARTUS-GEFOLGE

$\mathbf{B}$evor wir unsere Suche nach König Artus fortsetzen, ist es wichtig, auch die anderen Mitglieder seines sagenhaften Hofes zu untersuchen. Wir werden mit den nächsten Familienangehörigen beginnen: mit seiner Schwester Morgan und seiner Frau Guinevere.

Morgan le Fay oder Morganna, wie sie später genannt wurde, taucht erstmalig in Geoffreys *Vita Merlini* als Leiterin eines Ordens von neun heiligen Frauen auf der Insel Avalon auf. Sie versorgt später Artus' Wunden nach der Schlacht von Camlann, verliebt sich, nach Geoffrey, in Artus und läßt ihn versprechen, auf der Insel zu bleiben. In diesem Entwicklungsstadium der Artuslegende ist sie nicht seine Schwester. Während der weiteren Entwicklung der Geschichte bleibt Morgan eine Zauberin und Heilerin, die Rolle der Artusschwester übernimmt sie erst nach der Darstellung durch Chrétien de Troyes. Es mag denjenigen, die mit der modernen Artusgeschichte vertraut sind, seltsam erscheinen, daß Morgan in den frühen Romanen eine freundliche Zauberin war und nicht die Übeltäterin, zu der sie später wurde. Diese Entwicklung zu einer bösen Zauberin, deren Magie das Königreich zerstört, ist hauptsächlich dem *Vulgate Cycle* zu verdanken, der ungefähr ein Jahrhundert nach

Geoffrey entstand. Obwohl immer noch beschrieben wird, daß sie Artus nach Avalon bringt, verachtet sie Guinevere, verführt Lanzelot und schmiedet ständig Pläne gegen beide.

Der Hauptgrund dafür, daß Morgan in Ungnade fällt ist, daß der *Vulgate Cycle* eine Art religiöse Propaganda darstellte. Tatsächlich sind die religiösen Anspielungen in den Geschichten des *Vulgate* so stark, daß manche Gelehrte vermuten, er sei unter Anleitung der Zisterziensermönche geschrieben worden, einer ausgesprochen gläubigen Bruderschaft. Der Gedanke an einen weiblichen Propheten wäre in den Augen dieser Mönche zu einer Zeit, als viele große Kirchenmänner die Existenz einer weiblichen Seele in Zweifel zogen, fast Blasphemie gewesen.

Es mag andere Gründe gegeben haben, ihren Charakter zu schwärzen. Wie wir gesehen haben, scheint Geoffrey of Monmouth eine Vielzahl von mythischen Charakteren in das Leben von Artus eingewoben zu haben. Dies scheint auch bei Morganna der Fall zu sein, denn nicht nur ihr Name, sondern auch ihre Hellseher- und Heilkräfte bringen sie mit der keltischen Gottheit Morrigan in Verbindung, der Mutter Erde und der Göttin der Gesundheit und Heilkraft.

Auch Guinevere scheint mit einer keltischen Gottheit in Zusammenhang zu stehen. In einer Vielzahl walisischer Gedichte aus dem Mittelalter (zum Beispiel in den *Y Tair Rhamant*, ›Den drei Romanzen‹ aus dem ›Weißen Buch von Rhydderch‹) tritt sie unter dem Namen Gwenhwyfar, also ›Weißer Geist‹, auf. Dies könnte ein Hinweis auf die keltische Göttin Epona sein, die als weißes Pferd oder weiße Frau dargestellt wurde und in vorchristlicher Zeit in ganz Nordeuropa verehrt worden ist. Doch es ist unwahrscheinlich, daß Geoffrey sich die

Königin von Artus nach einer alten Göttin ausdachte. Außerdem kam der Name Guinevere von Wace (und wurde durch Chrétien bekannt); Geoffreys Königin hieß Ganhumara. Nach Geoffrey stammte Ganhumara aus einer edlen römischen Familie. Leider verweigert uns Geoffrey irgendwelche Details, und es gibt keinen historischen Beleg für die Existenz einer Ganhumara während des 5. oder 6. Jahrhunderts.

Was die Artusritter betrifft, die berühmten Ritter der Tafelrunde – Galahad, Lanzelot und Parzival –, so scheinen sie alle literarische Erfindungen des Mittelalters zu sein. Galahad wurde im *Quest del Saint Graal* im *Vulgate Cycle* eingeführt, wo er der Sohn von Lanzelot ist, der schließlich den Gral findet, während alle anderen versagen. Dieses Thema wurde von Malory in *Le Morte Darthur* übernommen. Parzival, der vor Galahad in den Romanen auftritt, scheint auch dem Hirn eines Künstlers entsprungen zu sein. Er tritt erstmals in *Perceval le Gallois ou Le Conte du Graal* von Chrétien de Troyes auf und ist ein einfacher Junge vom Land, der schließlich zum erfolgreichsten Artusritter wird. Von da an bleibt er eine zentrale Figur für beinahe alle nachfolgenden Romanschreiber, die ihn oft als den Ritter beschreiben, der schließlich den Gral entdeckt.

Es ist durchaus möglich, daß Chrétien die Figur von Parzival und seiner Gralssuche nach dem alten keltischen Helden Peredur entwickelte, obwohl die Begründung sich allein auf eine mittelalterliche walisische Geschichte stützt. Die Geschichte mit dem Titel *Peredur* (die sich in dem ›Roten Buch von Hergest‹ wiederfindet) ist tatsächlich eine exakte Wiedergabe von Chrétiens Parzivaltext, obwohl die Handlung in Wales spielt und keltische Motive eingewoben wurden. Zum Beispiel sieht Parzival in Chrétiens Gedicht einer Prozession zu, bei der er den

Gral erblickt. In *Peredur* sieht der Held einer gleichen Prozession zu, obwohl der Gral durch einen Kopf auf einem Silbertablett ersetzt wird – ein symbolisches Motiv, das in der keltischen Kunst oft vorkommt. Was war zuerst da? Schuf Chrétien ein Plagiat einer keltischen Volkserzählung, oder ist *Peredur* eine walisische Geschichte, die aus einem romanischen französischen Gedicht hervorging? Unglücklicherweise ist es wahrscheinlicher, daß der *Conte du Graal* zuerst erschien, denn das überlieferte Exemplar von *Peredur* entstand zwei Jahrhunderte später als das Werk von Chrétien.

Chrétien führte auch die Person Lanzelots ein, dessen Liebe zu Guinevere in vielen der späteren Romane zu einem zentralen Thema geworden ist. In Chrétiens Originalversion *Lancelot ou Le Chevalier de la Charrete* schläft Lanzelot nach einer abenteuerlichen Suche einfach mit der geretteten Königin. Im *Vulgate Cycle* jedoch (und später bei Malory) wird diese kurze Affäre zu einer Rebellion, die schließlich das Königreich zerstört. Chrétien stattet seinen Helden mit keiner Herkunft aus, außer daß er ihn Lancelot del lac nennt (Lanzelot vom See) und erzählt, er sei von einer Fee erzogen worden. Er besteht jedoch darauf, daß er das Material für seine Geschichte von seiner Gönnerin Marie, der Gräfin der Champagne, erhalten habe, obwohl unklar ist, ob dies bedeuten solle, es sei ihre Erfindung. Es ist natürlich möglich, daß Marie Chrétien mit Figuren aus einer französischen Volkserzählung versorgte, die er für sein Artusgedicht verwendete. Leider gibt es auch hier keine Möglichkeit, näheres zu erfahren. Wie Galahad und Parzival scheint Lanzelot erst später hinzugekommen zu sein und keine Verbindung mit dem historischen König Artus zu haben.

Gawain jedoch ist einer der Artusritter, der schon in Geoffreys *Historia* zu finden ist, wo er den Bruder von

Modred darstellt. Es dauerte zweieinhalb Jahrhunderte, bis Gawain zu seiner eigenen und berühmtesten mittelenglischen Romangeschichte kam, *Sir Gawain and the Green Knight* (Sir Gawain und der grüne Ritter). Die Geschichte, die von einem unbekannten Autor aus den Nordwest Midlands um 1400 geschrieben wurde, ist bereits zweimal verfilmt worden. Unglücklicherweise scheint es so, daß auch Gawain eine Person ohne Verbindung mit dem historischen König Artus ist. Es gibt stichhaltige Beweise dafür, daß Geoffrey diese Figur einem erfundenen französischen Helden namens Walwanus entlehnte, der in einer Vielzahl von Manuskripten aus dem 11. Jahrhundert erscheint und Gawain in vielerlei Hinsicht ähnelt.

Dies sind also die Ursprünge der Hauptfiguren der Artusromane, die wir bisher betrachtet haben. Guinevere und Morgan scheinen keltischen Gottheiten zu entstammen, obwohl man nicht sagen kann, ob sie vor Geoffrey bereits mit der Artusgeschichte in Zusammenhang standen. Bei den vier Hauptrittern Galahad, Parzival, Lanzelot und Gawain gibt es Hinweise darauf, daß sie französische Helden sind, die sich während des Mittelalters zu verschiedenen Zeiten in die Artusgeschichte einfügten. Es besteht aber die Möglichkeit, daß Parzival ein walisischer Held ist.

Bei zwei Mitgliedern des Artushofes kann man jedoch die walisische Herkunft eindeutiger klären. Da ist zunächst einmal Bedivere, der Geoffrey zufolge der Herzog der Normandie und die rechte Hand von Artus war, und der bei Malory zum Ritter wird, der das Schwert Excalibur der ›Lady of the Lake‹ nur zögernd übergibt. Geoffrey stellt Bedivere als fähigen, einhändigen Speerwerfer vor, der in der Geschichte ›Culhwch und Olwen‹ haargenau so beschrieben wird, obwohl sein Name hier

Bedwyr ist. Wie bereits erläutert, gibt es Gründe, den Großteil von ›Culhwch und Olwen‹ als echtes keltisches Gedicht anzusehen, das weit vor Geoffrey entstand. Ob Bedwyr nun vor dem 12. Jahrhundert mit der Artuslegende in Verbindung zu bringen ist, kann man nicht sagen. Aber es ist sehr wahrscheinlich, daß er vor Geoffrey of Monmouth existierte. Dasselbe kann von Sir Kay behauptet werden.

Kay, von Geoffrey nur als einer von vielen Rittern dargestellt, wird von Chrétien als Verwalter des Artus beschrieben. Unter seinem walisischen Namen ›Cei‹ erscheint er öfter in der mittelalterlichen walisischen Literatur als jede andere Artusfigur und wird oft von der Artusgeschichte losgelöst beschrieben. Seine Charakterisierung stimmt mit einem legendären Helden des alten Keltentums überein. In ›Culhwch und Olwen‹ beispielsweise besitzt er die Fähigkeit, unter Wasser zu atmen und reitet anstelle eines Pferdes einen Lachs. Es ist möglich, daß Cei ursprünglich ein Flußgott war, dessen Geschichte nicht weit verbreitet war. Jedoch scheint es unwahrscheinlich, daß Geoffrey wissentlich walisische Götter und Geister benutzt hat, um seine als historisch deklarierte Geschichte auszuschmücken. Es ist eher möglich, daß Cei, so wie Bedwyr, Morrigan und wahrscheinlich Gwenhwyfar, sich während des halben Jahrtausends, das dem 12. Jahrhundert vorausging, langsam in die Legende um König Artus integrierten. Als letzter rebellischer Held der vorsächsischen Briten wurde Artus wohl die zentrale Figur, an die sich die alten Mythologien anschlossen.

Leider ist es eher unwahrscheinlich, daß diese Charaktere, ob nun walisische Helden, keltische Gottheiten oder französische Erfindungen auf historische Figuren basieren, schon gar nicht diejenigen, die in irgendeiner Verbindung mit dem Krieger Artus standen. Von all den Personen um König Artus gibt es nur vier, die historische Authentizität beanspruchen können, unter anderem die Figur, die am unwahrscheinlichsten wirkt: Merlin, der Zauberer.

Geoffrey of Monmouth widmete Merlin viel Aufmerksamkeit und beschrieb ihn als den eigentlichen Machthaber hinter dem Thron. In seinen beiden anderen Artuswerken ist Merlin eine zentrale Figur: die *Prophetiae Merlini,* die er 1130 beendete, als er noch an der *Historia* arbeitete, und die *Vita Merlini,* ein langes Verswerk, das um 1150 entstand. Nach Geoffrey war die Mutter Merlins Prinzessin von Demetia (der Ort Dyfed in Südwestwales), sein Vater dagegen ein Geist, der die Königstochter im Schlaf verführte. Dasselbe Motiv wurde von Robert de Boron um 1200 übernommen, der uns über die Abstammung Merlins unterrichtet. In seiner Version plant eine Gruppe von Teufeln, einen Antichristen zu schaffen, der halb Mensch und halb Teufel sein soll. Doch ein Priester kommt ihnen in die Quere, und die Frau, die den teuflischen Propheten gebären soll, wird gesegnet. Obwohl der Sohn Merlin mit der Sehergabe ausgestattet ist, ist er ein guter Mensch. In Roberts Gedicht bezahlt Merlin seine Schuld bei dem Priester, indem er ihm enthüllt, wie Josef von Armatäa den Heiligen Gral in ›das Tal von Avalon‹ brachte.

Es ist deutlich, daß zumindest eine der Merlin angedichteten Heldentaten einer Legende entnommen ist, die sich normalerweise auf eine andere Figur bezieht. Geoffrey beschreibt, wie Merlin die Zauberer von König Vortigern ausstechen kann, indem er zwei Drachen entdeckt, die unter der Festung hausen, die der König gerade errichten lassen will. Diese Geschichte ist genau dieselbe wie in der *Historia Brittonum,* doch dort ist Ambrosius der junge Zauberer. Doch hier endet die Parallele zwischen Ambrosius und Merlin bereits. Merlin basiert sicherlich nicht auf Ambrosius, denn Geoffrey beschreibt ihn nicht nur separat, sondern Merlin wird auch nie ein König oder ein Krieger, wie Ambrosius.

Es scheint, daß die Figur Merlins sich auf einen walisischen Barden namens Myrddin gründet. Als offizielle Hofpoeten, deren Aufgabe es war, Loblieder auf die Taten der Krieger ihres Landes, insbesondere der Häuptlinge, zu komponieren, besaßen die Barden in der frühen walisischen Gesellschaft großen Einfluß. Mehr noch: Oft nahm man an, daß sie das Zweite Gesicht besaßen, und sie waren meist die gebildetsten Männer des Stammes.

Nach Geoffrey wurde Merlin in der Stadt Carmarthen geboren, was in der walisischen Tradition ›Myrddins Stadt‹ bedeutet. Merlin wird in der frühen walisischen Literatur oft Myrddin genannt (obwohl die überlieferten Manuskripte mit diesen Werken alle nach Geoffrey geschrieben wurden). Selten jedoch ist er in den Artusgeschichten der Zauberer, sondern vielmehr ein Barde oder Dichter, und eine Vielzahl walisischer Gedichte sind ihm gewidmet. In vielen dieser Volkserzählungen hat Myrddin gar keinen Bezug zu Artus. Der Schlüssel zur Herkunft von Myrddin liegt wahrscheinlich in einem Gedicht mit dem Titel *Afallennau* (der ›Apfelbaum‹) im ›Schwarzen Buch von Carmarthen‹. Hier wird beschrieben, wie der Barde nach einer verlorenen Schlacht bei Arfderydd den Verstand verliert und ein Einsiedlerleben beginnt. Auf diese Schlacht wird in den *Annales Cambriae* Bezug genommen, und auch Myrddin explizit genannt. In einem Eintrag für das Jahr 575 heißt es:

»Die Schlacht von Arfderydd zwischen dem Sohn von

Eliffer und Gwenddolau, dem Sohn von Ceidio; in welcher Gwenddolau fiel und Myrddin den Verstand verlor.«

Es scheint also, daß *Afallennau* ein altes keltisches Gedicht über den Barden Myrddin ist, der tatsächlich gelebt hat. Daher könnten zumindest einige andere Erzählungen über ihn eventuell einen Wahrheitsbezug haben. Doch auch wenn Merlin auf einer historischen Figur basierte, hätte Myrddin über ein halbes Jahrhundert nach der Artuszeit gelebt. Vielleicht gibt es also noch eine Figur, die in die Artusgeschichte eingewoben wurde.

Im Gegensatz dazu gibt es einen Charakter, der sich auf eine tatsächliche, während der Artuszeit lebende Person gründen kann, nämlich einer der Artusritter, Tristan.

Die Geschichte von Tristan und Isolde wurde zu einer der bekanntesten Liebesgeschichten des Mittelalters. Tristan, der Sohn (manchmal auch der Neffe) von König Mark von Cornwall, verliebt sich in die neue Königin seines Vaters (oder Onkels), Isolde, und die Tragik nimmt ihren Lauf. Er erscheint zuerst in dem Gedicht *Ur-Tristan* um 1150 und wird schließlich in der französischen Geschichte ›Tristan‹ um 1230 zu einem der Artusritter. In den walisischen Gedichten, die eine Vielzahl von Versionen seiner Geschichte liefern, trägt er den Namen Drystan, und ein Grabstein aus Fowey in Cornwall aus dem 6. Jahrhundert zeigt die lateinische Version seines Namens. Der über 1,80 Meter hohe Monolith steht auf dem Grab von ›Drustanus, Sohn von Cunomorus‹. Nimmt man an, daß Drustanus Tristan war, muß Cunomorus demnach König Mark sein.

Cunomorus kann zeitlich und örtlich überzeugend bestimmt werden. Er kommt in den Werken von Gregor, dem Bischof von Tours, aus dem späten 6. Jahrhundert vor und kann anhand einer Vielzahl von Genealogien aus dem Dunklen Zeitalter identifiziert werden, in denen der Name in der britischen Form Cynfawr auftaucht – ein König, der im frühen 6. Jahrhundert in Dumnonia (Devon und Cornwall) regierte. Der Monolith, der auf der Straße A 3082 ungefähr eineinhalb Kilometer nördlich von Fowey zu finden ist, steht in der Nähe von Burg Dore, einer Festung aus der Eisenzeit, die nach Ausgrabungen in neuerer Zeit als Behausung von Cunomorus bezeichnet wird. Wichtiger noch ist, daß sich der Mönch Wrmonoc in seiner Biographie aus dem 9. Jahrhundert über den heiligen Paul Aurelian (Vita Pauli Aureliani) auf Cunomorus bezieht und ihn auch als König Mark bezeichnet.

Tristan und König Mark scheinen demnach beide gelebt zu haben, und zwar offenbar zur gleichen Zeit wie Artus, also im 6. Jahrhundert. Auch eine weitere Figur kann durchaus ein Zeitgenosse von Artus gewesen sein: Modred, der nach den *Annales Cambriae* (um 950) mit Artus bei der Schlacht von Camlann fiel.

In Geoffreys Bericht ist Modred der Neffe von Artus, der Sohn von dessen Schwester Anna. Der *Vulgate Cycle* geht noch weiter und macht ihn zum Sohn von Artus durch Inzest mit dessen Halbschwester Morgause (oder Margawase), und in den späteren Romanen wird Morgan le Fey zu Modreds Mutter. Fast alle Romane jedoch folgen Geoffreys Behauptung, daß Modred sich gegen Artus erhob und nicht nur das Ende von Artus, sondern auch sein eigenes in der Schlacht von Camlann herbeiführte. Wie wir gesehen haben, unterstützen die *Annales Cambriae* Geoffreys Behauptung, daß die beiden Männer in dieser Schlacht fielen, obwohl die Beziehung zwischen Artus und Modred ungenau ist; sie könnten auch beide auf derselben Seite gekämpft haben.

Hatte Geoffrey mit der Beschreibung der familiären

Rivalität recht? Modred erscheint unter der walisischen Schreibart seines Namens Medraut (wie auch in den *Annales*) in einer Vielzahl von walisischen Gedichten als Gegner von Artus, obwohl sie selten verwandt sind. Sie sind eher Anführer verschiedener Königreiche und damit Rivalen. Was kommt der Wahrheit am nächsten? Geoffreys Version oder die der walisischen Gedichte?

Welche ist die bessere Erklärung für die kurze Bemerkung in den *Annales,* die sich auf den Tod der zwei Krieger in der Schlacht von Camlann bezieht? Leider werden wir es nicht erfahren: die *Historia Brittonum* erwähnt Modred nicht, und auch kein anderes Manuskript aus dem Dunklen Zeitalter.

Drustanus Cunomorus und Modred sind damit mögliche Zeitgenossen des historischen Artus, und wir werden alle drei genauer untersuchen, wenn wir erst einmal Artus aus den Mythen und Legenden herausgelöst haben. Wir beginnen mit einer genaueren Untersuchung von Excalibur, den Legenden über den Heiligen Gral und Avalon.

Zusammenfassung

Wir haben die Hauptfiguren der Artusromane untersucht und analysiert, welche sich auf historische Figuren beziehen könnten. Von Artus' Gefolge können sich nur vier auf historische Authentizität berufen: Merlin, Mark, Tristan und Modred.

1   Es scheint, daß sich Sir Kay, Sir Bedivere, Morgan le Fey und Guinevere auf alte keltische Gottheiten gründen: Cei, Bedwyr, Morrigan und Gwenhwyfar, die wahrscheinlich im 12. Jahrhundert in die Legende von Kö-

nig Artus einbezogen wurden. Galahad, Lanzelot, Parzival und Gawain scheinen allesamt literarische Erfindungen des Mittelalters zu sein, wahrscheinlich französische Helden aus Volkserzählungen, die während des Mittelalters in die Artusgeschichte eingearbeitet wurden.

2 Merlin scheint der walisische Barde Myrddin zu sein, der sich unabhängig von Artus in der walisischen Literatur findet. Barden hatten einen nicht geringen Einfluß auf die alte walisische Gesellschaft, und oft schrieb man ihnen das Zweite Gesicht zu. In einem alten Gedicht mit dem Titel *Afallennau* verliert Myrddin nach der Schlacht von Arfderydd den Verstand. Die Schlacht ist nicht nur in den *Annales Cambriae* für das Jahr 575 angegeben, sondern Myrddin wird extra erwähnt. Das Problem ist jedoch, daß der Myrddin der Geschichte zumindest ein halbes Jahrhundert nach der angenommenen Artuszeit lebte.

3 Eine Figur, die sich auf eine wirkliche Person gründen könnte, die während der Artuszeit gelebt hat, ist einer von Artus' Rittern, Tristan, der Sohn von König Mark von Cornwall. Die walisische Literatur kennt diesen Helden und gibt ihm den Namen Drystan; und ein Grabstein aus dem 6. Jahrhundert in Fowey in Cornwall trägt die lateinische Version dieses Namens. Der über 1,80 m hohe alte Monolith zeigt das Grab von ›Drustanus, Sohn von Cunomorus‹, einem König, der während des frühen 6. Jahrhunderts in Cornwall regiert hat. Da der Mönch Wrmonoc im 9. Jahrhundert Cunomourus erwähnt und ihn ebenfalls als König Mark bezeichnet, scheint es wahrscheinlich, daß sowohl Tristan als auch Mark sich auf historische Personen gründen.

4   In Geoffreys Bericht ist Modred der Neffe von Artus, der sich gegen ihn auflehnt und nicht nur das Lebensende von Artus, sondern auch seines in der Schlacht von Camlann herbeiführt. Die *Annales Cambriae* beschreiben ebenfalls, daß Modred (unter der walisischen Schreibweise Medraut) mit Artus in Camlann fiel. Die Beziehung zwischen Artus und Modred ist in den *Annales* jedoch unklar, denn sie machen nicht deutlich, ob beide auf der gleichen Seite kämpften oder nicht.

5

GEHEIMNISSE UND ZAUBEREI

Die wahrscheinlich faszinierendsten Motive in der Artusgeschichte sind die drei geheimnisvollen Elemente, die in fast allen Artusromanen auftauchen: Excalibur, der Heilige Gral und die Insel Avalon. Waren diese Motive bereits vor dem Mittelalter mit der Legende von König Artus verknüpft, oder waren sie bloße Erfindungen von Geoffrey und seinen Nachfolgern? Zuerst werden wir den Ursprung von Artus' Schwert untersuchen – die Quelle seiner Kraft.

Das Wort Excalibur ist eine Adaption von Geoffreys Namen für Artus' Schwert Caliburn, den Wace zuerst verwendete und beinahe alle Romanautoren nach ihm benutzten. Obwohl man annahm, daß Geoffreys Ausdruck aus dem lateinischen Wort *chalibs* (Stahl) entstanden sein müsse, zeigen walisische Legenden eine andere Entstehungsmöglichkeit auf. In einer Reihe walisischer Geschichten (wie ›Culhwch und Olwen‹) wird Artus' Schwert *Caledfwlch* genannt, aus dem altirischen *Caladbolg*, was soviel bedeutet wie ›blitzendes Schwert‹. Wenn Caliburn aus Caledfwlch entstanden ist, könnte dies heißen, daß das Excalibur-Motiv einer frühen keltischen Legende entnommen wurde.

Die bekannte Geschichte von Artus' Zauberschwert wird nicht von Geoffrey erzählt, der uns nur berichtet, es sei auf der Insel Avalon geschmiedet worden. Erst ein Jahrhundert nach Geoffrey finden wir in dem *Vulgate Cycle* die Excaliburgeschichte, wie wir sie heute kennen. In der Version des *Vulgate* befiehlt Artus, der Excalibur von einer geheimnisvollen Nixe, der Lady of the Lake, erhalten hatte, seinem Ritter Girflet, es in einen verzauberten Teich zu werfen, als er sterbend auf dem Schlachtfeld liegt. Nachdem er den Wünschen seines Königs zweimal nicht gehorcht hat, gibt der Ritter schließlich zögernd nach. Als das Schwert geworfen wird, erhebt sich ein Arm aus dem See, fängt die Waffe und zieht sie mit sich in die Tiefe. Dies ist natürlich die Geburt der Geschichte, die später von Sir Thomas Malory ausgebaut wird, obwohl es in seiner Version Bedivere und nicht Girflet ist, der das Schwert der Lady of the Lake wiedergibt. Obwohl andere Romanautoren Galahad, Lanzelot oder sogar Parzival in dieser Rolle besetzen, hat sich das Geschehen bis zum Ende des Mittelalters fest in die Artusgeschichte etabliert.

Man findet deutliche keltische Untertöne in der Excaliburgeschichte, die darauf hinweisen, daß die Autoren der *Vulgate*-Version ein viel früheres Material benutzten. Archäologische Ausgrabungen haben viele wertvolle Artefakte hervorgeholt, darunter auch Schwerter, die von den Kelten des nördlichen Europa als Opfer für die Wassergötter in heilige Seen und Teiche geworfen wurden. Bei einer solchen Ausgrabung in Anglesey im Jahre 1942 fand man nicht weniger als 150 Teile, die seit Jahrhunderten im Morast des ausgetrockneten Sees von Llyn Cerrig Bach gelegen hatten. Diese Artefakte waren hochwertige Besitztümer, unter anderem Kelche, Pferdeschmuck und Broschen, die als solche sicherlich nicht einfach weggeworfen wurden; sie wurden statt dessen als Opfergaben ins Wasser geworfen, und zwar 250 Jahre lang bis zum Ende des 1. Jahrhunderts nach Christus.

Könnte das Motiv, aus dem Excalibur für die Lady of the Lake ins Wasser geworfen wurde, demnach eine alte keltische Praxis sein, einer Wassergöttin zu opfern, vielleicht in der Hoffnung, den König zu heilen?

Diese Hypothese wird in den Romanen noch verstärkt, wenn die Lady of the Lake den Namen Viviane erhält. Dieser Name könnte sehr wohl eine Adaption einer bestimmten keltischen Wassergöttin sein, die von römischen Autoren unter dem Namen Covianna beschrieben wird. Ein Schrein für Covianna mit dem romanisierten Namen Coventina kann heute immer noch auf dem Hadrianswall betrachtet werden. Ein Brunnen ist vor dem Schrein ausgehoben worden, der zahlreiche Opfergaben enthielt, vor allem Münzen. Durch Ausgrabungen wie denen im Brunnen von Coventina kann geschlossen werden, daß die imperialen Soldaten, die in Britannien stationiert waren, die britischen Gebräuche annahmen, wie sie es auch in anderen keltischen Teilen des Landes taten, zum Beispiel in Gallien. Wo die britischen Krieger ihre teuren Besitztümer geopfert hatten, warfen die römischen Soldaten Münzen in die heiligen Teiche – eine Praxis, die sich bis heute gehalten hat.

Die Geschichte, daß Artus das Schwert aus einem Stein zog, scheint ein für sich stehendes Motiv zu sein. Trotz der Behauptungen aus dem 19. Jahrhundert war es nicht Excalibur, das in den alten Erzählungen aus dem Stein gezogen wurde, sondern ein vollkommen anderes Schwert. In Malorys Geschichte geschieht der Vorfall mit dem Schwert und dem Stein lange bevor Merlin Artus mitnimmt, damit er Excalibur von der Lady of the Lake empfängt. Malory sagt einfach, daß das Schwert auf dem Friedhof der ›größten Kirche Londons‹ erschien. In seinen Worten:

»Auf dem Friedhof konnte man einen großen Stein sehen, wie aus Marmor, und in seiner Mitte war ein Amboß aus Stahl, und darin steckte ein herrliches Schwert ohne Scheide, und goldene Buchstaben standen dort und sagten über das Schwert: ›Derjenige, der dieses Schwert aus dem Stein und Amboß zieht, ist der rechtmäßige König von ganz England.‹«

Die Geschichte von dem Schwert, das im Stein steckt, wurde etwas früher als das Motiv der Lady of the Lake in die Romane eingeführt, obwohl man wiederum sehen kann, daß die ursprüngliche Fassung von der modernen leicht abweicht, denn das Schwert steckt nicht im Stein selbst, sondern in einem Amboß darauf. Robert de Boron war für die Übernahme dieses Motivs verantwortlich, das Malory später veränderte.

Robert könnte seine Geschichte vom Schwert und dem Stein von den Traditionen der keltischen Kriegsherren übernommen haben. Wenn es Streit darüber gab, wer als neuer Stammesanführer oder Häuptling einer Gruppe gewählt werden sollte, wurde die Angelegenheit durch einen Kampf entschieden. Oftmals bedeutete dies ein Duell der beiden Rivalen, das nicht unbedingt tödlich enden mußte. Als Zeichen, daß der Verlierer oder seine Anhänger den Ausgang des Kampfes akzeptierten, übergab man dem Sieger ein Zeichen der Autorität. Dies war üblicherweise ein Schwert, das von der Priesterschaft geweiht worden war und während des Kampfes auf einen steinernen Altar gelegt wurde. Die Krieger glaubten, daß jeder, der die Übereinkunft brach, mit einem Fluch belegt werden würde, sobald der Sieger das symbolische

Zeichen erhalten hatte. Könnte dies der Ursprung der Geschichte sein, in der Artus das Schwert aus dem Stein zieht?

Es gibt noch eine zweite Möglichkeit. Das lateinische Wort für einen großen Stein oder einen abgebrochenen Felsen ist *saxum*, ein Wort, das man vielleicht mit dem Wort *Saxon* verwechselt hat. Es könnte demnach eine ursprüngliche Legende über Artus geben, der sich als Anführer beweisen mußte, indem er das Schwert, also ›den Kampf‹ von den Sachsen annahm. Eine weitere Ähnlichkeit zwischen den Worten *anvil* (Amboß) und *Angle* (Angeln) könnte darauf hinweisen, daß er sich sowohl gegen die Angeln als auch gegen die Sachsen behaupten mußte. Das Motiv des Schwertes im Stein könnte demnach entweder durch ein Mißverständnis oder durch ein symbolisches Wortspiel entstanden sein.

So können die fantastisch wirkenden Geschichten von Artus' Schwert sehr wohl Verbindungen zu einer frühen Artusgeschichte aus dem Dunklen Zeitalter aufweisen.

Kann man dies auch über den Heiligen Gral sagen? Der Gral taucht erstmals in *Le Conte du Graal* von Chrétien de Troyes auf, und zwar mit der ursprünglichen Schreibweise *graal*. In dieser Geschichte sieht Parzival, während er auf dem Schloß des Fischerkönigs wohnt, eine seltsame Prozession, die während eines Banketts durch die Halle zieht. Angeführt von einem Jungen, der eine blutige Lanze trägt, umkreist die Prozession eine wunderschöne Jungfrau, die ein Objekt trägt, das Chrétien einfach als *graal* bezeichnet. Obwohl Robert de Boron den Gral einige Jahrzehnte später in den Kelch umwandelt, den Christus beim Abendmahl benutzt hat, ist es keineswegs klar, was Chrétiens *graal* eigentlich sein soll. In seiner Beschreibung sagt er, daß »der *graal* aus feinem Gold gearbeitet war, und im *graal* waren viele kostbare Steine, die schönsten und kostbarsten auf der ganzen Welt«.

Obwohl sich diese Beschreibung natürlich auf eine Tasse oder einen Kelch beziehen könnte, scheint Chrétiens *graal* eher eine Art Teller oder Schale gewesen zu sein, da dem Fischerkönig darauf eine große Hostie überreicht wird. Außerdem vermittelt Chrétien den Eindruck, daß ein *graal* zu seiner Zeit ein ganz gewöhnliches Objekt sei, denn er bezeichnet es als *un graal* (ein Gral) und nicht als *le graal* (den Gral), wie Robert es später tut. Tatsächlich beschreibt Robert de Boron ihn sogar noch ehrfurchtsvoller als *Le Saint Graal* (Den Heiligen Gral).

Chrétiens fehlende Beschreibung weist darauf hin, daß *graal* für seine zeitgenössischen Leser kein Fremdwort war, obwohl die Bedeutung verlorenging und das Wort nirgendwo sonst auftaucht. *Graal* könnte sich aus dem Wort *gradale* entwickelt haben. Eine Anzahl französischer Haushaltsartikel aus dem Mittelalter werden mit dem Wort *gradale* beschrieben, das wahrscheinlich aus dem lateinischen *gradus* (in Etappen, in Teilen) entstand und sich auf einen Teller oder eine Schale bezog, die während eines Essens mehrere Male zum Tisch getragen wurde.

Wenn der *graal* ein Teller war, würde dies die Vermutung, die Geschichte sei keltischen Ursprungs, widerlegen. Die Annahme, daß die Suche nach dem Heiligen Gral, wie sie in der Artusgeschichte vorkommt, ihren Ursprung in den keltischen Legenden von den Zauberkelchen habe - so wie der Kelch von Draga, den wir oben erwähnten -, baut auf die Vermutung, der Gral sei ein Kelch. Wenn wir mehr über Chrétiens *graal* wüßten, könnten wir bessere Schlußfolgerungen ziehen. Leider wird die wirkliche Bedeutung des *graal* in Chrétiens Versen für uns ein Geheimnis bleiben, denn *Le Conte du*

Graal, sein letztes Werk, wurde nie vollendet. Doch aus ungefähr der Zeit von Robert de Boron ist ein Heldengedicht überliefert, das uns mit Hinweisen auf die Gralsgeschichte und ihren wahrscheinlichen Ursprung beliefert. Diesmal kommt der Text nicht aus England, Wales oder Frankreich, sondern aus Deutschland. Er entstammt der Feder von Wolfram von Eschenbach, einem der größten deutschen Dichter des Mittelalters.

Die Artusgeschichte hatte bereits um 1200 in Form von zwei Gedichten ihren Weg nach Deutschland gefunden, nämlich in *Erec* und *Iwein* von Hartmann von Aue. Einige Jahre später, um 1205, schrieb Wolfram sein Artusgedicht, *Parzival,* welches später in Wagners Oper *Parsifal* Unsterblichkeit erlangte. Das Gedicht ist offenbar eine Überarbeitung von Chrétiens *Le Conte du Graal,* obwohl Wolfram eine Menge von Details liefert, die in Chrétiens unvollendetem Werk fehlen. Jedenfalls ist der Gral in Wolframs Geschichte kein Teller und auch kein Kelch, sondern ein magischer Stein mit dem Namen Lapsit Excillis, aus dem lateinischen *lapis exilis,* was wörtlich soviel bedeutet wie ›kleiner Stein‹. Wolfram zufolge hat Gott mit diesem Stein die Engel vertrieben, die ihn im Kampf gegen Luzifer nicht unterstützten.

Im *Parzival* ist der Stein im Besitz einer adligen Familie, die ihn hütet. Als Gegenleistung erhält sie die schönsten Speisen und Getränke, die der Stein herbeizaubert. Außerdem besitzt der Stein Heilungskräfte und bewahrt das Leben seiner Hüter. Der Stein steht innerhalb der Mauern einer uneinnehmbaren Burg und wird zusätzlich von einem Ritterorden beschützt, dessen Mitglieder im Kindesalter erwählt werden, wenn ihre Namen auf dem Stein erscheinen.

Die Geschichte beginnt damit, daß Anfortas, der König der Gralsburg, tödlich verwundet wird – da er aber den Gral hütet, kann er nicht sterben. Seine einzige Hoffnung, seine Qualen eines lebendigen Toten zu beenden, besteht darin, einen Mann zu finden, der seine Stelle einnimmt. Eine Nachricht erscheint auf dem Stein und sagt dem König, daß sein Erbe, der Sohn seiner Schwester Herzelyde, bald auf die Burg kommen wird. Doch nur wenn er die richtige Frage stellt, wird er beweisen, daß er des Thrones würdig ist.

Anfortas Neffe und Erbe ist niemand anderes als Parzival, obwohl er ohne Wissen um seine Abstammung aufwuchs. Als er bei der Burg ankommt, sieht er dieselbe Prozession, wie Parzival in der Geschichte Chrétiens, obwohl der Gral hier der Stein ist. Nachdem er es versäumt hat, die richtige Frage zu stellen, verläßt Parzival die Burg und verbringt den Rest der Geschichte damit, Weisheit zu erlangen, indem er einer von Artus' Rittern wird. Schließlich kehrt Parzival zur Gralsburg zurück und erweist sich der Nachfolge würdig.

Es ist durchaus wahrscheinlich, daß die Gralsgeschichte eine weitere Zutat zur Artusgeschichte ist, denn der Gral von Chrétien und Wolfram hat keinen Bezug zu Artus selbst. Erst viel später in der Entwicklung der Geschichte hat der Gral einen direkten Einfluß auf das Leben von Artus, als er der Kelch wird, den die Ritter von Artus suchen, um das Land von Hunger und Seuchen zu befreien. Wo ist diese Geschichte also entstanden? Glücklicherweise verrät Wolfram uns seine Quelle. In seinem Nachwort zum Parzival bezieht er sich auf Chrétiens *Le Conte du Graal* und informiert seine Leser darüber, daß man einer Geschichte, die bereits existiere, keine Gerechtigkeit entgegenbringen könne. Er sagt weiter, daß sein vollständiges und genaues Porträt der ursprünglichen Legende von einem arabischen Manuskript stamme, das sein Freund Kyot in Toledo, Spanien, entdeckt habe.

Wenn man Wolfram glauben will, so scheint die Grals-legende arabischen Ursprungs zu sein, die von den Kreuzfahrern für die europäische Leserschaft abgewandelt wurde. Viele solcher Gedichte wurden während der Kreuzzüge von durchziehenden Rittern verfaßt, die sich arabische Geschichten zum Thema nahmen und sie umschrieben, indem sie die Figuren durch mittelalterliche Helden ersetzten. Es gibt einen weiteren Hinweis darauf, daß die Gralsgeschichte ursprünglich eine arabische Geschichte war, denn Wolfram erzählt uns, daß die Gralsritter Tempelritter waren.

Die Tempelritter gründeten sich im frühen 12. Jahrhundert in Frankreich als eine Art Berufsarmee; ein internationaler Ritterorden, der das spezielle Ziel verfolgte, für das Christentum im Heiligen Land zu kämpfen. Doch die Tempelritter waren mehr als nur einfache Ritter – sie waren Zisterziensermönche, die zu Kreuzrittern ausgebildet wurden. Daher ist es möglich, daß ein dichtender Kreuzfahrer, wahrscheinlich ein Templer, eine arabische Legende umschrieb, die später in die Artusgeschichte eingebaut wurde.

Nachdem wir die Legenden von Excalibur und dem Heiligen Gral untersucht haben, wenden wir uns nun dem wahrscheinlich faszinierendsten Motiv der Artusgeschichte zu: Avalon und dem Geheimnis von Artus' letzter Ruhestätte. Wie wir bereits gesehen haben, könnte Geoffrey sein Avalon nach den keltischen Legenden von Annwn geschrieben haben. Doch in Geoffreys Beschreibung von Avalon gibt es nichts Keltisches, denn wir beschäftigen uns hier mit einer reinen Anleihe aus der klassischen Mythologie. Wenn er zum Beispiel über die Weinreben von Avalon berichtet, die sich selbst abernten sowie von Einwohnern, die mindestens hundert Jahre alt werden, wiederholt Geoffrey ganz deutlich die griechische Sage von der Insel der Glückseligkeit, auf der sich die Früchte selbst versorgen und die Menschen unsterblich sind.

Trotz allem ist das keltische Element natürlich präsent. Wir finden nicht nur neun heilige Frauen und die keltische Göttin Morrigan, die als Morgan erscheint – der Name Avalon selbst scheint keltischen Ursprungs zu sein. Von Irland kommt ein alter Gedichtzyklus, der von dem Meeresgott Manannan handelt, der über eine Zauberinsel herrscht. Sie trägt den gälischen Namen *ablach,* was soviel bedeutet wie ›reich an Äpfeln‹. Geoffrey geht so weit, Avalon in seiner *Vita Merlini* als ›Insel der Äpfel‹ (*Insula Pomuorum*) zu bezeichnen.

Avalon ist demnach zunächst einmal ein keltisches Motiv und könnte in Verbindung zur ursprünglichen Artuslegende stehen. Der Versuch, Avalon zu lokalisieren, ist ein komplexeres Problem. Wenn es eine richtige Insel sein soll, kann sie beinahe überall liegen. Die Isle of Man beispielsweise bezieht ihren Namen vom Gott Manannan und soll seine Heimat gewesen sein. Dann gibt es Irland selbst, das die Geschichte von ›Culhwch und Olwen‹ als Annwn identifiziert. Im Südwesten liegen die Scilly Inseln mit Morgan als Königin, so beschrieben in einer Legende aus dem Mittelalter. In Schottland wurde Iona die ›Insel der Träume‹ genannt – ein Name, der in mehreren mittelalterlichen Romanen Avalon bezeichnet. Das walisische Gegenstück ist Bardsey Island, das schon seit Jahrhunderten als letzte Ruhestätte für Heilige und andere herausragende Christen gilt. Eine Legende aus dem 13. Jahrhundert beschreibt, wie Merlin dort in einer Höhle schläft und für alle Zeiten einen Kelch mit den Schätzen der besiegten Briten bewacht.

Doch auch wenn einer dieser Orte einen halbwegs gerechtfertigten Anspruch hat, ist es ganz offensichtlich sinnlos, dort nach Artus zu suchen. Nach Geoffrey geht Artus nur nach Avalon, um seine Wunden zu heilen. Geoffrey sagt uns nicht, wo Artus begraben wurde. Es sieht so aus, als wäre für Geoffrey das Geheimnis um die Grabstätte von Artus zu bekannt, als daß er einen Ort festlegen kann. Vor Geoffrey schrieb William of Malmesbury, daß Artus' Grab immer noch nicht gefunden sei; und das walisische Gedicht, die ›Stanzas of the Graves‹ (Grabverse), das die Grabstätten der keltischen Helden beschreibt, erklärt, daß Artus' letzte Ruhestätte ein Geheimnis bleibe.

Im Hinblick auf dieses Problem entschied Sir Thomas Malory, der sich vorgenommen hatte, alle Artuslegenden zu vereinigen, keine Festlegung vorzunehmen. Zunächst einmal folgt er Geoffrey, indem er beschreibt, wie Artus mit einem Boot nach Avalon gebracht wird, um seine Wunden zu versorgen (obwohl er hier nicht von einer Bestattung spricht). Dann erreicht einige Zeilen später Bedivere eine Kapelle in Glastonbury, bei der er einen Einsiedler entdeckt, der neben einem frisch ausgehobenen Grab trauert. Als er den Einsiedler fragt, wer dort begraben liege, antwortet der: »In dieser Nacht um Mitternacht kamen einige Frauen und brachten einen Leichnam hierher und baten mich, ihn zu beerdigen.« Bedivere schließt daraus, daß es Artus sein müsse, obwohl der Eremit dies nicht bestätigen kann. Es scheint so, als hätte Malory versucht, seine Leserschaft in bezug auf Glastonbury Abbey zufriedenzustellen, doch da er nicht davon überzeugt war, daß man Glastonbury als Insel bezeichnen könne, führte er Avalon getrennt ein. Tatsächlich legt er sich überhaupt nicht auf Avalon fest, denn er fügt noch eine andere Version der Geschichte ein, in der das Grab von Artus auf seine Entdeckung wartet.

Die Spekulation über Avalon und seine Beziehung

zum historischen Artus hat viele faszinierende Theorien über den Ursprung dieser Geschichte ausgelöst. Die Geschichte von der Barke zum Beispiel, wie sie in vielen Romanen auftaucht, konnte darauf hindeuten, daß Artus ein Begräbnis nach Wikingerart auf dem Meer erhielt, oder daß man ihn in einem Boot an Land begrub, wie den Sutton Hoo Man von East Anglia. Die wahrscheinlichste Annahme jedoch ist, daß die Legende von Avalon aus der Unterwelt der keltischen Mythologie entnommen wurde: In der keltischen Mythologie werden Helden oft körperlich in die Unterwelt der Götter und Geister gebracht. Und die Avalongeschichte könnte demnach sehr wohl ein Teil der ursprünglichen Geschichte sein, wie sie vor Geoffrey bestanden hat.

Leider können die Geschichten von Avalon überall hinweisen und einen zu fast jeder Schlußfolgerung verführen. Man kann aus den Geschichten über Avalon, Excalibur und dem Heiligen Gral nur entnehmen, daß es eine große Menge an Material gab, das mit der Artuslegende in Verbindung stehen könnte, als die ersten Romane geschrieben wurden. Nachdem wir das Material, das in den Artusmythen, -legenden und -erzählungen vorhanden ist, erschöpfend behandelt haben, kehren wir nun zu den historischen Quellen zurück und untersuchen sie noch detaillierter, um herauszufinden, ob sie uns etwas über den historischen Artus erzählen können.

Zusammenfassung

Wir haben den Ursprung der drei mystischen Elemente untersucht, die in beinahe allen Romanen vorkommen. Zusammenfassend scheint es, daß die Excaliburgeschichte historische Ereignisse widerspiegeln könnte, die mit dem wirklichen Artus zu tun haben, daß der Heilige Gral eine

mittelalterliche Erfindung und Avalon eine frühe Artuslegende war, die der keltischen Mythologie entnommen
wurde.

1 Die Geschichte von Excalibur, das der Lady of the
Lake zugeworfen wird, taucht erstmals in einem der *Vulgate*-Romane um 1225 auf, wo Artus seinem Ritter Girflet
befiehlt, das Schwert in einen verzauberten Teich zu werfen, während er sterbend auf dem Schlachtfeld liegt. Hier
hört man starke keltische Untertöne, die darauf hindeuten,
daß der Schreiber sehr viel älteres Material benutzt hat.
Archäologische Ausgrabungen haben viele Schwerter ans
Tageslicht gebracht, die von den Kelten Nordeuropas als
Opfer für die Wassergöttin und die Göttin der Heilkraft in
heilige Seen geworfen worden waren.

2 Die Geschichte vom Schwert im Stein wurde in
Robert de Borons Geschichte eingeführt, in der ein
Schwert nicht direkt im Stein, sondern in einem Amboß
auf dem Stein steckte. Das lateinische Wort für einen
großen Stein oder Felsbrocken ist *saxum*, ein Wort, das
vielleicht mit dem Wort Sachse verwechselt wurde. Es besteht daher die Möglichkeit, daß es eine alte Legende
über Artus gibt, der sich als Anführer beweisen mußte,
indem er das Schwert, also ›den Kampf‹, von den Sachsen annahm. Fügt man diesem noch die Ähnlichkeit zwischen den Wörtern *anvil* und Angeln hinzu, könnte dies
darauf verweisen, daß er gegen die Sachsen und die Angeln antreten mußte. Das Thema Schwert und Stein
könnte daher durch ein Mißverständnis oder wahrscheinlicher durch ein Wortspiel entstanden sein.

3 Der Gral erscheint zum erstenmal bei Chrétien de
Troyes in der ursprünglichen Schreibweise *graal*. Obwohl
Robert de Boron den Gral einige Jahrzehnte später in

den Kelch verwandelt, den Christus beim Abendmahl verwendet hat, ist es keineswegs klar, was *Chrétiens graal* sein soll. Es scheint eine Art Teller oder Platte gewesen sein, da eine Oblate darauf serviert wird. Das Wort graal könnte sich aus *gradale* entwickelt haben, da eine Reihe mittelalterlicher französischer Schreiber das Wort für eine Platte benutzen, die zu den verschiedenen Gängen zum Tisch getragen wurde. Die spätere Geschichte vom Gral als heiligem Kelch scheint daher eine mittelalterliche Erfindung zu sein.

4   Eine Erklärung für den Ursprung der Gralsgeschichte wird von Chrétiens Zeitgenossen, dem deutschen Dichter Wolfram von Eschenbach geliefert. 1205 schrieb Wolfram sein Heldengedicht *Parzival,* das der Geschichte Chrétiens sehr ähnelt, außer daß der Gral keine Platte, sondern ein Zauberstein ist. In seinem Epilog zu *Parzival* erklärt Wolfram seinen Lesern, daß Chrétien einer bereits existierenden Geschichte Unrecht getan hat. Er erklärt weiter, daß seine Darstellung der ursprünglichen Legende aus einem arabischen Manuskript stamme, das in Spanien entdeckt worden sei. Wenn man Wolfram glauben kann, dann könnte die Gralsgeschichte ursprünglich eine arabische Geschichte gewesen sein, die mit den Kreuzrittern nach Europa kam.

5   Die Insel Avalon, Artus' letzte Ruhestätte, wird bei Geoffrey und von fast allen nachfolgenden Romanen erwähnt. Es ist sehr wahrscheinlich, daß diese Legende bereits vor Geoffrey existierte. Aus Irland kommt ein alter Textzyklus, der auch den Meeresgott Manannan beschreibt, welcher über eine Zauberinsel mit dem gälischen Namen *ablach,* ›reich an Äpfeln‹, herrscht. Tatsächlich geht Geoffrey so weit, Avalon in seiner *Vita Merlini* als ›Insel der Äpfel‹ zu bezeichnen.

6

HISTORISCHE
MANUSKRIPTE

Der geschichtliche Beleg
für König Artus findet sich hauptsächlich in den *Annales
Cambriae* und in der *Historia Brittonum*, wie wir in Kapitel Zwei gesehen haben, doch wir müssen auch andere
historische Quellen in Betracht ziehen, die die fragliche
Zeit betreffen; Quellen, die König Artus leider nicht erwähnen.

Zunächst einmal gibt es da die *Historia Ecclesiastica
Gentis Anglorum* (Kirchengeschichte der englischen Bewohner), die einen verläßlichen historischen Rahmen des
Dunklen Zeitalters liefert. Sie entstand um 731 als erstes
englisches Werk, das die Bezeichnung historische Schrift
verdient. Geschrieben wurde sie von dem Mönch Beda
im Kloster Jarrow in Northumbria. Er verwandelte die
groben Fragmente existierenden Materials in ein richtiges Geschichtsbuch. Beda etablierte durch seine Arbeit
einen Stil, dem die nach ihm kommenden Historiker folgten. Unter anderem war er der erste, der das *Anno Domini*-Kalendersystem anwandte, um die historischen Ereignisse zu datieren. Seine Quellen waren hauptsächlich
Kirchendokumente aus der Region von Kent zusammen
mit dem Werk des Mönchs Gildas aus dem 6. Jahrhundert und einer Menge mündlicher Überlieferungen.

Das zweite wichtige historische Dokument, das die Ereignisse des 5. und 6. Jahrhunderts behandelt, ist der *Anglo-Saxon Chronicle,* von dem einige Exemplare überliefert sind. Obwohl er sich auf frühe westsächsische Klosterschriften gründet, wurde der *Chronicle* erst in der Zeit der Herrschaft von Alfred dem Großen (871–899) verfaßt, und zwar offenbar unter Alfreds persönlicher Überwachung.

Die Tatsache, daß keines der Werke einen Hinweis auf Artus birgt, hat lange Zeit Zweifel an seiner historischen Authentizität aufkommen lassen. Doch Beda mag Artus aus dem einfachen Grund nicht erwähnt haben, daß er eine Kirchengeschichte über die Sachsen schrieb und deshalb keinen Grund hatte, sich mit ihm zu befassen. Was den *Anglo-Saxon Chronicle* betrifft, erfüllte dieser höchstwahrscheinlich Alfreds Bestreben, die erfolgreichen Eroberungen seiner eigenen sächsischen Vorfahren zu loben, und es ist nur verständlich, wenn er keine Lust hatte, die Aufmerksamkeit auf die Taten der gegnerischen Seite zu lenken.

Die wenigen überlieferten Schriften von Fremden, die Britannien während der angenommenen Artusperiode besuchten, sind hauptsächlich Beschreibungen von Reisenden, die von den Ereignissen, in die sie verwickelt waren, berichten, so daß es irrelevant erscheint, wenn sie Artus nicht erwähnen. Was die fragmentarischen Klosterberichte betrifft, so beschäftigen sie sich fast ausschließlich mit kirchlichen Angelegenheiten.

Wir kommen daher nun zum wichtigsten Werk bei der Suche nach König Artus: dem *De Excidio Conquestu Britanniae* (Über den Ruin und Fall von Britannien), der Mitte des 6. Jahrhunderts von Gildas geschrieben wurde. Gildas, der angebliche Sohn eines britischen Aristokraten, scheint eine von St. Illtud gegründete Schule in

Wales besucht zu haben. William of Malmesbury zufolge wurde Gildas schließlich ein Mönch und verbrachte einige Zeit im Kloster von Glastonbury. Da Gildas offenbar während oder kurz nach der Artuszeit gelebt hat, scheint das Fehlen einer Erwähnung von Artus in seinem Werk zunächst vernichtend zu sein. Doch wie bei Beda und dem *Anglo-Saxon Chronicle* mag es sehr wohl andere Erklärungen für den Ausschluß von Artus geben.

Gildas Werk verfolgte nie die Absicht, ein geradliniges Geschichtsbuch zu sein. Tatsächlich ist es eigentlich ein Verriß. Wie der Titel schon vermuten läßt, ist sein Werk hauptsächlich eine Kritik seiner Landsmänner, die sich gegen die kleinen Streitereien richtet, die den Sachsen ihre Herrschaft ermöglichten. Er erwähnt kaum jemanden namentlich, der vor seiner Zeit gelebt hat, außer Ambrosius, den er offenbar verehrte. Gildas bestätigt den Sieg der Briten in der Schlacht von Badon, die auch in den *Annales Cambriae* und in der *Historia Brittonum* erwähnt wird, obwohl er nicht sagt, daß es Artus war, der hier triumphierte, da er überhaupt keinen Namen eines Anführers erwähnt. Diese Auslassung gibt in gewissem Maße Hoffnung bei der Suche nach Artus, denn sie bedeutet, daß über den Namen des britischen Anführers bei der wichtigsten Schlacht des Zeitalters immer noch spekuliert werden kann.

Nachdem wir kurz die überlieferten Quellen aus der Zeit, in der wir Artus ansiedeln, betrachtet haben, müssen wir uns jetzt wieder den Autoren des 12. Jahrhunderts zuwenden. Wie nützlich sind die Arbeiten von William of Malmesbury bei der Suche nach Artus? William wird von modernen Wissenschaftlern als weit verläßlicherer Historiker betrachtet als Geoffrey, und obwohl William sehr wenig über Artus sagt, liefert er uns eine überzeugende Idee vom Status des Artusmythos zu der

Zeit, als Geoffrey seine *Historia* schrieb. So erzählt uns Williams *Gesta Regum Anglorum* beispielsweise, daß eine ganze Anzahl von Artusgeschichten in Umlauf waren. Anders als Geoffrey sieht William diese eher als Fabeln an, streitet Artus selbst jedoch als historische Person nicht ab.

Aus Williams Werken kann man ersehen, daß über Artus nur sehr wenig bekannt war. Doch William liefert uns einen Anfang. Er erklärt uns beispielsweise, daß Artus den Krieger Ambrosius Aurelianus beim Kampf gegen die Angeln unterstützte. Obwohl Ambrosius in der *De Excidio* von Gildas als der Anführer der Briten erwähnt wird, der zwischen 460 und 470 eine erfolgreiche Gegenoffensive gegen die sächsischen Angreifer führte, ist doch beinahe nichts Verläßliches über Ambrosius bekannt, auch nicht, wie oder wann er starb.

William of Malmesbury erklärt weiter, daß Artus bei der Belagerung von Mount Badon triumphierte. Da Gildas die Schlacht von Badon als Höhepunkt der von Ambrosius eingeleiteten Kriegshandlungen erwähnt, hört es sich so an, als wolle William andeuten, daß Artus Ambrosius besiegte. Ob die beiden jemals zusammen oder gegeneinander kämpften, bleibt unklar. Es ist jedoch klar, daß man Artus für einen christlichen König hielt, da William beschreibt, wie Artus während der Schlacht von Badon ein Bild der Jungfrau Maria bei sich trug.

Auf der anderen Seite hält William vieles von dem, was er von Artus gehört hat, für zweifelhaft. Er macht sich beispielsweise darüber lustig, daß Artus 900 Feinde bei der Schlacht von Badon mit einer Hand besiegt haben soll. Es ist offensichtlich, daß Artus im frühen 12. Jahrhundert einen mythischen Status erlangt hatte, und daß die Jagd nach Artusrelikten Mode geworden war. William erwähnt, daß jemand behaupte, er habe das

Grab von Artus' Neffen einige Jahre zuvor entdeckt, gleichzeitig sagt er auch, daß das Grab von Artus weiterhin seiner Entdeckung harre.

Was kann man aus Williams vernünftigen Bemerkungen folgern? Nur, daß man Artus im frühen 12. Jahrhundert für einen christlichen König hielt, der ungefähr 600 Jahre zuvor gelebt hat. Jede weitere Information wird als Legende bezeichnet. William empfiehlt, Vorsicht walten zu lassen, wie wir in Kapitel Drei gesehen haben. Trotzdem glaubt er ganz offensichtlich, daß es genügend Beweise für die Existenz Artus' gibt, denn er fügt hinzu, daß Artus seiner Meinung nach in eine authentische Geschichtsschreibung einbezogen werden müsse, und zwar als einer, »der sein geschwächtes Land lange Zeit gestützt habe«. Doch woher bekam William seine Informationen?

Glücklicherweise ist eine der Quellen, die William gut verwendet haben könnte, in Form der *Historia Brittonum* überliefert. Heute liegt sie in der British Library als Manuskript mit der Katalogbezeichnung ›Harley 3859‹. Die *Historia Brittonum* ist eine aus dem frühen 12. Jahrhundert stammende Kopie von einem früheren Dokument. Der Schreibstil und ältere Teile des Werkes, die anderswo bis heute überliefert sind, deuten auf ein sehr viel früheres Entstehungsdatum hin: irgendwann um 830. Die *Historia Brittonum* wird allgemein für das Werk eines Mönchs namens Nennius aus Bangor in Nordwales aus der Zeit des 9. Jahrhunderts gehalten.

In der *Historia Brittonum* behauptet Nennius, seine Geschichte der Briten zusammengestellt zu haben, indem er einen ›Haufen‹ von alten Dokumenten, die er finden konnte, errichtete. Er berichtet:

»Ich habe alles, was ich finden konnte, aufgehäuft: die Annalen der Römer, die Chroniken der Heiligen Väter, die Manuskripte der Iren und der Sachsen und die Erzählungen unserer eigenen weisen Männer.«

Leider läßt sich keine dieser Quellen ausfindig machen. Was Nennius aus ihnen herausfilterte, folgt keiner Ordnung, ist jedoch ein löblicher Versuch des Autors, Geschichte zu rekonstruieren. Über das Thema Ambrosius sagt Nennius überhaupt nichts, doch von Artus erzählt er uns folgendes:

»Zu dieser Zeit wuchsen die Sachsen zahlenmäßig in Britannien an. Nach dem Tod von Hengist zog sein Sohn Octha vom nördlichen Teil Britanniens zum Königreich der Kenten, und von ihm stammen die Könige der Kenten.

Dann kämpfte Artus mit den Königen der Briten gegen sie, doch er selbst war der Anführer der Schlachten.

Der erste Schlacht fand an der Mündung des Flusses Glein statt. Die zweite, dritte, vierte und fünfte an einem anderen Fluß namens Dubglas im Landstrich Linnuis. Die sechste Schlacht am Fluß, der Bassas genannt wird. Die siebte Schlacht fand im kaledonischen Wald Cat Coit Celidon statt. Die achte Schlacht in Fort Guinnion, bei der Artus das Bild der Jungfrau Maria auf seinen Schultern trug, und an diesem Tag wandten sich die Ungläubigen zur Flucht, und durch die Kraft unseres Herrn Jesus Christus und durch die Kraft der Heiligen Jungfrau Maria, seiner Mutter, wurden sie vernichtend geschlagen. Die neunte Schlacht fand in der City of the Legion statt. Die zehnte Schlacht trug er am Flußufer namens Tribruit aus. Die elfte Schlacht fand am Berg, der Agned genannt wird, statt. Die zwölfte Schlacht war am Mount Badon, bei der durch einen Angriff von Artus 960 Männer an einem Tag fielen, und niemand anderes als er allein bezwang sie. Und in allen Schlachten war er der Sieger.«

Es scheint, daß William of Malmesbury seine Informationen von Nennius erhielt, denn seine Beschreibung der Schlacht von Badon entspricht der in der *Historia Brittonum,* inklusive dem Bild der Jungfrau Maria (obwohl es sich auf eine andere Schlacht bezieht). William nahm die Vorstellung, daß Artus allein über 900 Männer tötete, nicht ernst. Dies konnte höchstens metaphorisch gemeint sein und bedeuten, daß kein anderer britischer Anführer ihn beim Kampf unterstützte; ein möglicher Hinweis darauf, daß Artus im Stich gelassen wurde, oder daß seine Streitkräfte größte Schwierigkeiten überwanden.

Doch wie verläßlich ist Nennius? Es gibt andere Stellen in der *Historia Brittonum,* die historisch gesehen falsch sind, was den Anspruch auf historische Authentizität nicht gerade untermauert. Doch der Inhalt weist stark darauf hin, daß nicht nur William, sondern auch Geoffrey of Monmouth Nennius als Quelle benutzten. So tauchen zum Beispiel Geoffreys Geschichte von Brutus dem Trojaner und viele andere seiner fantastischen Motive bei Nennius auf und werden oft fast wörtlich übernommen. Geoffrey ist jedoch noch fantasievoller als Nennius, dessen Absicht es offensichtlich nicht war, seinen Lesern Sand in die Augen zu streuen. Nennius leitet sein Werk mit folgenden Worten ein:

»Ich bitte jeden Leser, der dieses Buch liest, mir zu verzeihen, daß ich es wage, nach so vielen anderen so viel zu schreiben, wie ein plappernder Vogel oder ein unwissender Richter. Ich ordne mich jedem unter, der besser mit dieser Fähigkeit ausgestattet ist als ich.«

Nach eigener Aussage ist er also ohne besondere Bildung – ein Geständnis, das einen zu der Annahme verleitet, daß die *Historia Brittonum* ein ehrlicher Versuch von Nennius ist, die Informationen, die ihm zur Verfügung standen, weiterzugeben.

Es scheint also, daß wir in Nennius nicht nur die Quelle von William, sondern auch die Basis von Geoffrey of Monmouth gefunden haben. Doch wo hat Geoffrey sich mit den anderen Artusgeschichten versorgt? Es scheint, als habe er sie den *Annales Cambriae* entnommen. Dasselbe Manuskript wie die *Historia Brittonum* in der British Library enthält auch die *Annales Cambriae* in der Fassung des frühen 12. Jahrhunderts. Die *Annales* wurden offenbar ursprünglich im Auftrag der Könige von Südwales zusammengestellt, denn obwohl sie eine Reihe von Stammbäumen von britischen Anführern enthalten, schließen sie mit einem sehr viel genaueren Stammbaum der südwalisischen Könige des 9. Jahrhunderts. Zudem bemühen sie sich, eine Aufzählung der Ereignisse in ganz Britannien zu liefern, was sehr den walisischen Interessen entspricht.

Obwohl die *Annales* von Ereignissen erzählen, die bis zur Mitte des 5. Jahrhunderts zurückgehen, kann man am Stil und der Schreibweise des ersten Teils erkennen, daß sie erst ab 800 ein zeitgenössisches Dokument sind. In ihrer jetzigen Form jedoch weist die Tatsache, daß der letzte Eintrag von 950 ist, darauf hin, daß sie ursprünglich zu dieser Zeit geschrieben wurden.

Leider stellen die *Annales Cambriae* wenig mehr als eine unvollkommene Aufzählung von Daten dar, zusammen mit kurzen Hinweisen auf wichtige Ereignisse. Sie wurden in Latein geschrieben und umfassen eine Zeitspanne von 533 Jahren, benutzen jedoch nicht das *Anno Domini*-Kalendersystem. Die *Annales* können jedoch aufgrund eines Eintrags im Jahre neun datiert werden, wo es heißt: »Ostern wurde von Papst Leo, dem Bischof von Rom, auf den Tag des Herren verlegt.« Man weiß aus anderen Quellen, daß dies im Jahre 455 n. Chr. geschah; wenn also das neunte Jahr gleichbedeutend mit 455 n. Chr. ist, muß das erste Jahr 446 sein. Wenn man diese Methode durch den Vergleich mit anderen Daten überprüft, die man aus anderen verläßlichen Quellen kennt, sind die *Annales* fast korrekt. Demnach konnten die Eintragungen, die sich auf Artus beziehen und in den Jahren 72 und 93 zu finden sind, auf die Jahre 518 und 539 n. Chr. übertragen werden. Der erste Eintrag des Jahres 518 bezieht sich auf die Schlacht von Badon und heißt:

»Die Schlacht von Badon, bei welcher Artus das Kreuz unseres Herren Jesus Christus drei Tage und drei Nächte auf den Schultern trug und die Briten siegten.«

Es gibt keinen Hinweis darauf, daß Artus allein kämpfte, obwohl wir ein anderes heiliges Relikt auf seinen Schultern finden. Bei dieser Gelegenheit ist es ein Kreuz und nicht das Bild der Jungfrau Maria. Man geht allgemein davon aus, daß es eine frühe Verwechslung der walisischen Wörter für Schultern, *ysgwydd* (ausgesprochen ›scuith‹) und *ysgwyd* (ausgesprochen ›scuit‹) mit der Bedeutung Schild gegeben hat, was vieles erklärt. Der wichtige Punkt ist jedoch, daß die *Annales* von einem Kreuz und nicht von einem Bild der Jungfrau sprechen und damit vermuten lassen, daß der Verfasser der *Annales Cambriae* sich nicht derselben Quelle bediente wie Nennius.

Der zweite und einzige andere Hinweis auf Artus in den *Annales* ist der Eintrag für das Jahr 539:

»Der Streit vom Camlann, in welchem Artus und Medraut fielen und eine Seuche über Britannien und Irland kam.«

Da Nennius Camlann nicht erwähnt (wahrscheinlich weil er sich nur mit Artus' Siegen befaßt), könnte es sehr gut sein, daß Geoffrey seine Informationen über die Schlacht den *Annales* entnahm.

Vor der Zusammenfassung aller Informationen, die wir aus den *Annales Cambriae* und der *Historia Brittonum* entnehmen können, müssen wir Geoffreys Behauptung, ein ›altes Buch‹ zu besitzen, aus dem er die Wahrheit über König Artus erfahren habe, genauer untersuchen. Es gibt sichere Belege dafür, daß die Artuslegende bis ins Mittelalter überliefert wurde, doch welcher anderen historischen Quelle kann sich Geoffrey neben den *Annales* und Nennius bedient haben?

Neben Geoffrey und William of Malmesbury gab es noch zwei Historiker, die ihre Zeitgenossen waren und Artus ebenfalls in eine Art historischen Kontext stellten. Sie sind weniger verläßlich als William, aber doch verläßlicher als Geoffrey: Caradoc of Llancarfan und Henry of Huntingdon. Keinen kann man als besonders sichere Quelle für zusätzliche Informationen über den historischen Artus bezeichnen. Henry gründet sein Werk, was die Artuszeit betrifft, hauptsächlich auf Nennius und den *Anglo-Saxon Chronicle.* In seiner *Historia Anglorum,* die um 1135 geschrieben wurde, erwähnt er Nennius' Liste von Artus' zwölf Schlachten und datiert sie nach den Eintragungen des *Chronicle* zwischen 527 und 530. Er scheint auf diese Datierung zu kommen, da der *Anglo-Saxon Chronicle* darauf hinweist, daß die Angriffe der Sachsen nach 527 eine Zeitlang erfolglos blieben. Caradoc beschreibt Artus in seiner *Vita Gildae* (Das Leben von Gildas) auf der anderen Seite in bezug auf das Leben des Mönchs. Wieder ist der Hinweis auf Artus unzuverlässig, da ein früheres und genaueres Werk (die *Vita Gildas* von dem bretonischen Mönch Rhuys aus dem 9. Jahrhundert) Artus nicht einschließt.

Die Bedeutung von Henry und Caradoc beziehen sich nur auf Geoffreys ›altes Buch‹. In einem Nachwort der *Historia* warnt Geoffrey beide gemeinsam mit William, König Artus in Ruhe zu lassen, denn nur er (Geoffrey) habe das »alte Buch in der britischen Sprache«. Schöne Worte, doch bedauerlicherweise hat er das Buch, wenn es denn überhaupt existierte, niemals als Beleg genannt. Was den Erzdiakon Walter betrifft, von dem Geoffrey das Buch erhalten haben will, ist außer dessen Namen nichts bekannt, was weitere Untersuchungen ermöglicht. Ohne dieses Buch bleibt uns nur die *Historia Brittonum* von Nennius als ältestes Dokument, um uns mit etwaigen Details über König Artus zu versorgen.

Nennius scheint sich Artus nicht ausgedacht zu haben. Nach seinem Schreibstil zu urteilen sowie seiner offenen Bemerkung, er habe kein Talent, scheint er in der Tat weder die Begabung noch die Absicht dazu gehabt zu haben. Er liefert uns sogar eine ganze Reihe von Widersprüchen innerhalb seiner Erzählung, wie zum Beispiel unterschiedliche Versionen vom Tod derselben Person, die er damit begründet, daß er dem Leser alle Informationen, die er gesammelt hat, anbietet – wahrscheinlich damit er selbst zwischen den sich widersprechenden Daten entscheiden kann. Außerdem gibt uns Nennius keine weiteren Details über das Leben von Artus als den oben beschriebenen Absatz. Hätte er sich Artus ausgedacht, hätte er uns sicherlich mehr Einzelheiten geliefert. Aus diesem Grund erscheint uns Nennius als ehrlicher Gelehrter, der bezüglich Artus schlicht und einfach das Material überträgt, das er entdeckt hat.

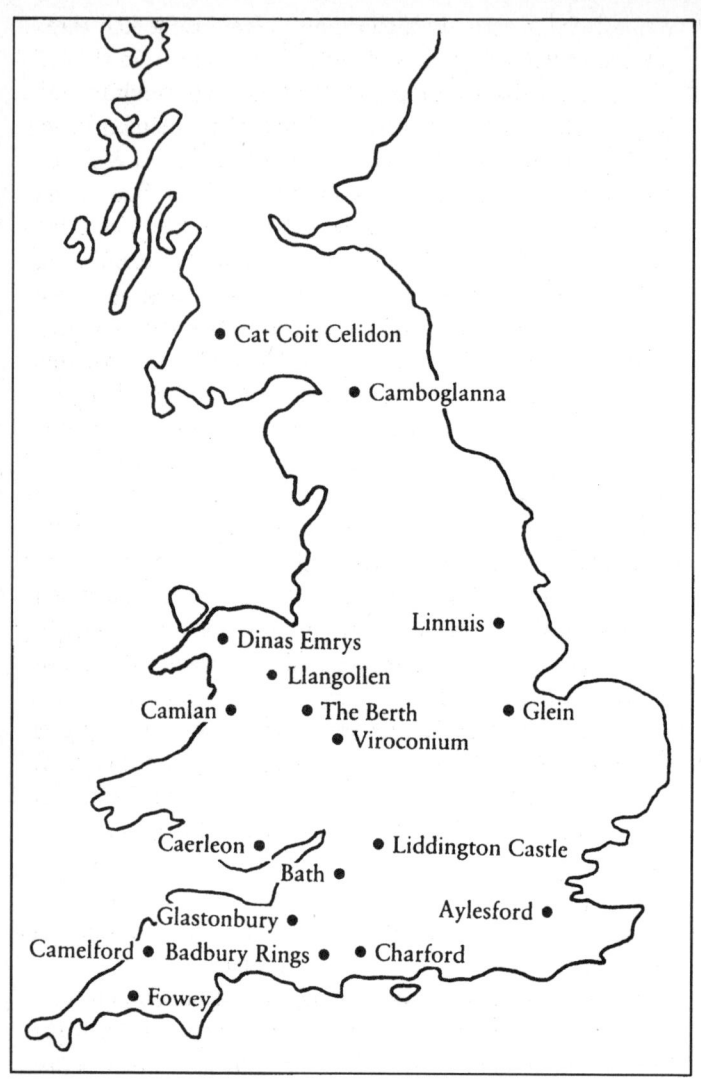

Hauptschauplätze bei der Suche nach Artus.

Dasselbe gilt für die Schlachten: Nennius ist sich ihrer genauen Ortsbestimmung nicht sicher. Hätte er sich den Helden ausgedacht, warum sollte er dann so wenig Einzelheiten liefern? Diese fehlenden Einzelheiten deuten unseres Erachtens darauf hin, daß Nennius die Liste aus einem alten britischen Kriegsgedicht entnommen hat, das an die Taten von Artus erinnert. Viele solcher Gedichte sind bis heute überliefert (wie zum Beispiel *Canu Llywarch Hen*, das wir weiter unten besprechen). Sie besingen die Schlachten von Kriegern, die nachweislich gelebt haben.

Was sagt uns die Liste der Schlachten? Sie wird uns doch irgendeinen Hinweis geben, wo und wann diese Ereignisse stattfanden? Leider nein. Abgesehen von der Schlacht von Badon ist keine andere historisch nachweisbar, obwohl manche schätzungsweise lokalisiert werden könnten. Der Fluß Glein, an dessen Mündung die erste Schlacht stattgefunden haben soll, ist wahrscheinlich der Fluß Glen in Südlincolnshire; Linnuis, wo die nächsten vier Schlachten ausgetragen wurden, könnte Lindsey sein, ebenfalls in Lincolnshire; und die City of the Legion ist wahrscheinlich Caerleon (die direkte Übersetzung des walisischen Namens), obwohl Chester in den *Annales Cambriae* Caer Legion genannt wird. Neben der Schlacht von Badon, die im Süden von England stattgefunden haben muß (wie wir bald belegen werden), kann nur noch die Schlacht im kaledonischen Wald mit einiger Sicherheit lokalisiert werden. Da ›Caledonia‹ der römische Name für Schottland war, muß Cat Coit Celidon irgendwo hoch im Norden gelegen haben.

Was sollen wir also mit den Daten, mit denen uns Nennius beliefert, anfangen? Zunächst scheinen die Informationen zu verwirren. Die Liste der Schlachten deutet an, daß Artus überall in Britannien kämpfte. Wenn er die Kenten im Südosten bekämpfte, warum ist er dann ebenfalls weit oben im Norden? Was für eine Rolle spielte Artus bei den damaligen militärischen Ereignissen? Es gibt zwei mögliche Erklärungen.

Die erste würde William of Malmesburys Behauptung unterstützen, daß Artus Ambrosius beim Kampf gegen die Angeln unterstützte. Wenn Artus in Lincolnshire kämpfte, wo die ersten fünf Schlachten wahrscheinlich stattfanden, hätte er sich tatsächlich in einem Gebiet aufgehalten, das im späten 5. Jahrhundert von den Angeln besetzt war. Vielleicht wurde Artus bis zu Ambrosius' Tod in andere Teile des Landes geschickt, während die Hauptstreitkräfte sich im Süden mit den Sachsen auseinandersetzten.

Die zweite Deutung bezieht sich auf eine kurze Bemerkung bei Nennius über den Rang von Artus. Artus wird einfach als der *dux bellorum,* ›der Kampfanführer‹ der Briten bezeichnet, was bedeutet, daß Artus selbst kein König war. Diese Andeutung wird in Nennius' Beschreibung, Artus kämpfte *cum regibus brittonis,* also ›mit den britischen Königen‹, verstärkt. Er verwendet nicht das wort *rex,* ›König‹, und auch nicht das Wort *tyrannus,* ›Häuptling‹. An anderer Stelle in der *Historia Brittonum* (siehe unten), wo Nennius eine Legende über den Hund von Artus erwähnt, beschreibt er Artus einfach als *Arthuri militis,* ›den Krieger Artus‹. Diese zweideutigen Beschreibungen von Artus' Rang unterstützen Spekulationen, er könnte ein ausländischer Söldner gewesen sein. Seine Kämpfe an so unterschiedlichen Orten wären damit erklärt, wer ihn gerade bezahlte. Umgekehrt könnte er Oberbefehlshaber von Ambrosius' Streitkräften gewesen sein.

Dies alles wirft mehr Fragen als Antworten auf. Sicher ist nur der legendäre Rang von Artus zu Nennius' Lebzeiten.

Es gibt zwei Legenden über Artus im Anhang von *Mirabilia* (Wunder) in der *Historia Brittonum*. Die eine handelt von einem Stein, der einen Pfotenabdruck von Artus' Hund Cabal trägt und angeblich auf einem Steinhaufen in der Region Buelt (Builth) in Zentralwales liegt. Nach Nennius kehrt der Stein, falls man ihn fortnimmt, durch Zauberkraft wieder an dieselbe Stelle zurück. Die andere Legende handelt von einem Grab, von dem gesagt wird, daß es ständig seine Größe verändert. Es liegt bei Erging (dem heutigen Weston-under-Penyard in der Nähe von Ross-on-Wye) und soll die Leiche von Artus' Sohn Amr beherbergen. Diese zwei Zusätze weisen darauf hin, daß sich die Artuslegenden zur Zeit von Nennius im frühen 9. Jahrhundert bereits einen festen Platz gesichert hatten.

Was können wir also bezüglich der Artuslegenden, die um 830 n. Chr. existierten, aus der *Historia Brittonum* herauslesen?

1. Im 9. Jahrhundert lebte Artus bereits in Volkserzählungen.

2. Man hielt Artus für einen christlichen Krieger, der gegen die eindringenden Sachsen und vielleicht gegen ihre Alliierten, die Angeln im Osten oder die Pikten im Norden, kämpfte.

3. Man nahm an, daß Artus eine erfolgreiche Gegenoffensive führte, die von Ambrosius Aurelianus irgendwann zwischen dem späten 5. und dem frühen 6. Jahrhundert initiiert worden war.

4. Die Schlacht von Badon, offenbar ein drei Tage dauernder Kampf, wurde als wichtigster Sieg von Artus angesehen.

5. Man scheint Artus keineswegs für einen König gehalten zu haben, sondern eher für einen Anführer in der Schlacht oder einen Oberbefehlshaber, in der neueren Geschichte vergleichbar mit einem japanischen Shogun.

Dies ist alles, was wir über die Artuslegenden im 9. Jahrhundert wissen. Obwohl sie sehr viel älter sind als die mittelalterliche Version von Geoffrey of Monmouth, wurden die Manuskripte immer noch drei Jahrhunderte *nach* den Ereignissen verfaßt, die sie beschreiben.

Nachdem wir dies festgestellt haben, müssen wir die Artuszeit selbst mit größerer Genauigkeit bestimmen. Wann genau war diese Zeit? Wie wir weiter oben in diesem Kapitel sagten, erzählt uns Nennius, sie liege direkt nach dem Tod von Hengist – eine Person, deren Existenz von Historikern allgemein nicht bestritten wird. Hengist wird nicht nur von Beda erwähnt, sondern der *Anglo-Saxon Chronicle* legt seinen Tod für das Jahr 488 fest. Doch obwohl der *Chronicle* die Existenz von Hengist bestätigt, verlangt dieses Datum, wie wir zeigen werden, noch weitere Bestätigung. In diesem Stadium ist demnach die Schlacht von Badon der einzig sichere Hinweis auf die Artuszeit – ein historisches Ereignis, welches sogar von Gildas bestätigt wird, der immerhin zu einer Zeit schrieb, als die Erinnerung an dieses Ereignis noch lebendig war. Da dies das einzige historisch belegbare Ereignis ist, das mit Artus in Zusammenhang steht, müssen wir nun herausfinden, wann die Schlacht von Badon genau stattfand.

Zusammenfassung

Wir haben die wenigen historischen Quellen untersucht, die das späte 5. und frühe 6. Jahrhundert betreffen – die

Zeit, in der Artus gelebt haben soll –, um sichere Beweise für seine Existenz zu finden. Eine Schlacht, in der Artus gekämpft haben soll, hat tatsächlich stattgefunden, und zwei Krieger, die mit ihm in Verbindung gebracht werden, haben tatsächlich gelebt.

1   Es gibt zwei wichtige angelsächsische Quellen, die sich auf das Dunkle Zeitalter beziehen: die *Historia Ecclesiastica Gentis Anglorum* (Kirchengeschichte der englischen Bewohner), die um 731 von dem Mönch Beda geschrieben wurde, und den *Anglo-Saxon Chronicle*, der während der Herrschaft von Alfred dem Großen zwischen 871 und 899 verfaßt wurde, offenbar unter Alfreds persönlicher Aufsicht. Die Tatsache, daß keines der beiden Werke Artus erwähnt, hat lange Zeit Zweifel über seine historische Authentizität aufgeworfen. Doch Beda könnte Artus nicht erwähnt haben, weil er eine Kirchengeschichte über die Sachsen schrieb, während der *Chronicle* Alfreds Absicht verfolgte, die erfolgreichen Taten seiner sächsischen Vorfahren zu beschreiben.

2   Das wichtigste Werk auf der Suche nach König Artus ist *De Excidio Conquestu Britanniae* (Über den Ruin und Fall von Britannien), das von dem Mönch Gildas Mitte des 6. Jahrhunderts geschrieben wurde. Gildas erwähnt Artus nicht, doch er belegt den Sieg der Briten bei der Schlacht von Badon, ohne ihren Anführer zu nennen.

3   William of Malmesbury, der kurz vor Geoffrey schrieb, ist ein verläßlicher Historiker. In seiner *Gesta Regum Anglorum* erzählt er uns, daß Artus den Krieger Ambrosius Aurelianus im Kampf gegen die Angeln unterstützte. Ambrosius wird von Gildas als Anführer der Briten bezeichnet, der eine erfolgreiche Gegenoffensive gegen die sächsischen Eindringlinge irgendwann zwischen

460 und 470 initiierte. William of Malmesbury sagt auch, daß Artus beim Kampf am Mount Badon siegte.

4   Die *Annales Cambriae* wurden um 950 beendet. Leider bieten die *Annales* wenig mehr als eine Auflistung von Daten, die mit kurzen Bemerkungen versehen sind. Doch es gibt zwei Eintragungen, die sich auf Artus beziehen: die erste von 518 sagt, daß Artus bei der Schlacht von Badon siegte; die zweite von 539 sagt, daß Artus und Medraut bei der Schlacht von Camlann fielen.

5   Die *Historia Brittonum* wurde ungefähr um 830 n. Chr. verfaßt. Sie wurde von einem Mönch namens Nennius geschrieben und berichtet, daß Artus nach dem Tod des sächsischen Königs Hengist, der, wie der *Anglo-Saxon Chronicle* bestätigt, 488 starb, gegen die Sachsen kämpfte. Nennius liefert uns außerdem eine Liste mit zwölf Schlachten, in denen Artus kämpfte, auch die Schlacht von Badon. Das überraschendste Element bei Nennius ist, daß er Artus nicht als König bezeichnet, sondern einfach als ›Krieger‹, der ein ›Kampfanführer‹ war.

6   Aus der *Historia Brittonum*, den *Annales Cambriae* und der *Gesta Regum Anglorum* können wir entnehmen, daß Artus ein Krieger war, der die Briten während des späten 5. oder frühen 6. Jahrhunderts gegen die Angeln und Sachsen führte. Drei Elemente, die in diesen Dokumenten alle mit Artus in Verbindung gebracht werden, beweisen seine Existenz: Die Schlacht von Badon, der britische Anführer Ambrosius und der sächsische Krieger Hengist. Badon und Ambrosius werden beide von Beda erwähnt, außerdem von Gildas, der zu einer Zeit schrieb, da die Ereignisse in der Erinnerung noch lebendig waren, während Hengist von Beda und dem *Anglo-Saxon Chronicle* erwähnt wird.

7

DIE DATIERUNG
DER EREIGNISSE

Es mag offensichtlich scheinen, daß die Schlacht von Badon um 518 stattgefunden hat, wie die *Annales Cambriae* festlegen. Doch man muß die Eintragungen, die sich auf Artus beziehen, mit Vorsicht genießen, denn es sind nur zwei unter einer geringen Anzahl britischer Ereignisse aus dem ersten Jahrhundert der *Annales Cambriae*. Wir finden sie inmitten einer ganzen Reihe von Ereignissen aus den irischen Annalen. Es könnte gut sein, daß der Chronist mit den Geschehnissen, die sich auf Artus beziehen, vertraut war und vielleicht auch mit dem Zeitraum, der sie trennte, doch er war sich wahrscheinlich nicht sicher, wo er sie in der Chronologie einordnen sollte.

Da Gildas mindestens 350 Jahre vor der Entstehung der *Annales* schrieb und mit Sicherheit noch von der Schlacht wußte, ist er wahrscheinlich die verläßlichste Quelle. Leider gibt uns Gildas keine Daten und stellt uns vor die Aufgabe, die beschriebenen Ereignisse in historisch richtiger Reihenfolge zu ordnen. Doch wie wir noch sehen werden, liefert er uns einen sehr wichtigen Hinweis darauf, wann die Schlacht von Badon stattgefunden haben könnte.

Die Übersetzung von Sprachen hängt immer von der

Interpretation des Übersetzers ab. Sie ist nicht mit der Entzifferung mathematischer Formeln zu vergleichen, bei denen jedes Zeichen seine präzise Bedeutung hat. Aus diesem Grund bedarf jede Übersetzung einer gewissen künstlerischen Freiheit. Es gibt nicht nur das Problem von Zeiten und Syntax (also der grammatikalischen Struktur der Sätze), sondern auch die Frage, ob man die Verwendung von Symbolen und Metaphern jedes individuellen Autors richtig versteht. Bei Gildas ist das nicht einfach. Sein idiosynkratischer Stil und seine poetische Verwendung des Lateinischen werfen viele Probleme auf. Besondere Schwierigkeiten treten in dem Teil seines *De Excidio* auf, wo er die Schlacht von Badon beschreibt. In diesem Absatz sagt Gildas:

Usque ad annum obsessionis Badonici montis, novissimaeque ferme de furciferis non minimae stragis, quique quadragesimus quartus, ut novi, orditur annus mense iam uno emenso, qui et meae nativitatis est.

Da es viele Kontroversen über die Interpretation dieses Absatzes gegeben hat, ist es wichtig, sich die Bedeutung der einzelnen Wörter bewußt zu machen:

Usque (so ging es weiter) *ad* (bis zum) *annum* (Jahr der) *obsessionis* (der Blockade von – der Belagerung von) *Badonici montis* (Berg Badon – Mount Badon), *novissimaeque* (die letzte) *ferme* (praktisch) *de* (bezogen auf) *furciferis* (die Schufte) *non* (nicht) *minimae* (sehr klein) *stragis* (Gemetzel), *quique* (und das) *quadragesimus* (das vierzigste) *quartus* (das vierte) *ut* (soviel wie) *novi* (ich weiß) *orditur* (nacheinander) *annus* (Jahr) *mense* (Monat) *iam* (zu dieser Zeit) *uno* (ein) *emenso* (eine Zeit durchlaufen), *qui* (die) *et* (auch) *meae* (zu mir gehörend) *nativitatis est* (Geburt ist).

Die Syntax und der Inhalt von Gildas' Latein liefert uns nicht automatisch einen modernen deutschen Text. Die direkteste Übertragung, ohne irgendeine poetische Bedeutung, die Gildas eventuell beabsichtigte, hört sich folgendermaßen an:

»Dies ging so fort bis zum Jahr der Belagerung von Berg Badon, praktisch die letzte Niederlage der Schufte und sicherlich nicht die geringste. Und dies ist das 44. Jahr, soviel ich weiß, und ein Monat war bis dahin bereits vergangen, und es war außerdem das Jahr meiner Geburt.«

Etwas verwirrend. Was sagt Gildas eigentlich?

Eine ganze Reihe von Historikern haben versucht, die Bedeutung herauszufinden. Ihre Ergebnisse hingen von ihren unterschiedlichen Interpretationen dieses Absatzes ab und führten zu den verschiedensten Übersetzungen dessen, was Gildas wohl gemeint haben könnte. Von diesen gibt es zwei, die wir genauer untersuchen müssen, wenn wir das Datum der Schlacht von Badon feststellen wollen.

Manche Gelehrte neigen zu der Interpretation, die davon ausgeht, daß Gildas sagt, die Schlacht habe 43 Jahre früher stattgefunden, d. h. es war jetzt das Jahr 44, und die Schlacht fand irgendwann während seines ersten Lebensjahres statt. Eine Variation dieser Theorie besagt, daß die Schlacht 44 Jahre und einen Monat vor seiner Niederschrift stattfand.

Die Übersetzung liest sich dann so:

»Dies ging so fort bis zum Jahr der Belagerung von Berg Badon, praktisch die letzte Niederlage der Schufte und sicherlich nicht die geringste. Dies war das Jahr meiner

Geburt; wie ich weiß, ist ein Monat der 44 Jahre seitdem bereits vergangen.«

Man nimmt an, daß Gildas' *De Excidio* um 540 geschrieben wurde, da das Werk vor dem Tod von Maglocunus, dem König von Gwynedd in Wales, verfaßt wurde. Gildas wendet sich persönlich an Maglocunus, der bei einer Seuche, die Britannien in den späten 40er Jahren des 6. Jahrhunderts heimsuchte, starb, wie es auch in den *Annales Cambriae* beschrieben wird. Die *Annales* nennen als Todesjahr von Maglocunus 549, und unabhängige irische Dokumente bezeugen die Seuche in Britannien zu dieser Zeit. Nach Gildas' Schilderung der Taten von Maglocunus muß seine Kritik kurz vor dem Tod dieses Königs verfaßt worden sein. Wenn wir *De Excidio* um 545 ansiedeln, muß die Schlacht nach der ersten Interpretation um das Jahr 500 stattgefunden haben.

Die zweite Interpretation von Gildas' verwirrendem Latein ist überzeugender. Sie nimmt an, daß die Schlacht im 44. Jahr einer bestimmten Ära stattfand. Die Übersetzung liest sich dann so:

»Dies ging so fort bis zum Jahr der Belagerung von Berg Badon, praktisch die letzte Niederlage der Schufte und sicherlich nicht die letzte. Und dies war im 44. Jahr, in dem bereits ein Monat vergangen war. Ich weiß das, weil es außerdem das Jahr meiner Geburt war.«

Auf welche Ära könnte sich Gildas beziehen? Die Antwort liefert uns Beda in der *Historia Ecclesiastica*. Beda kannte Gildas' *De Excidio*, denn er schreibt: »Unter anderen schlechten und unaussprechlichen Taten, die ihr eigener Geschichtsschreiber Gildas nur bedauernd berichtet, fügten sie dies hinzu: Sie hätten den Sachsen niemals den

Glauben gelehrt.« Beda zitiert Gildas gelegentlich sogar Wort für Wort. In ähnlicher Weise wie Gildas spricht Beda von »... der Belagerung von Berg Badon, wo sie (die Briten) kein geringes Gemetzel unter den Eindringlingen machten, ungefähr 44 Jahre nach ihrer Ankunft in England«.

Diese Eindringlinge, erklärt Beda, waren die Angelsachsen. Obwohl es deutlich wird, daß Beda in diesem Absatz Gildas zitiert, muß er eine zusätzliche Quelle bemüht haben, da er sie als Angelsachsen identifiziert, was Gildas nicht tut. Wenn diese Interpretation korrekt ist, müssen wir zunächst die Ankunft der Angelsachsen datieren, bevor wir die Schlacht von Badon festlegen können. Um dies zu tun, müssen wir uns das Schicksal des römischen Britanniens ansehen.

Zu Beginn des 5. Jahrhunderts endete die Herrschaft des Römischen Reichs im Westen. Obwohl es noch einige Jahrzehnte standhielt, war das Imperium doch zerbrochen. Sein Abstieg begann mit einem Konfliktherd bei den Hunnen in Zentralasien. Durch einige Mißernten zum Aufbruch gezwungen, drängten diese wilden und kriegerischen Barbaren auf die Westgoten zu, die wiederum aus ihrem eigenen Land getrieben wurden. Die vertriebenen Goten überquerten die Donau und den Rhein und veranlaßten andere Nationen, sich weiter westwärts zu bewegen. Rom mußte sich verteidigen, doch die barbarischen Horden in Europa durchbrachen die Grenzen des Reichs. Die Alanen, aus dem heutigen Georgien, wurden auf die ungarischen Ebenen gedrängt, der Heimat der Sweben und Vandalen, und schließlich trieben alle drei Stämme weiter westwärts. Einer der Barbarenhäuptlinge, Alarich I., der König der Westgoten, erreichte Italien im Jahre 401 und belagerte 408 Rom selbst. Um diesen Angriffen standzuhalten, mußten die Römer ihre Truppen von ihren Außenposten in Britannien abziehen.

Da die römischen Streitkräfte sich deutlich minimierten, dauerte es nicht lange, bis auf britischem Boden Konflikte ausbrachen. Im Norden begannen die Pikten von Schottland einige immer wagemutiger werdende Angriffe auf den Hadrianswall, und 410 bat die britische Verwaltung um Verstärkung aus Rom. Doch der Kaiser hatte andere Sorgen, denn im selben Jahr wurde Rom von Alarichs Westgoten eingenommen. Die Briten erhielten keine Verstärkung und verloren auch noch die Legionen, die sie noch besaßen. Das Römische Reich war zerbrochen, und die römische Armee zog sich vollkommen aus Britannien zurück.

Britannien hatte dreieinhalb Jahrhunderte lang zum Römischen Reich gehört, und seine Regierung war vor allem von der militärischen Unterstützung abhängig gewesen. Dies hatte Britannien eine Stabilität gegeben, die länger andauerte als jemals zuvor. Nun war sie auf einmal vorbei, und Anarchie bedrohte das Land. Jeder in Freiheit geborene Brite war seit langem ein römischer Bürger, und nur wenige tanzten jubelnd über die weißen Klippen von Dover, als das letzte Boot mit römischen Soldaten hinter dem Horizont verschwand.

Genaue Berichte über diese Zeit britischer Geschichte sind rar und vereinzelt, doch von St. Germanus, dem Bischof von Auxerre in Burgund, der 429 als Abgesandter der katholischen Kirche Britannien besuchte, können wir einen Überblick gewinnen. Nach seinem Biographen Constantius bestand trotz einzelner ernster Spannungen im Norden weiterhin ein organisiertes römisches Leben in zahlreichen britischen Städten. Trotzdem wurde es immer schwieriger, und in den nächsten zwei Jahrzehnten schienen die zentralen Verwaltungen zusammenzubrechen. In vielen Teilen des Landes kehrten die Briten zu stammesartigen Verbänden zurück, und regionale

Häuptlinge setzten sich bald durch. Durch ständige Territorialstreitigkeiten glitt die Insel unaufhaltsam in die Anarchie und das Dunkle Zeitalter.

In diesen schweren Zeiten wurden nur wenige Aufzeichnungen bewahrt, und fast keine sind bis heute überliefert. Der Hauptgrund dafür, daß so wenig über diese Periode britischer Geschichte bekannt ist, liegt darin, daß der Bruch von Rom Britannien aus dem Blickfeld der mediterranen Autoren gerückt hat, von denen wir viele der früheren Informationen erhalten haben. Es ist daher absolut nicht sicher, was genau während des dritten Jahrzehnts des 5. Jahrhunderts geschah, und die historischen Quellen sind einzig Gildas, Beda, Nennius und die zahlreichen Wiedergeburten des *Anglo-Saxon Chronicle*. Obwohl die aufgezeichnete Geschichte ungenau ist, scheint doch deutlich zu sein, daß der Norden unter wiederholten Angriffen der Pikten leiden mußte, während der Westen von den Iren überfallen wurde. Doch das Hauptproblem für den Großteil der Briten war der Kampf um die regionale Herrschaft unter ihren eigenen Häuptlingen. Auf dieses zersplitterte Land drückten die Anglosachsen ihren unauslöschlichen Stempel.

Die Angriffe der Hunnen auf die Goten bewirkten eine dominoartige Massenbewegung nach Westen über den ganzen europäischen Kontinent hinweg, bis Attila der Hunnenkönig schließlich bei einem Zusammenstoß mit einer römisch-westgotischen Armee bei Châlons-sur-Marne (Gallien) im Jahre 451 besiegt wurde. Diese große Westbewegung veranlaßte auch die Küstenbewohner des heutigen Dänemark und Norddeutschlands, den Kanal zu überqueren, um sich in Ostbritannien anzusiedeln. Diese Menschen gehörten untschiedlichen Stämmen an, den Jüten, Angeln und Sachsen, später allgemein die Angelsachsen oder einfach Sachsen genannt. Es scheint, als hätten viele britische Häuptlinge, anstatt die unwillkommenen Immigranten zu vertreiben, ihnen lieber den Dienst als Söldner angeboten. Die Bezahlung schloß auch ein Stück Land ein, auf dem sie sich niederlassen konnten.

Den historischen Quellen zufolge organisierte ein britischer Häuptling Mitte des 5. Jahrhunderts eine riesige Zuwanderung von germanischen und skandinavischen Söldnern und siedelte große Stämme in Teilen Südwestenglands an. Ein großer Teil Britanniens stand damit unter seiner Herrschaft. Die Identität dieses Mannes sowie sein genauer Status scheinen ein Geheimnis zu sein, obwohl es den Anschein hat, daß er in mancherlei Hinsicht als das britische Gegenstück zu Attila dem Hunnen gelten kann.

Gildas beschuldigt diesen Anführer, für den letztlichen Fall Britanniens verantwortlich zu sein. Doch er erwähnt ihn nicht namentlich, sondern bezieht sich nur mit dem Ausdruck *superbus tyrannus,* also ›stolzer Herrscher‹, auf ihn. Beda wiederum nennt ihn Vertigernus, während Nennius und der *Chronicle* den Namen Vortigern verwenden. Dies ist wahrscheinlich nicht sein wirklicher Name, sondern eher irgendein Titel, der sich aus dem lateinischen Wort *vertifernus,* ›Oberhaupt‹, entwickelte.

Wie auch immer sein wirklicher Name lautete – Vortigern war offensichtlich eine Zeitlang der Herrscher von Britannien, der die anderen Häuptlinge unterwarf und die Pikten und Iren vertrieb.

Der Grund, aus dem Gildas den ›stolzen Herrscher‹ für den Fall Britanniens verantwortlich macht, ist, daß die Angelsachsen, die schließlich ganz England besiegten, zunächst auf seine Initiative hin nach Britannien eingeladen wurden, um dort als Söldner zu kämpfen. Sowohl Gildas als auch Beda erzählen, wie die ersten Sachsen mit drei Booten das britische Ufer erreichten. Dies ist sicherlich eine vereinfachte Darstellung, denn archäologischen Funden zufolge weiß man, daß diese Menschen sich bereits früher in England niedergelassen hatten, und die Briten hatten sicherlich auch vorher schon um ihre Unterstützung gebeten. Doch wahrscheinlich waren diese drei Boote mit Sachsen die ersten, die als Auslandsverstärkung kamen, und um Verwirrungen zu vermeiden, wird der Ausdruck ›sächsische Ankunft‹ normalerweise für dieses spezielle Ereignis verwendet. Da Beda selbst die sächsische Ankunft als erste Ankunft der Angelsachsen betrachtete, ist die sächsische Ankunft ausschlaggebend für die Datierung der Schlacht von Badon.

Nach Bedas *Historia Ecclesiastica* geschah die Ankunft folgendermaßen:

»Im Jahre des Herren 449 wurde Martian mit Valentinian zum (römischen) Kaiser gekrönt, der 46. nach Augustus, und er regierte das Reich sieben Jahre lang. Dann erreichte das Volk der Angeln, oder der Sachsen, das von dem oben erwähnten König (Vertigernus) eingeladen wurde, Britannien.«

Ist Bedas Datierung der sächsischen Ankunft korrekt? Das Bild ist verwirrend, und aus den *Annales Cambriae* und Nennius können verschiedene Daten entnommen werden. Diese Verwirrung mag in Folge einer ursprünglichen Mehrdeutigkeit entstanden sein, die das Datum einer bestimmten britischen Bitte um Hilfe betrifft, die bei Gildas erwähnt wird. Seiner Meinung nach wandelten sich die Dinge einige Jahre, nachdem die Römer Britannien verließen, zum Schlechteren, so daß:

»die unglücklichen Dagebliebenen erneut einen Brief schickten, diesmal an den römischen Führer Agitius, mit folgendem Wortlaut: ›An Agitius, dreimaliger Konsul: die Wehklage der Briten.‹ Danach folgte die Beschwerde: ›Die Barbaren drängen uns bis zum Meer zurück, und die See drängt uns wieder den Barbaren zu; zwischen diesen beiden Toden werden wir entweder ertrinken oder dahingemetzelt.‹ Doch sie erhielten keine Hilfe.«

Die Erwähnung dieses Briefs ist sehr wichtig, denn er beschreibt eines der seltenen genau datierbaren Ereignisse in der Erzählung von Gildas. Obwohl Gildas den römischen Anführer Agitius nennt, bezieht er sich eigentlich auf einen Offizier mit dem Namen Aetius, der Konsul in Gallien war. Zu diesem Schluß kommt man nicht nur durch die Ähnlichkeit der beiden Namen, sondern vor allem durch den Hinweis auf den ›dreimaligen Konsul‹; Aetius war der einzige Mann im Laufe von 300 Jahren, der eine dritte Amtszeit als Konsul erhielt (anders als ein Kaiser). Da seine dritte Amtszeit im Jahre 446 begann und seine vierte 453, muß die Bitte um Hilfe zu irgendeinem Zeitpunkt zwischen diesen Jahren formuliert worden sein.

Wie lange nach dieser Bitte also fand die sächsische Ankunft statt? Die Ereignisse, die auf den Brief an Aetius folgten, werden von Gildas beschrieben:

»Während die Briten sich nur mühsam widersetzen konnten, ergriff sie eine schreckliche und bekannte Hungersnot, die viele von ihnen zwang, sich sofort ihren blutrünstigen Gegnern zu ergeben, nur um ein bißchen Essen von ihnen zu erhalten. Andere jedoch nicht: Sie kämpften weiter und verschanzten sich in den Bergen, Höhlen, in der Heide und dem dornigen Dickicht. Ihre Feinde hatten das Land nun schon mehrere Jahre lang geplündert; nun metzelten sie sie zum erstenmal nieder ...« (Die

Briten waren nun die Angreifer.) »Die unverschämten irischen Piraten zogen sich nach Hause zurück, obwohl sie bald wiederkehren sollten, und zum erstenmal verhielten sich die Pikten am anderen Ende der Insel ruhig, wie auch in Zukunft, obwohl sie gelegentlich auf Plünderungszüge gingen. In dieser Zeit des Waffenstillstandes konnten die schrecklichen Wunden der verlassenen Menschen heilen.«

Dies ist wahrscheinlich die Zeit von Vortigern, dessen rücksichtsloses Vorgehen offenbar einen Wandel der Ereignisse zur Folge hatte. Danach gibt es eine Zeit des Friedens, in der nach Gildas »die Insel mit einer Fülle von Waren überflutet wurde, wie keine Zeit vorher es gesehen hatte«. Leider hielt diese Zeit des Überflusses nicht an. Gildas erzählt uns, daß »eine tödliche Seuche brutal über die einfachen Menschen hereinbrach, und in kürzester Zeit starben so viele Menschen ohne ein Schwert, daß die Lebenden all die Toten nicht begraben konnten«.

Die Schwierigkeiten, die diese Naturkatastrophe hervorrief, schwächte das Land so sehr, daß die Angriffe der Pikten und Iren wieder begannen. Die Briten sahen sich daher gezwungen, um ausländische Unterstützung zu bitten, indem sie einen »Rat einberiefen, um den besten und vernünftigsten Weg zu finden, den brutalen und wiederholten Angriffen und Plünderungen ein Ende zu machen«. Gemeinsam mit ihrem Anführer, dem ›stolzen Herrscher‹, entschlossen sie sich, Angelsachsen anzuwerben, die als Söldner für sie kämpfen sollten.

Diese Ereignisse, die nach Gildas zwischen dem Brief und der sächsischen Ankunft liegen, müssen sich mindestens über ein Jahrzehnt, vielleicht zwei, verteilen. Dies gäbe den Briten Zeit, sich unter Vortigern zu erheben, eine Zeit des Wohlstandes und eine Seuche zu erleben, die die Insel erneut schwächte. Nach dieser Rechnung erreichten die Sachsen irgendwann zwischen 460 und 470 die Insel. Warum datiert Beda ihre Ankunft dann für das Jahr 449? Wir halten es für möglich, daß Gildas den Absatz über den Brief an Aetius an der falschen Stelle seines Textes einfügte.

Den Beweis für diesen Fehler liefert Gildas selbst. Es ist möglich, die von ihm erwähnte Seuche zu datieren. Eine Epidemie, die aus vielen auswärtigen Quellen bekannt ist, brach während der späten vierziger Jahre des 5. Jahrhunderts über die ganze römische Welt herein. Da sich die Bitte an Aetius während seiner dritten Amtszeit ereignete, also zwischen 446 und 453, kann es nicht ein oder zwei Jahrzehnte *vor* der Seuche geschehen sein, wie es nach der Reihenfolge bei Gildas steht.

Der Brief an Aetius muß daher geschrieben worden sein, nachdem die Seuche das Land geschwächt hatte. Gildas erzählt, daß die Angriffe der Pikten und Iren zu dieser Zeit erneut begannen und daß die Briten gezwungen waren, um ausländische Unterstützung zu bitten. Aller Wahrscheinlichkeit nach besaß Gildas eine Kopie des Briefes, der sich, wie er sehen konnte, auf die Pikten und Iren bezog. Er war sich der zwei Perioden bewußt, während deren der Hilferuf geschrieben worden sein konnte, setzte ihn aber fälschlicherweise in Beziehung zur ersten Periode. Daher scheint es, als wäre der Brief an Aetius geschrieben worden, bevor man sich für die Anwerbung der Sachsen entschied – eine Entscheidung, zu der die Briten gezwungen wurden, nachdem der Konsul jegliche Hilfe abgelehnt hatte.

Dies scheint auch die Schlußfolgerung zu sein, die Beda gezogen hatte, obwohl er Gildas als Quelle bezüglich des Briefes benutzte. Wenn wir seine Version der Ereignisse mit Gildas' Passage vergleichen, können wir erkennen, daß Beda ihn beinahe wörtlich zitiert. In Bedas Worten:

»An ihn schickten die unglücklichen Briten einen Brief, der mit den Worten begann: ›An Aetius, dreimaliger Konsul, die Wehklagen der Briten.‹ Und im Verlauf des Briefes drückten sie ihr Elend folgendermaßen aus: ›Die Barbaren drängen uns zum Meer; das Meer drängt uns den Barbaren zu: zwischen ihnen sind wir zwei Todesarten ausgeliefert; entweder werden wir erschlagen oder wir ertrinken.‹ Doch all dies brachte keine Hilfe von ihm.«

Sind wir nach all dem einem verläßlichen Datum für die sächsische Ankunft nähergekommen? Nach unserer Analyse von Gildas wissen wir, daß sie kurz nach der Seuche Ende 440 stattgefunden haben muß. Wir haben außerdem Grund zu der Annahme, daß der Brief an Aetius zu ungefähr der gleichen Zeit geschrieben worden sein muß und nicht eher als 446, als seine dritte Amtszeit als Konsul begann. Wir nähern uns damit einem Datum zwischen 446 und 453, dem Jahr, in dem Aetius seine Amtszeit beendete. Schließlich gibt es im *Anglo-Saxon Chronicle* einen Hinweis, der das Datum der Einladung Vortigerns an die Sachsen mit 449 bestimmt.

Kombiniert man all diese Hinweise, scheint es, daß Bedas Datierung der sächsischen Ankunft für das Jahr 449 korrekt ist. Wenn wir also nach der zweiten (und überzeugenderen) Interpretation von Gildas' verstecktem Hinweis auf die Schlacht von Badon 44 Jahre dazurechnen, haben wir das Jahr 493. Der zusätzliche Hinweis des *Anglo-Saxon Chronicle,* der die Ankunft ebenfalls auf 449 festlegt, bestätigt, daß die Schlacht von Badon höchstwahrscheinlich im Jahre 493 stattgefunden hat.

Zusammenfassung

Um eine korrekte Datierung der Artuszeit möglich zu machen, haben wir die Schlacht von Badon auf das Jahr 493 datiert. Um dies zu tun, haben wir die Ankunft der Angelsachsen und den Hintergrund dieser unruhigen Zeiten untersucht.

1 Obwohl die *Annales* die Schlacht von Badon auf das Jahr 518 festlegen, scheint der Autor sich für diese Zeit auf irische Dokumente gestützt zu haben und deshalb für die Ereignisse in Britannien keine korrekten Quellen benutzt zu haben. Wir wenden uns daher dem verläßlicheren Gildas zu. Obwohl aus seinem Text deutlich wird, daß die Schlacht im Jahr seiner Geburt stattfand, kann man aus seinem lateinischen Schreibstil nicht genau erkennen, ob er sagt, dies sei vor 44 Jahren oder im 44. Jahr einer bestimmten Ära gewesen.

2 Da Gildas sein Werk um 545 schrieb, ordnet die erste Interpretation die Schlacht dem Jahr 500 zu. Doch die wahrscheinlichere Erklärung ist, daß die Schlacht 44 Jahre nachdem die Sachsen nach Britannien eingeladen worden waren, stattfand, wie Beda es erwähnt.

3 Nachdem die römischen Legionen im Jahre 410 Britannien verließen, zerbrachen die Zentralverwaltungen, und in vielen Teilen des Landes rotteten sich die Briten wieder zu Stämmen zusammen. Durch ständige Territorialstreitigkeiten glitt die Insel in die Anarchie. Als Folge davon überquerten die Küstenbewohner aus Teilen Dänemarks und Norddeutschlands den Kanal und ließen sich im Osten Britanniens nieder. Diese Menschen - Jüten, Angeln und Sachsen - wurden später allgemein Angelsachsen oder nur Sachsen genannt.

4 Aus verschiedenen geschichtlichen Quellen können wir entnehmen, daß ein britischer Häuptling in der Mitte des 5. Jahrhunderts eine große Menge sächsischer Söldner anheuerte und die Stämme und ihre Familien in Teilen Südostenglands ansiedelte. Gildas, Beda, Nennius und der *Anglo-Saxon Chronicle* erwähnen allesamt diesen Krieger. Nennius und der *Chronicle* nennen ihn Vortigern, was soviel wie ›Oberhaupt‹ bedeutet.

5 Gildas datiert die Ankunft dieser Söldner nicht, doch Beda sagt uns, es sei im Jahre 449 gewesen. Dies bedeutet, zusammen mit dem Hinweis des *Anglo-Saxon Chronicle,* der die Ankunft der Sachsen ebenfalls auf 449 legt, daß das wahrscheinlichste Jahr der Schlacht von Badon 44 Jahre später stattfand, also 493.

8

DIE
ANGELSACHSEN

Nachdem wir die Schlacht von Badon datiert haben, müssen wir klären, wo genau sie stattgefunden hat. Um dies zu tun, wollen wir ein Bild von Britannien konstruieren, wie es sich in den letzten Jahrzehnten des 5. Jahrhunderts dargestellt hat. Wir beginnen mit dem Haupteinfluß der Angelsachsen um 450.

Das Bild ist leicht verwirrend, doch es scheint, daß neben den sächsischen Ansiedelungen im Südosten eine große Anzahl von Angeln das Land erreichte und die Gegend von Wash in Lincolnshire und Norfolk in Besitz nahm. Obwohl es ihnen in den folgenden Jahrzehnten gelang, ihre eigenen Kolonien bis nach Suffolk auszudehnen, könnte es sein, daß man sie ursprünglich als Verstärkung für Vortigerns Streitkräfte im Norden angeworben hatte.

Archäologische Beweise in Form von Töpferwaren aus Yorkshire, Lincolnshire und East Anglia berichten uns, daß die Neuankömmlinge um 450 das Land erreichten. Diese Angeln hatten eine etwas andere Kultur als die der südlichen Kolonisten, die darauf hinweist, daß sie ursprünglich aus Schleswig am nördlichsten Zipfel von Deutschland stammten. Beda bezeichnet dieses Gebiet

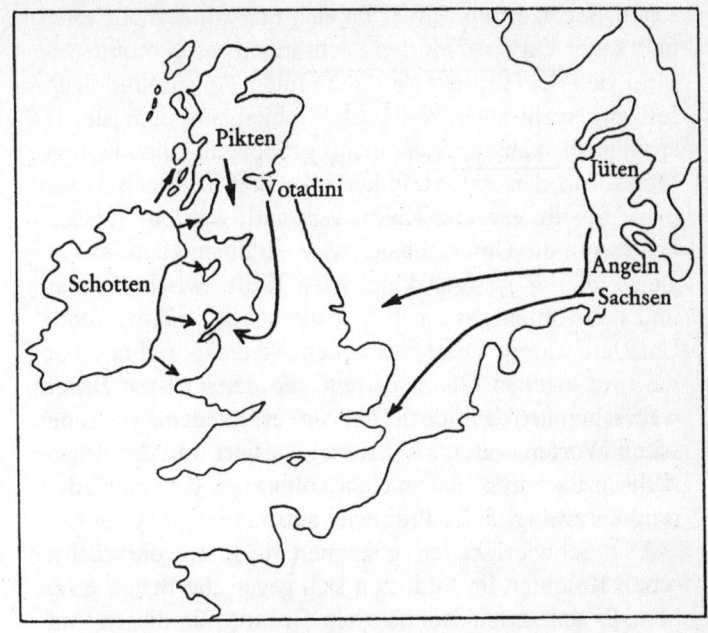

Invasionen und Wanderungen im 5. Jahrhundert.

als ihre Heimat – ein Landstrich, der damals Angeln genannt wurde.

Obwohl man die Kolonisten im Südosten Englands fast immer als Sachsen bezeichnet, waren die allerersten dieser Siedler Jüten aus Jütland in Dänemark. Beda erzählt uns, daß es die Jüten waren, die schließlich das Königreich Kent gründeten, und weist daraufhin, daß die drei Boote keineswegs mit Sachsen bemannt waren. Andersherum können sie auch die ersten Sachsen gewesen sein, die sich in der jütischen Kolonie niederlassen durften. Auf jeden Fall setzte sich der Einfluß der Sachsen von der Elbmündung (die an Angeln grenzte) bei der jütischen Bevölkerung durch, da sich die Minderheit innerhalb einer kurzen Zeit den Sachsen anpassen mußte.

In vielerlei Hinsicht waren die Jüten, Angeln und Sachsen eng verbunden, denn das Gebiet, aus dem sie ursprünglich kamen, war nicht größer als das heutige Wales. Aus diesem Grund kann der Begriff Angelsachsen meist für die gesamte Kultur verwandt werden. Tatsächlich waren die Unterschiede zwischen ihnen klein im Vergleich zu der riesigen kulturellen Kluft zwischen ihnen und den romanisierten Briten, die häufig praktizierende Christen waren. Die heidnischen Neuankömmlinge hatten ihre eigenen Glaubensriten, die den meisten Briten wahrscheinlich geradezu abartig erschienen. In römischen Worten waren die Briten zivilisiert und die Angelsachsen Barbaren. Bei solchen kulturellen Unterschieden mußten zwangsläufig Probleme auftreten.

Die Schwierigkeiten begannen 455, als die sächsischen Kolonien im Südosten sich gegen die Briten erhoben. Es gab zweifelsohne viele Gründe für diesen Aufstand, obwohl Gildas uns berichtet, daß es um die Frage der Bezahlung der Söldner ging. Er liefert uns keine Details, doch er beschreibt uns die Ernsthaftigkeit des Aufstandes, da Städte zerstört und britische Einwohner getötet, versklavt oder vertrieben wurden. Beda beschreibt die Ereignisse ähnlich, fügt jedoch die Namen der Anführer des Aufstandes an: zwei Brüder namens Hengist und Horsa.

Die Angeln im Norden beteiligten sich an dem Aufstand, denn Beda berichtet, daß »sie sich mit den Pikten verschworen, denen sie bis zu diesem Zeitpunkt mit Waffengewalt standgehalten hatten, und richteten ihre Waffen nun gegen ihre Verbündeten«. Die Größe des Aufstandes ist schwer festzulegen. Doch es ist sicher, daß die Briten vollkommen unvorbereitet waren.

Der Aufstand scheint mit der Unterwerfung einer britischen Einheit im Norden von Kent begonnen zu haben. Der *Anglo-Saxon Chronicle* datiert diesen Anfangssieg der Sachsen um 455 und erklärt, daß er in Aegaeles Threp, also wahrscheinlich Aylesford, stattfand. Das Glück blieb jedoch nicht auf der Seite der Sachsen, denn der *Chronicle* berichtet weiter, daß einer ihrer Anführer, Horsa, in der Schlacht fiel. Nach dem Sieg der Sachsen jedoch ist das unabhängige Königreich Kent gegründet und Hengist zum König erklärt worden. Die Schlacht wird auch von Nennius erwähnt (der den Ort jedoch Episford nennt), der uns sagt, daß nicht nur Horsa, sondern auch Vortigerns Sohn Cateyrn (den wir später besprechen werden) fiel.

Was das weitere Schicksal von Vortigern betrifft, liefert uns Gildas keinen weiteren Hinweis, außer daß er ihn in einem Abschnitt als »vom Schicksal verfolgten Herrscher« bezeichnet. Da Beda uns auch keine Informationen gibt, müssen wir uns mit Nennius begnügen. Leider besteht der ›Haufen‹ Materials, das er finden konnte, aus ebensovielen Legenden wie anderen Schriftzeugnissen, deren er habhaft werden konnte. Sogar auf dieser breiten Basis widerspricht er sich selbst: An einer Stelle sagt er, daß Vortigern, nachdem Essex, Sussex und Middlesex an die Sachsen fielen, als gebrochener Mann starb; an anderer Stelle wird er verbrannt.

Viele Gelehrte haben aus Nennius' Werk sowie anderen überlieferten Legenden entnommen, daß Vortigerns fehlgeschlagene Politik mit den Sachsen und eine allgemeine Unruhe innerhalb des Landes, das durch eine Seuche geschwächt war, schließlich zu seinem Sturz in einem Bürgerkrieg führten. Wie auch immer es geschah, er verschwindet 460 aus den Aufzeichnungen. Nennius glaubt beispielsweise, daß ein gewisser Vitalinus nach Vortigerns Tod herrschte, wahrscheinlich ein Mitglied von Vortigerns Familie, da Vortigerns Großvater denselben Namen getragen hat. Wer auch immer die Briten zu dieser Zeit anführte, sie mußten eine deutliche Niederlage hinnehmen.

Nimmt man die literarischen und archäologischen Hinweise zusammen, so scheint es, daß sich der sächsische Einfluß zu der Zeit, als sich der Aufstand beruhigte, von Kent weiter westwärts ausbreitete und durch Sussex und nach Hampshire sowie nach Norden durch Middlesex nach Essex verlief. Der anglische Einfluß dagegen breitete sich nördlich von Wash durch Lincolnshire und Humberside und südwärts ins sächsische Essex aus. Bemerkenswerterweise erreichte er sogar Warwickshire im Westen. Für die angelsächsischen Streitkräfte muß es eine sehr große Anstrengung gewesen sein, ein Gebiet von der Größe ganz Englands zu verteidigen, denn kurz nachdem sie die Briten besiegt hatten, zogen sie sich wieder zurück. Dies muß den Briten eine Atempause gewährt haben, in der sie ihre Kräfte sammeln konnten, denn um 465 scheinen sie eine Gegenoffensive organisiert zu haben. Gildas sagt:

»Nach einiger Zeit, als die brutalen Plünderer nach Hause gezogen waren, gab Gott den Überlebenden Kraft... Ihr Anführer war Ambrosius Aurelianus, ein Mann, der vielleicht als einziger Römer den Schock dieses schrecklichen Angriffs überlebt hatte... Unter ihm sammelten die Menschen wieder ihre Kräfte und forderten die Sieger zu einer Schlacht heraus. Der Herr war auf ihrer Seite, und die Schlacht begann.«

Von der gleichen Zeit sagte Beda:

»Als die Siegerstreitmacht, nachdem sie gebrandschatzt und die Einwohner vertrieben hatte, nach Hause zurückgekehrt war, fanden die Briten langsam wieder Mut, und sie sammelten Kräfte ... Zu dieser Zeit hatten sie einen Anführer, Ambrosius Aurelius, ein bescheidener Mann, der vielleicht als einziger der ganzen römischen Nation den Sturm überlebt hatte ... Unter ihm lebten die Briten wieder auf und boten den Siegern eine Schlacht an, aus der sie mit Hilfe von Gott siegreich hervorgingen.«

Wieder einmal benutzt Beda offensichtlich Gildas als Quelle, obwohl er Ambrosius den zweiten Namen Aurelius und nicht Aurelianus gibt. Leider gibt es nicht mehr Informationen in bezug auf Ambrosius. Neben der Tatsache, daß er der einzige Brite dieser Zeit ist, den Gildas namentlich nennt, bleibt er wie Artus selbst ein Geheimnis. Ob er nun tatsächlich Vortigern (oder seinen Nachfolger) besiegte oder ihn einfach überlebte, ist unsicher. Wir wissen nur, daß er für die Wende des Krieges gegen die Angelsachsen verantwortlich war.

Wir haben Grund zu der Annahme, daß dies irgendwann um das Jahr 465 geschah, denn der *Chronicle* erwähnt zwischen 465 und 473 keine Schlachten. In dieser Zeit muß es auf beiden Seiten eine Ruhepause gegeben haben, in der Verteidigungen aufgebaut und das Militär organisiert wurde. Eine Vorbereitung für den erbitterten Kampf, der dann folgte, eine rückhaltlose Konfrontation, die in der Schlacht von Badon gipfelte.

Leider ist alles, was wir über diese wichtige Zeit des Konflikts von Gildas erfahren, in nur zwei Zeilen enthalten:

»Von dieser Zeit an war der Sieg mal bei unseren Lands-
leuten, mal bei ihren Feinden. Dies dauerte bis zur Belagerung von Berg Badon an.«

Auch Beda kann uns nicht helfen, denn er bietet nur eine
Paraphrase von Gildas:

»Von diesem Tag an siegten manchmal die Einwohner,
manchmal ihre Feinde, bis zum Jahr der Belagerung von
Berg Badon.«

Auf diese Weise bleibt uns nur der *Chronicle* (der uns nur
die angelsächsische Seite der Geschichte liefert) und
Nennius, der Badon einzig als zwölfte Schlacht in seiner
Liste der Artusschlachten erwähnt (siehe Kapitel sechs).

Es scheint, als wären die Sachsen nach Kriegsaus-
bruch in die Offensive gegangen, hätten ihre Besetzung
von Middlesex gefestigt und wären weiter nach Westen
gezogen. Laut *Chronicle* kämpften Hengist und sein
Sohn Oisc 473 gegen die Briten und nahmen »zahlreiche
Beute«, während die Feinde »wie vor dem Feuer« flüch-
teten. Nach archäologischen Funden zu urteilen, festig-
ten sie ihre Position in Surrey und drängten durch das
Themsetal nach Berkshire. Doch die Briten scheinen hier
die Oberhand gewonnen zu haben, und innerhalb der
nächsten Dekade gab es im Südosten offenbar eine unsichere Pattsituation. Der Krieg verlagerte sich dann auf
eine zweite Front im Osten, gegen die Angeln.

Hier scheint der Kampf zugunsten der Briten verlau-
fen zu sein, und die Angeln im Gebiet von Warwickshire
fielen offenbar schnell unter die Herrschaft der Briten.
Archäologische Funde zeigen eine kontinuierliche britische Präsenz in dieser Zeit – eine unzerstörte Schicht mit
Keramik und Gräbern, ohne Unterbrechungen. In Lind-

sey und Kesteven, beziehungsweise den nördlichen und südlichen Teilen von Lincolnshire weisen archäologische Funde darauf hin, daß die britische Herrschaft bis zum späten 6. Jahrhundert andauerte. Viele der großen Wälle, die die südwestlichen Gegenden um East Anglia dominierten, wurden zu dieser Zeit errichtet, um eine feste Grenze zu markieren. Die geradlinige Erdanhäufung in der Nähe von Grantham in Lincolnshire, die auch unter dem Namen King Lud's Bank bekannt ist, stellt den britischen Versuch dar, weitere Invasionen zu verhindern, da sie die alte Straße Sewstern Lane blockierte.

Im Norden jedoch scheint der heftigste Kampf getobt zu haben, wo die Angelsachsen gemeinsam mit den Pikten kämpften, wie uns Beda berichtet. Hier weisen archäologische Funde eindeutig daraufhin, daß die ersten Kolonien sich erst niederlassen konnten, als die Briten das ganze Gebiet zurückerobert hatten.

Während dieser Zeit taucht Artus erstmals in Nennius' Bericht auf. Wie bereits in Kapitel sechs erwähnt, erzählt er uns:

»Als Hengist tot war, zog Octha, sein Sohn, vom nördlichen Teil Britanniens in das Königreich der Kenten. Dann kämpfte Artus in dieser Zeit gegen sie.«

Wann genau war das? Aus dem *Chronicle* läßt sich der Tod von Hengist auf 488 datieren. Doch es tauchen Schwierigkeiten bezüglich der historischen Belegbarkeit Octhas auf. Der *Chronicle* erwähnt ihn nicht, sondern spricht statt dessen von Hengists Sohn Oisc. Beda dagegen erwähnt Octha und sagt, er wäre der Sohn von Oisc, doch der *Chronicle* widerspricht, da der Nachfolger von Oisc eine Person namens Eormenric sei.

Wie verläßlich ist der *Chronicle* in diesem Punkt? In

einer der erhaltenen Kopien heißt es, daß Oisc 488 der Nachfolger von Hengist wurde und 24 Jahre lang bis 512 regierte. In einem anderen Exemplar dagegen steht, daß er 34 Jahre lang bis 522 regierte, und so scheint es einige Verwirrung gegeben zu haben. Zwei Erklärungen kann es für diesen Widerspruch geben. Entweder sind Oisc und Octha dieselbe Person, oder, was wahrscheinlicher ist, die Chronisten besaßen keine Schriften über die Herrschaft von Octha. Falls letzteres der Fall sein sollte, regierten die beiden Männer vielleicht nacheinander (einer bis 512, der andere von 512 bis 522), wenn man sich auf die beiden unterschiedlichen Daten des *Chronicle* bezieht. Doch wenn dem so ist, wer kam nach Hengist?

Das Problem scheint sich mit Hilfe eines Manuskriptes aus dem 9. Jahrhundert zu lösen, das unter dem Namen *Cotton Vespasian* bekannt ist. Es steht heute in der British Library und liefert uns eine Liste der Könige und Bischöfe des Dunklen Zeitalters, auch die Namen von Hengist, Oisc und Octha. Der Reihenfolge nach ist Hengist der Vater von Octha und dieser der Vater von Oisc. Damit hieß Hengists Sohn also Octha, wie Nennius gesagt hat.

Nennius sagt weiter, daß Octha die sächsischen Streitkräfte im Norden anführte, was auf eine funktionierende Zusammenarbeit zwischen den Angeln und den Sachsen zu dieser Zeit hinweist. Wenn dies der Fall war, wurde Octha vielleicht nach der Niederlage im Norden trotz des Todes seines Vaters zum Rücktritt gezwungen. Wie auch immer es war: Es scheint um oder kurz vor 488 einen Kampf im Norden gegeben zu haben.

Die wahrscheinlichsten Schauplätze für Artus' Schlachten aus der Liste von Nennius scheinen mit dem, was man aus den bisher gefundenen Hinweisen schließen kann, übereinzustimmen. Es scheint, daß die ersten fünf Schlachten auf der Liste, die am Fluß Glein und in Linnuis geschlagen wurden, in Lincolnshire (am Fluß Glen und in Lindsey) stattfanden. Dies könnte die Zeit gewesen sein, in der die Briten wieder die Oberhand gewannen und die Konstruktion großer Wälle in Angriff nahmen. Danach gibt es eine Schlacht im hohen Norden (in den ›kaledonischen Wäldern‹), wahrscheinlich gegen die Pikten und ihre anglischen Verbündeten. Dann folgt die achte Schlacht, ein besonders wichtiger Sieg, betrachtet man die Beschreibung, daß »die Schufte an diesem Tag in die Flucht geschlagen und niedergemetzelt« wurden. Diese Schlacht von Castellum (Fort) Guinnion könnte fast überall stattgefunden haben, obwohl es die letzte Schlacht im Norden gewesen sein könnte, die Octha und seine sächsische Armee zum Rückzug zwang.

Die östlichen und nördlichen Kriegshandlungen können in der Zeit stattgefunden haben, über die William of Malmesbury schrieb, daß Artus gegen die Angeln kämpfte. Auf jeden Fall ist dies eine Zeit des Konfliktes, die sehr verwirrend ist: die Zeit, in der Ambrosius offenbar von Artus als Anführer der britischen Streitkräfte abgelöst wird.

Wir wissen nicht, was wirklich mit Ambrosius geschah, denn sein Schicksal wird in keinem der erhaltenen Manuskripte erwähnt. Nennius liefert uns jedoch Hinweise auf einen Bürgerkrieg zu diesem Zeitpunkt, der sich an den Orten der folgenden drei Schlachten abgespielt haben kann. Wenn die ›City of the Legion‹ mit Caerleon in Südwales gleichzusetzen ist, kämpfte man sicherlich nicht gegen die Angelsachsen oder die Pikten. Dasselbe gilt, wenn die ›City of the Legion‹ Chester im mittleren Norden Englands ist. Diese Schlacht könnte daher einen inneren Machtkampf darstellen, der nach dem Tod von

Ambrosius ausgebrochen war, vielleicht gegen die Familie von Vortigern. Artus könnte sich auch mit Waffengewalt gegen Ambrosius selbst erhoben haben.

Die Tatsache, daß die elfte Schlacht auf einem Berg (namens Agned) stattfand, schließt einen Kampf gegen die Sachsen aus, da es keine Berge im Südosten von England gibt. (Der Ort der Schlacht von Agned wird in Kapitel siebzehn behandelt.) Die zehnte Schlacht soll am Ufer eines Flusses (namens Tribruit) stattgefunden haben, was auf irgendein großes Gebiet hinweist, vielleicht auf die Mündung des Severn, nur einige Meilen südlich von Caerleon. Falls diese Annahme stimmt, dann könnte die Zeit, die Artus in der Region von Caerleon verbrachte, die Quelle für Geoffreys Behauptung sein, daß Artus zwischen den Feldzügen in dieser Stadt hofhielt.

Dies bringt uns wieder zu der Schlacht von Badon zurück – eine Schlacht, die irgendwann am Ende des 5. Jahrhunderts stattgefunden haben muß und auf jeden Fall gegen die Angelsachsen gerichtet war, wie wir von Gildas wissen. In dieser Schlacht wurden die Sachsen endgültig besiegt und ein Waffenstillstand erreicht, der über ein halbes Jahrhundert andauerte; bis zu der Zeit, in der Gildas schrieb, denn er berichtet, daß der Krieg gegen die Angelsachsen seit Badon vorbei sei.

Während der 50 Jahre nach Badon, also bis zu der Zeit von Gildas, erlebte Britannien eine Zeit ohne Angriffe. Es gibt sogar archäologische Hinweise auf eine Auswanderung der Angelsachsen, von denen sich eine große Anzahl zweifelsohne wegen ihrer unsicheren Lage in England auf den europäischen Kontinent zurückzog. Bestimmte Arten typisch englisch-angelsächsischer Töpferware aus dem frühen bis mittleren 6. Jahrhundert wurden in Teilen von Deutschland gefunden. Sie weisen darauf hin, daß in diese Regionen Menschen direkt aus Britannien kamen. Gildas erzählt uns außerdem, daß es unter den Briten während dieser Zeit ernsthafte Streitigkeiten gab, die seiner Meinung nach schließlich zum Fall Britanniens führten. Beda beschreibt diese Zeit weniger vehement, aber deutlicher als Gildas:

»In der Zwischenzeit konnte man sich von ausländischen Angriffen erholen, doch nicht vom Bürgerkrieg. Die von den Feinden zerstörten Städte standen immer noch leer; und die Einwohner, die den Feinden entkommen waren, kämpften nun gegeneinander.«

Leider hatte Gildas in seiner Beurteilung der Situation recht: der Sieg über die Angelsachsen sollte nicht andauern. Kurz nach 550 drängten die Sachsen erneut westwärts und siegten in einer Schlacht bei Salisbury. Bald darauf wurde das heutige Buckinghamshire überrannt. Im Jahre 577 waren die Briten im Südwesten nach einem sächsischen Sieg bei der Schlacht von Dyrham vom restlichen Britannien abgeschnitten, dabei gingen Bath, Cirencester und Gloucester verloren. Eine Zeitlang scheinen die Briten in den Sümpfen von Somerset weitergekämpft zu haben, doch im Jahre 614 zogen die Sachsen nach Devon und hatten 682 die ganze südwestliche Halbinsel unter Kontrolle – abgesehen von Cornwall, das bis 926 seine Unabhängigkeit bewahrte.

Südlich der Themse waren die Eindringlinge also hauptsächlich Sachsen, während es im Norden die Angeln waren. In diesen Gebieten, den Midlands und dem Norden Englands, bewegten sich die Angeln etwas später als die Sachsen nach Westen, nämlich zu Beginn des 7. Jahrhunderts. Im Norden ging das mächtige Königreich Northumbria bald aus den kleinen anglischen Königreichen Bernicia und Deira hervor. Im 8. Jahrhundert wurde Northumbria jedoch vom zentralen englischen Königreich Mercia in den Schatten gestellt, das unter seinem berühmten Anführer Offa zu Ruhm gelangte, indem er die restlichen Briten hinter die walisischen Berge vertrieb. Die letzte angelsächsische Periode war das Anwachsen des sächsischen Königreichs Wessex, das erstmals im 9. Jahrhundert unter Alfred dem Großen große Bedeutung erlangte. Sein Nachfolger Athelstan vereinigte um 927 alle Angelsachsen in einem Königreich. Diese große angelsächsische Nation, die zuerst Angelcynn und dann Englaland genannt wurde, hieß schließlich England.

Die britischen Einwohner wurden aus den meisten Teilen Englands verdrängt. Nur drei Überreste der keltischen Zivilisation blieben bestehen: Wales, Cornwall und der Nordwesten, während die anderen über den Kanal flohen und sich in der Bretagne ansiedelten. Schließlich fielen auch Cornwall und der Nordwesten an die Angelsachsen und hinterließ das heutige Wales als einziges Heimatland für die britischen Ureinwohner. Die Angelsachsen gewannen eine solche Kontrolle über das heutige England, daß sie die Ureinwohner Britanniens als ›Welsh‹ (›Waliser‹) nach dem sächsischen Wort *weala*, Ausländer, bezeichneten. Die Briten nannten sich auf der anderen Seit *cymru,* was soviel heißt wie ›Landsmänner‹. Vom 10. Jahrhundert an gab es kein angelsächsisches und ursprüngliches Britannien mehr, sondern England und Wales.

Diese Teilung ermöglichte den Geschichten über König Artus, vor allem in Cornwall und Wales, zu überleben. Dies könnte auch erklären, warum die *Annales Cambriae* (die ›Annales von Wales‹) Artus erwähnen, während der englische *Anglo-Saxon Chronicle* es nicht tut, und warum der walisische Mönch Nennius sich auf Artus bezieht, während er im Werk des englischen Mönchs Beda nicht zu finden ist.

Auf jeden Fall überdauerte die Volkserzählung von König Artus am besten in Cornwall und Wales, wo sein Name und seine Taten bis zu der Zeit der mittelalterlichen Romane weitererzählt wurden. Dies wäre eine Erklärung dafür, warum Geoffrey of Monmouth den Geburts- und Sterbeort von Artus in Cornwall und Wales ansiedelt.

Die Schlacht von Badon Ende des 5. Jahrhunderts war also der letzte bedeutende Sieg der Briten über die angelsächsischen Streitkräfte. Er führte zu einer Zeit der britischen Herrschaft, bevor die Angelsachsen ihren schrittweisen Siegeszug durch ganz England wiederaufnahmen. Badon ist, wie wir gezeigt haben, ein unverzichtbares Element bei der Suche nach dem historischen Artus. Das Problem ist herauszufinden, wann und gegen wen die Schlacht von Badon geschlagen wurde. Die Tatsachen weisen auf drei sächsische Königreiche hin: Kent, Sussex oder Wessex, die wir im nächsten Kapitel untersuchen wollen.

Zusammenfassung

Wir haben ein Bild von Britannien rekonstruiert, wie es in den letzten Jahrzehnten des 5. Jahrhunderts ausgesehen haben muß, um die geographische Lage von Badon eingrenzen zu können. In dieser Zeit kämpften die britischen Ureinwohner und die angreifenden Angelsachsen um die Herrschaft auf der Insel.

1 Die Angelsachsen, die die Insel um 449 erreichten, unterschieden sich sehr von den romanisierten Briten, von denen viele praktizierende Christen waren. Die heidnischen Ankömmlinge hatten ihre eigenen religiösen Bräuche, die die Briten wahrscheinlich entsetzlich gefunden hätten. In römischen Worten waren die Briten zivilisiert und die Angelsachsen Barbaren. Durch diese kulturellen Unterschiede waren Probleme vorprogrammiert.

2 Aus dem *Anglo-Saxon Chronicle* können wir entnehmen, daß der Kampf 455 begann, als sich die sächsischen Kolonien im Südosten erhoben. Es gab wahrscheinlich viele Gründe für diesen Aufstand, doch Gildas erklärt uns, es sei um die Bezahlung der Söldner gegangen. Obwohl er uns keine genauen Hinweise liefert, sagt er, daß Städte zerstört und die Briten zum Rückzug gezwungen wurden. Beda liefert dieselben Hinweise und erwähnt den Namen eines der Aufständler: Hengist, der Krieger, der laut Nennius starb, als Artus' Anführerschaft begann.

3 Gildas und Beda sagen uns nichts über das Schicksal von Vortigern. Von Nennius wissen wir jedoch, daß seine gescheiterte Politik mit den Sachsen seine Absetzung im Bürgerkrieg bewirkte. Jedenfalls können wir aus der Heranziehung der verschiedenen Quellen entnehmen, daß er um 460 nicht mehr an der Macht war.

4 Setzt man die literarischen und archäologischen Hinweise zusammen, sieht es so aus, daß die Angriffe zu dieser Zeit zunahmen und sich der sächsische Einfluß in großen Teilen Südostenglands ausbreitete. Für einige Jahre gab es jedoch einen Waffenstillstand, denn der *Chronicle* erwähnt zwischen 465 und 473 keine Schlach-

ten. Als die Kämpfe wieder begannen, war das Kriegsglück 20 Jahre lang gleich verteilt. Von Gildas und Beda erfahren wir, daß einer der Männer, der die Briten anführte, Ambrosius Aurelianus war, der Sohn eines römischen Beamten.

5   William of Malmesbury erwähnt, daß Artus neben Ambrosius gegen die Angeln kämpfte, die, wie wir von archäologischen Funden wissen, den nördlichen Teil Ostenglands okkupierten. Von Nennius erfahren wir, daß Artus gegen die Sachsen kämpfte, nachdem Hengist gestorben war und Hengists Sohn Octha sich aus dem Norden zurückzog. Da der *Chronicle* den Tod von Hengist auf 488 datiert, sieht es so aus, als habe Artus zu dieser Zeit die Führung der britischen Streitkräfte von Ambrosius übernommen.

6   Dies führt uns zu der Schlacht von Badon, einer entscheidenden Niederlage der Sachsen, auf die ein Waffenstillstand von über 50 Jahren folgte; bis zu der Zeit, in der Gildas schrieb, denn er berichtet uns, daß die Kämpfe gegen die Angelsachsen nach Badon aufgehört hätten. Leider zogen die Sachsen nach 550 wieder westwärts, und die Briten wurden schließlich geteilt und nach Wales und Cornwall verdrängt. Die große angelsächsische Nation, die daraus hervorging, nannte sich schließlich England, und die Briten, die die Sachsen als *weala* (also ›Ausländer‹) bezeichneten, wurden Waliser genannt.

9

DIE SCHLACHT VON BADON

Das erste und wahrscheinlichste Königreich, gegen das die Briten bei Badon gekämpft haben könnten, ist Kent, denn sein König, Ochta, wird von Nennius genannt. Leider gibt es neben den Auskünften von Nennius keine weiteren substanziellen Hinweise bezüglich Octha oder seines Königreichs im Jahrzehnt vor oder nach dem Jahr 500. Doch nach archäologischen Funden scheint das Königreich Kent während dieser Zeit eine Niederlage erlitten zu haben. Archäologen können bestimmten Stämme anhand der hinterlassenen Tonwaren nachweisen, da jede Kultur ihren ganz eigenen Stil entwickelte. Die irdenen Waren können aufgrund ihrer Lage im Boden sowie anderer Materialien, die man an diesem Ort fand, genau datiert werden. Die langsamen Stilveränderungen bei den gefundenen Tonwaren bezeichnet man als keramische Sequenzen. In der Gegend von Essex, Hertfordshire und einem Großteil von Buckinghamshire gibt es einen Bruch innerhalb der keramischen Sequenz bei den Sachsen, was darauf hindeutet, daß sie sich zum Ende des 5. Jahrhunderts nach Middlesex, Surrey und Kent zurückzogen.

Vor dieser Zeit jedoch hatte der sächsische Einfluß im Süden von England stark zugenommen; ein eindeutiger

Machtzuwachs, der 477 begann. Nach dem *Anglo-Saxon Chronicle* erreichten in diesem Jahr eine Menge sächsischer Krieger das Land. Sie versammelten sich an einem Ort namens Cymenesora, wahrscheinlich der Ort Selsey Peninsular im Osten von Portsmouth. Angeführt von Aelle überwältigten sie schon bald die Briten in dieser Gegend und schlugen sie in die Flucht. Im Jahre 485 erwähnt der *Chronicle* wiederum Aelle und seinen Sieg gegen die Briten, diesmal am Fluß Mearcredesburna (möglicherweise der Alun). Danach scheint Aelle immer weiter an Macht gewonnen zu haben, bis er 491 die Festung in Anderida (heute Pevensey) eroberte. Während dieser Schlacht, erzählt uns der *Chronicle*, metzelten seine Männer alle nieder, die Schutz in den Mauern der Festung gesucht hatten – ein Massaker, das die endgültige Niederlage der Briten in diesem Gebiet bedeutete und zur Gründung des sächsischen Königreiches in Sussex (South Saxons, also Südsachsen) führte. Aelle hatte damit die östlichsten Grenzen seiner Feldzüge erreicht, denn nun teilte sein Reich die Grenzen mit Octhas Königreich Kent.

Was dann geschah, ist nicht bekannt, obwohl Beda uns erzählt, daß Aelle der erste hohe König des von Sachsen eingenommenen Britannien wurde; eine Position, die der *Chronicle* mit *bretwalda* bezeichnet, also ›großer Herrscher‹. Aus diesem Titel kann man ebenfalls schließen, daß er Seniorpartner in der Allianz mit dem Königreich Kent war.

Aelle hatte kein Glück, denn sein Königreich bestand nicht lange. Literarische und archäologische Hinweise bezeugen deutlich die buchstäbliche Vernichtung des sächsischen Sussex. Der *Chronicle* erwähnt für eineinhalb Jahrhunderte weder Sussex noch seine Könige, und archäologische Ausgrabungen in dieser Gegend haben keine sächsischen Gräber aus dem späten 5. und dem 6. Jahrhundert gefunden.

Der Niedergang des sächsischen Sussex, gemeinsam mit dem Rückzug von Octhas kentischen Sachsen aus dem Themsetal kann nur mit einer großen britischen Offensive irgendwann um 490 erklärt werden – eine Offensive, die sich vollständig mit dem deckt, was Gildas uns von der Schlacht von Badon erzählt: die Machtzunahme der Sachsen bis 491, Aelle als Kriegsherr der Sachsen und schließlich ein Verschwinden des halben südöstlichen Gebietes innerhalb einiger Jahre. Eine große, entscheidende Schlacht, die irgendwann um 495 stattfand, paßt hervorragend.

In den letzten Jahren des 5. Jahrhunderts tritt jedoch eine Anomalie auf: ein neuer sächsischer Einfluß, der so kurz nach einem entscheidenden britischen Sieg kaum möglich sein kann und das einzige Argument gegen die Annahme bietet, daß die Schlacht von Badon um die Jahrhundertwende stattgefunden haben könnte.

Laut *Chronicle* landete im Jahre 495 ein neuer Kriegsherr mit Namen Cerdic in Britannien, in der Nähe von Southampton. Cerdic und seine Krieger schlugen eine Reihe von erfolgreichen Schlachten in fächerartiger Ausbreitung Richtung Salisbury. Vom Kontinent kam in den nächsten Jahren Verstärkung, und um 508 hatten sie den britischen König Natanleod besiegt und scheinen die Kontrolle über ein Gebiet von der Größe des heutigen Hampshire gewonnen zu haben. Die sächsische Befehlsgewalt über diese Gegend scheint beträchtlich gewesen zu sein, denn der *Chronicle* erwähnt eine weitere Gruppe von Siedlern, die im Jahre 514 das Land erreichte.

519 wurde eine letzte Schlacht geschlagen, um das Königreich Wessex (West Saxons, also Westsachsen) an einem Ort namens Certicesford zu gründen. Den Ort, ei-

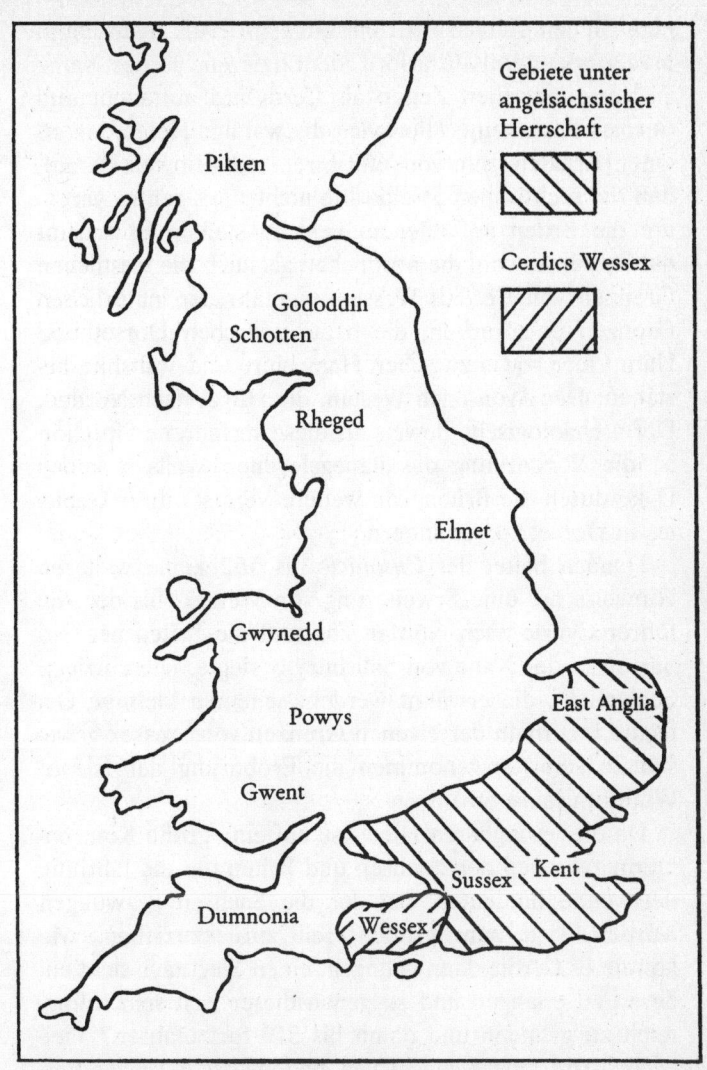

Britannien zur Zeit von Badon.

nige Meilen südlich von Salisbury am Fluß Avon, kann man eindeutig als Charford identifizieren, da der Name zu normannischen Zeiten als Cerdeford auftaucht und Cerdics Fort meint. Hier wich die waldige Heide den offenen Kreidehügeln von Wiltshire – ein Hinweis darauf, daß die sächsischen Streitkräfte nicht stark genug waren, um die Briten auf offenem Feld zu stellen. Es scheint daher, daß sowohl die nördlichen als auch die westlichen Grenzen von Cerdics Wessex ungefähr den natürlichen Grenzen entsprachen, die heute zwischen Dorset und Hampshire sowie zwischen Hampshire und Wiltshire bestehen: Der Avon nach Westen, die Hügel nach Norden. Der archäologische Beweis für diese verfahrene Situation ist die Verstärkung des nahegelegenen Walls Bokerley Dyke durch die Briten, um weitere Verluste ihres Gebietes in Dorset zu verhindern.

Danach bietet der *Chronicle* bis 552 keine weiteren Hinweise auf eine Erweiterung von Wessex, bis der Anführer Cynric nach Norden zog und die Briten bei Old Sarum in der Nähe von Salisbury besiegte. Die einzigen Schlachten, die erwähnt werden, scheinen kleinere Gefechte innerhalb der eigenen Grenzen von Wessex gewesen zu sein, ausgenommen die Eroberung der Isle of Wight im Jahre 530.

Da die verfügbaren Hinweise auf eine große Konfrontation zwischen den Sachsen und Briten um die Jahrhundertwende hindeuten, bei der die Sachsen gezwungen wurden, sich zum großen Teil zurückzuziehen, wie konnte es Cerdic dann gelingen, einen Sieg nach dem anderen zu erlangen und zu genau dieser Zeit sein Königreich zu gründen und damit bis 519 fortzufahren? Vielleicht wurde die Schlacht von Badon erst *nach* der Vernichtung von Sussex und der Niederlage von Kent geschlagen, und zwar gegen Cerdics Streitkräfte aus Wessex.

Ist dies der Fall, dann muß man für Badon ein sehr viel späteres Datum ansetzen: irgendwann um 520. Dies würde jedoch, obwohl es besser mit den *Annales Cambriae* übereinstimmte (um 518), Gildas Ansicht widersprechen (der das Datum 493 vorschlägt). Die einzige Möglichkeit, Gildas mit den *Annales* in Einklang zu bringen, ist, eine *dritte* Interpretation seiner Worte vorzunehmen, die lautet, daß er zu der Zeit der Schlacht 43 Jahre alt war (einen Monat in seinem 44. Jahr). Nach dieser Annahme und hätte die Schlacht um 518 stattgefunden, wäre Gildas zu der Zeit, in der er schrieb, Ende sechzig oder Anfang siebzig gewesen. Leider paßt dies nicht zu den *Annales,* die Gildas Tod um das Jahr 572 annehmen. Wenn Badon Ende des 6. Jahrhunderts stattgefunden hat, hätte Gildas, als er starb, beinahe 100 Jahre alt sein müssen. Obwohl dies nicht unmöglich ist, ist es doch sehr unwahrscheinlich, da die durchschnittliche Lebenserwartung zu dieser Zeit sehr viel niedriger war als heute.

Wenn wir Badon in dieser späteren Periode ansetzen, also zwischen 518 bis 520, müssen wir ebenfalls zwischen den Zeilen des *Chronicle* lesen und daraus schließen, daß die Schlacht um dieselbe Zeit wie die bei Charford (also 519) geschlagen wurde. Daher folgte kurz auf den britischen Sieg bei Badon, der das Vordringen der Sachsen aus Wessex zum Halt brachte, eine britische Niederlage bei Charford, die in einer Pattsituation endete. Betrachtet man die Unstimmigkeiten im *Chronicle* in bezug auf Cerdic, und die Unverläßlichkeit der Annales, soweit sie eine präzise Datierung betrifft, könnten die beiden Ereignisse sogar in umgekehrter Reihenfolge stattgefunden haben: ein Sieg der Sachsen bei Charford, gefolgt von einer Niederlage bei Badon.

Wenn es Cerdics Streitkräften gelungen wäre, nur einige Meilen in den Westen von Avon vorzustoßen, dann hätten sie eine strategisch exzellente Position durch die Bergfestung namens Badbury Rings erlangt. Die Festung könnte sehr gut der Ort Badon sein. Eine mögliche Erklärung für die Schlacht von Badon in diesem Szenario ist, daß Cerdic diesen britischen Außenposten überwand und Artus ihn später zurückeroberte, wobei er Cerdic hinter den Avon zurücktrieb. Eine weitere Offensive der Briten bei Charford einige Jahre später schlug fehl, und dann gruben sich beide Seiten ein. Eine andere Möglichkeit ist, daß die Bergfestung von Badbury eine wichtige britische Festung war, die dem Angriff von Cerdic standhielt, der nach einer solchen Niederlage zum Rückzug gezwungen war oder sogar in der Schlacht starb.

Nachdem wir dieses verwirrende und sich teilweise widersprechende Material betrachtet haben, stellt sich die Frage, welche vernünftigen Schlußfolgerungen man in bezug auf die Schlacht von Badon ziehen kann: auf das Datum, den Ort und die mögliche Identität des sächsischen Anführers, der dort kämpfte? Obwohl sich die Annahme, Cerdic sei der Anführer der sächsischen Streitkräfte bei der Schlacht von Badon um 520 mit den Hinweisen aus den *Annales Cambriae* deckt, steht sie in Konflikt mit allen anderen Hinweisen:

1. Es gibt archäologische und historische Hinweise darauf, daß alle militärischen Aktivitäten, außer in Hampshire, zur Jahrhundertwende zum Stillstand kamen.

2. Um 500 erlitt das Königreich Kent eine schwerwiegende Niederlage, während das Königreich Sussex praktisch aufhörte zu existieren, bis es über ein Jahrhundert später erneut gegründet wurde.

3. Sowohl Aelle von Sussex als auch Octha von Kent stellten eine sehr reale Bedrohung dar, weit größer als der gerade angekommene Cerdic, der nur in einer Gegend ohne strategische Bedeutung plünderte.

Diese Hinweise deuten gegen Cerdic, doch trotzdem stellt er ein Geheimnis dar – er landete zur Zeit der Schlacht von Badon (wenn wir ein Datum um 493 dafür akzeptieren) und erfocht eine Reihe von militärischen Siegen. Doch wir sollten uns erinnern, daß es nicht bekannt ist, wie viele britische Königreiche tatsächlich mit Ambrosius oder Artus verbündet waren. Vielleicht war die Gegend von Hampshire nicht dabei, und vielleicht landete Cerdic zu einer Zeit, als die bekannten Protagonisten im Kampf um Britannien an ganz anderer Stelle mit dem Kampf beschäftigt waren.

Faßt man alle Punkte zusammen, so scheint die Schlacht von Badon gegen eine Allianz von Sussex und Kent geschlagen worden zu sein, was auf eine mögliche strategische Lage in der Gegend von Swindon hindeutet, bis wohin die sächsischen Streitkräfte gekommen waren. Wenn dem so war, dann könnte der mögliche Schauplatz für die Schlacht von Badon Liddington Castle sein, eine bekannte Bergfestung aus der Eisenzeit in der Nähe von Swindon, von der man über das Dorf Badbury blickt. Dies ist eine von vielen Bergfestungen, die während dieser Zeit besetzt wurden. Sie befindet sich in zentraler Lage zwischen den Hauptsiedlungen der Sachsen (wie sie um 490 existierten) und der britischen Gegend, die von den Städten Gloucester, Cirencester und Bath regiert wurde. Mehr noch, sie liegt an einer Kreuzung von damaligen Handelsstraßen; dort wo die römische Straße Ermine Street nach Süden verläuft und der alte Gratweg durch Zentralengland schneidet.

Leider gibt es, was Liddington Castle betrifft, ein Problem. Wie bei Badbury Rings gründet sich das Argument auf die Namensähnlichkeit zwischen dem Dorf Badbury und dem Wort Badon. Es gibt jedoch über ein halbes Dutzend Orte in England, die auch heute noch Badbury heißen, da sich ihre Namen von dem altenglischen *Baddanbyrig* oder *Baddanburg* ableiten, was soviel heißt wie ›Festung von Badda‹. Da Badda ein sächsischer Name ist, wahrscheinlich ein Gott oder ein Held, folgt daraus, daß diese Orte von den Sachsen benannt wurden. Es ist schwierig, sich den Briten Gildas vorzustellen – der sich noch an Badon erinnern konnte –, wie er den Namen des Kriegsschauplatzes benutzt, den ihm die Fremden gegeben haben.

Wenn wir unberücksichtigt lassen, daß Orte mit dem Wort ›Bad‹ sächsischen Ursprungs sind, könnte es eine britische Quelle für dieses wichtige Element geben? In der britischen Sprache könnte der Name eventuell nicht Badon ausgesprochen worden sein, sondern eher Bathon. Viele Wörter in der britischen Sprache, die sich später zum heutigen Walisisch entwickelten, enthielten die Silbe *th*. Das lateinische, im Englischen heute noch gebräuchliche Alphabet hatte keinen Buchstaben für diesen Laut; die heutige Buchstabenkombination T und H ist eine verhältnismäßig neue Entwicklung. Bis zum Mittelalter benutzten die englischen Schreiber eine Variante des Buchstabens Y für den *th*-Laut, was zu der heutigen Fehlannahme führte, daß die englischen Vorfahren statt ›the‹ ›Ye‹ sagten und es ›Yee‹ aussprachen. Die Wahrheit ist, daß ›the‹ schon immer mit einem TH ausgesprochen wurde und nicht mit einem Y. Im Dunklen Zeitalter jedoch gab es keine Vorschrift, wie man ein TH schrieb;

manche lateinischen Schreiber verwendeten die Buchstaben T und H, während andere den griechischen Buchstaben *Theta* (θ) benutzten, der wie ›th‹ ausgesprochen wird, aber kein lateinisches Äquivalent besitzt.

Das Problem wird dadurch noch verstärkt, daß es keine standardisierte Aussprache gab. Bei bestimmten Ortsnamen oder einigen Personennamen wurde die *th*-Silbe mit unterschiedlicher Betonung ausgesprochen. Um diese Laute zu unterscheiden, benutzten einige Schreiber manchmal ein doppeltes D für ›th‹; diese Praxis hat sich bis zum heutigen Walisisch gehalten; die Grafschaft Gwiynedd wird wie Gwyne*th* ausgesprochen und das Dorf Beddgelert wie Be*th*gelert. Um die Sache noch komplizierter zu machen, verwendeten die Schreiber anstelle eines doppelten ›D‹ manchmal ein einzelnes D, wenn ›th‹ gemeint war. Falls dies auch für Badon zutrifft, könnte es Ba*th*on ausgesprochen worden sein. Verfolgt man dieses Argument auf der Suche nach dem Kriegsschauplatz und sieht sich nach modernen Namen um, die ähnlich wie Ba*th*on klingen, stoßen wir auf die Stadt Bath.

Die Stadt, die von den Römern *Aquae Sulis* (also ›Die Wasser von Sul‹) genannt wurde, hieß nach den Engländern Bath. Obwohl man glaubt, daß sie die Stadt nach den römischen Bädern benannten, die immer noch dort zu besichtigen sind, könnte Bath auch einfach eine Abkürzung des britischen Namens Bathon sein. Der *Anglo-Saxon Chronicle* berichtet von der Eroberung von Bath im Jahre 577 und nennt sie dort Badanceaster, die ›Stadt von Badan‹. Vielleicht wurde der Buchstabe D für die th-Silbe verwendet; vielleicht wurde der Name auch so ausgesprochen, wie geschrieben. Doch auf jeden Fall wird die Stadt Bath, die im *Chronicle* als Badanceaster erwähnt wird, zu einem Kandidaten für den Kampfplatz Badon.

Falls die Schlacht von Badon irgendwo in der Umgebung von Bath geschlagen wurde, hieße das, daß die Sachsen eine Stellung von ungefähr dreißig Meilen westlich von Liddington Castle erreicht hatten. Falls das so war, mußten die Briten in ernsthaften Schwierigkeiten gewesen sein, denn die Sachsen standen dann weniger als fünfzehn Meilen vom Bristolkanal entfernt und drohten so, die ganze britische Nation in zwei Teile zu teilen. Das könnte eine Erklärung dafür sein, warum die Schlacht von Bath so entscheidend war, denn die ganze Zukunft des Landes hing davon ab.

Bath ist ebenfalls der Ort, von dem Geoffrey of Monmouth uns erzählt, daß Artus dort seine berühmteste Schlacht schlug. Falls dies nicht seiner Fantasie entsprang, was war dann die Quelle für Geoffreys Informationen? Nennius, so scheint es. In der *Historia Brittonum* finden wir überzeugende Beweise dafür, daß die Schlacht von Badon bei Bath geschlagen wurde. Nennius zitiert sie nicht nur in der Liste von Artus' Schlachten, er erwähnt Badon auch noch an anderer Stelle seines Werkes und gibt uns diesmal zwei elementare Hinweise auf dessen Lage.

In der Liste der ›Wunder‹ am Ende von Nennius' Werk berichtet er von einem Wunder in Britannien: ein »heißer See, wo die Bäder von Badon sich befinden, im Land der Hwicce«. Diese Bäder von Badon (in Nennius' Originallatein *balnea Badonis*) müssen die römischen Bäder in der Stadt Bath sein. Obwohl es andere römische Bäder gegeben haben mag, die zur Zeit von Nennius noch zu sehen waren, besaßen sie bestimmt keinen heißen Geothermalsee in ihrer Umgebung. Die römischen Bäder von Bath, die von den natürlichen Quellen mit heißem, unterirdischem Wasser gespeist wurden, waren in Britannien einzigartig. Außerdem gibt es weitere Belege, da Nennius auf

›das Land der Hwicce‹ hinweist. Die Hwicce waren ein angelsächsischer Stamm, der in der ›Tribal Hidage‹ beschrieben wird, ein Dokument, das ursprünglich um 661 verfaßt wurde und die Untertanen des Königs von Mercian aufzählte. Dieses Dokument sagt uns, daß das Königreich der Hwicce die Gegend von Worcester und Glucestershire abdeckte, gemeinsam mit einem Teil des heutigen Avon, darin eingeschlossen die Stadt Bath.

Aus diesen Hinweisen können wir also schließen, daß die Schlacht von Badon beinahe mit Sicherheit in der Umgebung von Bath ausgetragen wurde. Aber wo?

Obwohl sich die *Annales Cambriae* nur auf die ›Schlacht von Badon‹ beziehen (bellum Badonis), sind Nennius und Gildas genauer. Nennius erzählt uns von der Schlacht ›am Mount Badon‹ (*bellum in monte Badonis*), während Gildas von der ›Belagerung von Mount Badon‹ (*obsessionis Badonici montis*) spricht. Diese Bezüge auf einen Berg gemeinsam mit Gildas' Hinweis auf eine Belagerung implizieren, daß das Ziel der Schlacht die Eroberung einer Bergfestung war, wahrscheinlich eine von den Bergfestungen, die zu dieser Zeit wieder benutzt wurden. Falls Badon eine Bergfestung in der Gegend von Bath gewesen ist und wichtig für die Kontrolle der Stadt, ist der wahrscheinlichste Kandidat die riesige, dreieckige Bergfestung von Little Solsbury Hill, die die Stadt im Nordosten überragt. Tatsächlich haben Ausgrabungen gezeigt, daß dieses Fort während des späten 5. Jahrhunderts von den Briten neu befestigt wurde.

Es scheint daher, daß es den ankommenden sächsischen Streitkräften bei Bath nicht gelungen ist, die Bergfestung einzunehmen und daß die Briten durch einen Gegenangriff die Belagerer vertreiben konnten. Da die sächsische Übermacht gebrochen war, stand der Weg nun frei für einen massiven Angriff im Südosten. Aelle könnte der sächsische Anführer bei Badon gewesen sein, da Beda behauptet, daß er der ›hohe König‹ des sächsischen Britanniens sei. Da der *Chronicle* jegliche Erwähnung von Octha unterläßt, könnte er es gut gewesen sein. Vielleicht hatten sich die Sachsen entschlossen, den Namen des Mannes zu vergessen, der ihre Armee in die vernichtendste Schlacht des Jahrhunderts führte.

Zusammenfassung

Der Schauplatz Badon mit seinen Hauptfiguren war lange Zeit ein Geheimnis geblieben. Wir haben die historischen Hinweise für Badon untersucht, um zu untermauern, daß die Schlacht mit großer Sicherheit in der Nähe der Stadt Bath gegen eine Allianz von Angeln und Sachsen, die von Octha, Aelle oder beiden angeführt wurde, stattfand.

1   Nach archäologischen Hinweisen muß das sächsische Königreich Kent, das von Octha regiert wurde, um das Jahr 500 eine große militärische Niederlage erlitten haben. Man kann einen Bruch in den Sequenzen der sächsischen Tonwaren feststellen, der darauf hindeutet, daß die Sachsen sich aus dem von ihren belagerten Land im mittleren Südengland zurückzogen.

2   Nach dem *Chronicle* wurde das sächsische Königreich Sussex im Jahre 477 gegründet, als sächsische Krieger in der Nähe von Portsmouth landeten. Angeführt von dem Krieger Aelle überwältigten sie bald die Briten in der Gegend und gründeten ein Machtzentrum. Doch Sussex konnte sich nicht lange halten. Der *Chronicle* er-

wähnt weder das Königreich noch seine Könige nach 491, bis es über ein Jahrhundert später erneut gegründet wurde. Außerdem haben Archäologen keine sächsischen Gräber in dieser Gegend zwischen dem späten 5. und dem späten 6. Jahrhundert entdecken können.

3   Die Probleme, die diese beiden aneinander angrenzenden Königreiche durchmachen mußten, können nur durch eine Großoffensive der Briten irgendwann um 490 erklärt werden. Ein entscheidener britischer Sieg irgendwann um 495 entspricht genau dem, was Gildas uns von der Schlacht von Badon erzählt.

4   Obwohl der *Chronicle* einen dritten Kriegsherrn, Cerdic, erwähnt, der um die Zeit von Badon in der Gegend von Hampshire landet, gibt es keine archäologischen Hinweise auf einen echten Einfluß seines Königreichs Wessex innerhalb der nächsten 50 Jahre.

5   Betrachtet man alle Hinweise, so scheint die Schlacht von Badon gegen eine Allianz von Sussex und Kent geschlagen worden zu sein (unter der Führung von Octha, Aelle oder beiden), und zwar in der Nähe des Bristolkanals, der nach archäologischen Ergebnissen die Linie markiert, bis zu der die Sachsen vorgedrungen waren. Da Bath im *Chronicle* auch Badanceaster, ›Stadt von Badan‹, genannt wird, ist sie ein perfekter Kandidat für Badon. Bath ist nicht nur genau der Ort, an dem nach Geoffrey of Monmouth Artus seine berühmteste Schlacht schlug; Nennius' *Historia Brittonum* erwähnt die ›Bäder von Badon‹ in einer Zusammenfassung der britischen Wunder am Ende seines Werkes. Dies sind mit großer Wahrscheinlichkeit die alten römischen Bäder in der Stadt Bath.

6   Da sowohl Gildas als auch Nennius sich auf die Schlacht von ›Mount Badon‹ beziehen, muß die Schlacht um die Eroberung einer Bergfestung gegangen sein. Falls diese Festung wichtig für die Kontrolle über die Stadt war, könnte dies das riesige, dreieckige Bergfort von Little Solsbury Hill gewesen sein, das im Nordosten der Stadt liegt. Tatsächlich haben Ausgrabungen gezeigt, daß die Festung von den Briten während des späten 5. Jahrhunderts benutzt wurde. Die naheliegendste Schlußfolgerung ist daher, daß die sächsischen Streitkräfte im Jahre 493 die Briten am Little Solsbury Hill nicht besiegen konnten und daß ein Gegenangriff von Artus den Feind in den Osten zurücktrieb.

10

VORTIGERN

Wir haben bisher die Lage der angelsächsischen Königreiche des späten 5. und frühen 6. Jahrhunderts untersucht; doch was ist mit den Briten? Wenn wir den Ursprung von Artus herausfinden wollen, müssen wir sehr viel mehr über die Briten und ihre Anführer vor der Schlacht von Badon wissen.

Während der römischen Zeit trennte der Hadrianswall die unbesiegten Pikten in Schottland von den besiegten keltischen Stämmen in England und Wales. Es gab ungefähr 16, alle angeführt von einem Häuptling oder König. Nach der üblichen römischen Politik wurden diese besetzten Stammesgebiete zu römischen Verwaltungsbezirken, die man *civitates* nannte. Doch als die Römer zu Beginn des 5. Jahrhunderts abzogen, geriet die Zentralregierung unter Druck und die regionale Kontrolle ging langsam wieder auf die Stammeshäuptlinge über. Einer dieser Häuptlinge, der offensichtlich am erfolgreichsten war, hieß Vortigern.

Neben Gildas, Beda und den *Annales Cambriae* (siehe unten), erwähnt auch der *Anglo-Saxon Chronicle* Vortigern als Anführer der britischen Streitkräfte, die 455 gegen Hengist und Horsa kämpften. Die einzige andere Erwähnung von Vortigern in einem Manuskript aus dem Dunklen Zeitalter erscheint in der *Historia Brittonum* von Nennius. Hier wird er als Herrscher während einer unbestimmten Zeit nach dem Ende der römischen Herrschaft beschrieben, als die sächsischen Brüder Hengist und Horsa mit drei Schiffen landeten. Vortigern erlaubt ihnen, auf der Insel Thanet zu leben und lädt andere Sachsen ein, wenn sie ihm in seinem Kampf gegen die Pikten und Iren helfen, die Britannien verwüsten. Schließlich wird Vortigern von Hengist anläßlich einer Konferenz in einen Hinterhalt gelockt, bei dem viele seiner Edlen niedergemetzelt werden.

In der *Historia Brittonum* finden wir einen Hinweis auf die ursprüngliche Provinz von Vortigern, da Nennius annimmt, er stamme von »Gloiu ab, der eine große Stadt an den Ufern des Flusses Severn baute, die im Englischen Caer Gloiu genannt wird, im Sächsischen Gleucester«; mit anderen Worten: Gloucester. Dies deutet auf eine Verbindung mit dem Stamm der Cornovii hin, die ein großes Gebiet in den westlichen Midlands und in Ostwales besetzt hielten. Da die Provinz von Cornovii sich bald nach der römischen Herrschaft zum Königreich von Powys entwickelte, scheint Vortigern eigentlich der König von Powys gewesen zu sein, eine exzellente strategische Position, um die Kontrolle über Britannien zu gewinnen.

Der wichtigste Hinweis auf Vortigern aus dem Dunklen Zeitalter, der die Annahme unterstützt, daß er in Powys regiert hat, ist eine Inschrift auf der Säule von Eliseg in Clwyd, Nordwales. Die Säule von Eliseg ist alles, was von einem alten Steinkreuz übrigblieb, das im Tal von Llangollen nahe der mittelalterlichen Abtei von Valle Crucis stand. Obwohl die Inschrift nicht mehr erkennbar ist, war 1696 noch einiges davon lesbar, als der walisische Antiquar Edward Lhuyd übersetzte, was er damals erkannte:

»Concenn, Sohn von Cattell, Cattell, Sohn von Brohcmail, Brohcmail, Sohn von Eliseg, Eliseg, Sohn von
Guoillauc. Concenn, der damit Urenkel von Eliseg ist, er-
richtete diesen Stein für seinen Urgroßvater Eliseg. Eliseg
nahm sich die Erbschaft von Powys ... innerhalb von neun
(Jahren) von der Macht der Engländer, die er durch
Feuer zu einem Schwert machte; wer auch immer diese
Handschrift auf dem Stein liest, soll die Seele von Eliseg
segnen; es ist Concenn, der ... mit seiner Hand ... an sein
eigenes Königreich Powys ... und das ... der Berg ... die
Monarchie von Maximus ... von Britannien ... Concenn,
Pascent ... Maun, Annan: Britu (war) außerdem der Sohn
von Vortigern, den Germanus segnete und den ihm Severa gebar, die Tochter von Maximus, dem König, der
den König der Römer tötete ...«

Mit dieser Inschrift gedenkt Concenn der Taten seines Urgroßvaters und zeigt stolz dessen Abstammungs-
linie von Vortigern auf. Concenn war der König von
Powys, dessen Name in den walisischen Genealogien
des Dunklen Zeitalters in der walisischen Schreibweise
Cyngen auftaucht. Er wird auch in den *Annales Cambriae*
erwähnt, wo sein Tod in Rom im Jahre 854 verzeichnet ist. Obwohl es einige Spekulationen darüber gibt,
wann und warum genau dieses Kreuz errichtet wurde
(es scheint mercianischer Art zu sein, aus dem späten
10. oder frühen 11. Jahrhundert), zeigt es doch deutlich,
daß sich die Herrscher von Powys aus dem späten Dunklen Zeitalter selbst als Nachkommen von Vortigern be-
trachteten, dem Gründer ihres Königreiches.

Zusammen mit den Hinweisen von Nennius bedeutet
die Inschrift auf der Säule von Eliseg, daß das Königreich
Powys höchstwahrscheinlich der Sitz von Vortigern war.
Doch die Säule stellt auch ein Problem dar, denn die In-

schrift bezeichnet ein früheres Datum für Vortigern als die anderen Hinweise. Die Inschrift gibt an, daß Vortigerns Frau Severa die Tochter von Maximus war. Maximus war ein römischer Offizier, der Herrschaft über das westliche Reich im letzten Viertel des 4. Jahrhunderts erlangte. Um die Bedeutung dieses Bezuges zu verstehen, müssen wir erneut die Geschichte des späten Römischen Reichs betrachten.

Im Jahre 376 regierte Gratian, der Herrscher der westlichen Hälfte des Reichs von Rom. Er befahl, daß sein Hauptrivale Theodosius wegen Hochverrats getötet werde. Gratian wurde von vielen hochrangigen Soldaten für inkompetent gehalten, und sie wollten Theodosius auf den Thron bringen. Die einzige andere Bedrohung für Gratian kam von einem seiner Generale, Magnus Maximus, doch da er keine weitere Hinrichtung wagte, ging der Herrscher auf Nummer Sicher. Er ließ Maximus die Herrschaft über die Streitkräfte auf der weit entfernten Insel Britannien übernehmen.

Nicht lange danach beging Gratian einen schwerwiegenden Fehler, und die Armee stand kurz vor einer Revolte. Im Jahre 383 lief das Faß über, und Maximus wurde von den Legionen, die unter seinem Befehl standen, zum Kaiser erklärt. Er sammelte seine Truppen zusammen und segelte zum Festland. Er gewann die Unterstützung der Legionen in Gallien, besiegte Italien und marschierte auf Rom. Gratian wurde kurz darauf ermordet, und Maximus übernahm seinen Platz.

Das östliche Reich jedoch erkannte Maximus nicht an und proklamierte statt dessen den Sohn von Theodosius, der ebenfalls Theodosius hieß, zum Kaiser. Im folgenden Bürgerkrieg wurde Maximus getötet und seine Armeen besiegt.

Nach dem Krieg war das Reich zersplittert, und Theodosius regierte von Konstantinopel weiter. Doch im Westen gab es viele, die immer noch die Familie von Maximus als die rechtmäßigen Thronfolger ansahen. Theodosius auf der anderen Seite betrachtete sie nicht als Bedrohung und unternahm aus Angst vor einem neuen Aufstand nichts.

Nach dem Sieg über Maximus scheinen seine jungen Töchter zu Reichsmündeln geworden zu sein, und so könnte die Heirat einer von ihnen mit einem britischen König ein politisches Manöver gewesen sein. Falls Vortigern der Schwiegersohn des verstorbenen Herrschers um die Zeit des Todes von Maximus im Jahre 388 geworden ist, war er dann derselbe Mann, der die Sachsen 455 bekämpfte, wie wir bei Beda und im *Chronicle* lesen?

Die Säule von Eliseg könnte folglich eine ganz andere Sichtweise des frühen 5. Jahrhunderts eröffnen. Die Herrschaft von Vortigern könnte sehr viel früher stattgefunden haben, als die Hinweise von Gildas, Beda und dem *Chronicle* glauben machen: vielleicht bereits um 420, nämlich zu der Zeit, die mit den *Annales Cambriae* zusammenpaßt.

Eine Reihe von chronologischen Berechnungen im Vorwort der *Annales* sagt aus, daß

»Vortigern über Britannien zur Zeit der Herrschaft von Theodosius und Valentinian regierte. Und im vierten Jahr seiner Herrschaft kamen die Sachsen nach Britannien, während der Herrschaft von Felix und Taurus, im 400. Jahr der Geburt unseres Herrn Jesus Christus.«

Falls Vortigerns Herrschaft während der von Theodosius und Valentinian stattfand, die die Römer auf 425 festlegen, dann müßte das vierte Jahr von Vortigerns Regie-

rung das Jahr 428 sein, der nachweislichen Regierungszeit von Felix und Taurus. Das Jahr 428 jedoch ist 400
Jahre nach dem traditionellen Datum der Passion (der
Kreuzigung) und nicht der Inkarnation (der Geburt) von
Jesus. (Nach einer ursprünglichen Fehlkalkulation im Kalender von Anno Domini legte man die Geburt Christus
auf das Jahr 4 v. Chr. fest.) Wieder einmal sieht man, welche Probleme durch verschiedene Berechnungssysteme
entstehen.

Die Antwort auf das Rätsel von Vortigerns recht langer
Herrschaft könnte von Nennius gegeben werden, der
zwei grundlegende Versionen für das Ableben von Vortigern bietet. In der einen Version erzählt Nennius, daß
St. Germanus versucht habe, den König zum Katholizismus zu bringen und dessen unerlaubte Beziehung zu seiner eigenen Tochter zu beenden, bis

»Vortigern sich in Schande in die Festung von Vortigern
zurückzog, die im Land der Demetianer am Fluß Teifi
liegt. St. Germanus folgte ihm, wie bereits zuvor, und
blieb drei Tage und ebenso viele Nächte mit seinen Kir-
chenmännern dort und fastete, um sein Ende zu erwir-
ken, und in der vierten Nacht um Mitternacht wurde die
ganze Festung plötzlich von einem himmlischen Feuer
zerstört, und das Feuer des Himmels brannte. Vortigern
wurde mit allen, die bei ihm waren, getötet, und all seine
Frauen.«

Liest man zwischen den Zeilen, so scheint Vortigern bei
einer Naturkatastrophe umgekommen zu sein, die als
himmlische Rache ausgelegt wurde. Nach diesem Absatz
erzählt Nennius weiter, daß dies nur eine Version von
Vortigerns Tod sei. Er fügt dann eine zweite Version an.

»Als er für seine Sünde gehaßt wurde, weil er das englische Volk empfing, von allen Männer seines eigenen Landes, mächtig und bescheiden, Sklaven oder Freie, Mönch oder Laie, arm und reich, zog er von Ort zu Ort, bis schließlich sein Herz brach und er unehrenhaft starb.«

Da Nennius beide Versionen von Vortigerns Tod vorlegt, scheint es unwahrscheinlich, daß er irgend etwas erfindet. Tatsächlich gibt er zu, daß er einfach nur die verschiedenen Versionen übernimmt, die er gefunden hat. Daher kann man zu Recht annehmen, daß es zu Nennius' Lebenszeit zwei verschiedene Geschichten über den Tod von Vortigern gab; eine ging davon aus, daß er bei einer Naturkatastrophe starb, die andere, daß er nach seiner Amtsenthebung im Exil starb.

Eine mögliche Erklärung für diese beiden unterschiedlichen Geschichten läßt sich an anderer Stelle in der *Historia Brittonum* finden. Nennius sagt hier:

»Vom (Beginn der) Regierung von Vortigern bis zum Streit zwischen Vitalinus und Ambrosius sind es zwölf Jahre, bis zu Guoloppum, das ist Cat Guoloph (die Schlacht von Guoloph).«

In Nennius' Genealogie von Vortigerns Familie heißt Vortigerns Großvater ebenfalls Vitalinus. Außerdem wurde Guoloph als der Fluß Wallop in Shropshire identifiziert, der damit zum Teil in das Königreich Powys fällt. Dies könnte bedeuten, daß Vitalinus ein Mitglied der Familie von Vortigern war, die Ambrosius bekämpfte, um mehr Macht zu gewinnen. Falls dies um 460 geschah, muß die Regierungszeit von Vortigern um 448 begonnen haben.

Auf der anderen Seite gibt es Hinweise darauf, daß Vortigerns Regierungszeit zur selben Zeit *endete*. Falls

Vortigern, wie Nennius es beschreibt, starb, während sich Germanus in England aufhielt, muß dies im Jahre 447 gewesen sein, also dem Jahr, in dem der Heilige laut Beda Britannien seinen zweiten und letzten Besuch abstattete. Doch wenn Vortigern während Germanus' Besuch starb, war er bei der sächsischen Revolte im Jahre 455 nicht mehr am Leben. Außer Nennius beharren sowohl der *Chronicle* als auch Beda darauf, daß er immer noch an der Macht war. Falls jemand mit dem Namen Vortigern zu diesem späteren Zeitpunkt auf dem Thron saß, muß dies ein zweiter Vortigern gewesen sein.

Nennius' sich widersprechende Berichte über den Tod von Vortigern könnten darauf hinweisen, daß die beiden unterschiedlichen Legenden sich auf zwei verschiedene Könige beziehen, die beide denselben Namen oder Titel trugen. Vielleicht nahmen spätere Generationen, die von den Taten des ›Oberherrn‹ hörten, an, daß sich dieser Titel auf einen Mann bezog. Die Theorie von zwei Vortigern wird durch einen anderen Absatz bei Nennius unterstützt, in dem er Pascent als den Sohn von ›Vortigern dem Dünnen‹ beschreibt. Da kein solcher Beiname für jemand anderen in der *Historia Brittonum* verwendet wird, könnte der Schreiber eine Passage aus einem anderen, jetzt verlorenen Werk übernommen haben, in welchem man beabsichtigte, diesen König von einem anderen mit demselben Namen zu unterscheiden. Außerdem impliziert Nennius' Behauptung, Vortigern habe sich in die ›Festung von Vortigern‹ zurückgezogen, daß dies der Name einer Dynastie war. Es könnte also *zwei* Vortigern gegeben haben – einen, der um 425 an die Macht kam, und einen zweiten Ende der vierziger Jahre des 5. Jahrhunderts. Mit anderen Worten: Der Vortigern, der gegen die Sachsen kämpfte, war der Nachfolger des Mannes, auf den sich die Inschrift auf der Säule von Eliseg bezieht.

Falls dies der Fall ist, können wir der Inschrift den Namen des ersten Nachfolgers von Vortigern entnehmen: Britu, der Enkel von Maximus, der von Germanus gesegnet wurde. Falls Germanus ihn persönlich segnete oder zum König salbte, würde dies bestätigen, daß seine (Britus) Regentschaft um 447 begann, als Germanus in Britannien weilte, und paßt damit auch zu Vortigerns Tod in einem von Nennius Berichten. Man könnte also annehmen, daß Britu der zweite Vortigern oder ›Oberherr‹ von Britannien war.

Wir behalten diese Argumente eine Weile im Kopf und untersuchen, was Nennius uns über Vortigerns Familie erzählt:

»Er hatte drei Söhne, deren Namen sind Vortimer, der gegen die Barbaren kämpfte, wie ich oben beschrieben habe, der zweite Cateyrn; der dritte Pascent, der nach dem Tod seines Vaters in zwei Ländern mit den Namen Builth und Gwerthrynion regierte, auf Erlaubnis von Ambrosius, der der große König unter allen Königen der britischen Nation war. Ein vierter Sohn war Faustus, der ihm von seiner Tochter geboren wurde.«

Hier liefert uns Nennius den Namen Pascent, der ebenfalls auf der Säule von Eliseg als Nachkomme von Vortigern auftaucht. Da Nennius einen Familiennamen der Vortigern-Dynastie einschließt, erscheint die Liste von Vortigerns Söhnen glaubwürdig. Britu nennt er nicht als Sohn von Vortigern; doch die Lösung könnte in dem Namen Vortimer liegen, der sich wahrscheinlich von demselben Wort ableitet wie Vortigern. Da Vortigern ›Oberherr‹ bedeutete, könnte Vortimer ebenfalls ein Titel gewesen sein, vielleicht für den Erben oder Kronprinzen. Aus diesem Grunde könnte Vortimer der Titel von Britu gewesen sein, bevor er nach dem Tod seines Vaters der ›Oberherr‹ Vortigern wurde.

Obwohl Nennius den Tod von Vortimer *vor* Vortigerns Tod ansetzt, gibt es an anderer Stelle deutliche Hinweise darauf, daß die Leben der beiden Männer miteinander verwechselt wurden. Ein Eintrag im *Anglo-Saxon Chronicle* für das Jahr 455 sagt:

»In diesem Jahr kämpfte Hengist ... gegen König Vortigern an einem Ort, der Egelesprep heißt, und sein Bruder Horsa wurde getötet.«

Wenn wir dies mit einer Passage bei Nennius vergleichen, die eindeutig die gleiche Schlacht beschreibt, in der Horsa fiel, finden wir einen wichtigen Unterschied:

»Vortimer schlug vier energische Schlachten gegen sie. Die erste Schlacht war am Fluß Darenth. Die zweite Schlacht war an der Furt namens Episford in ihrer Sprache, Rhyd yr afael in unserer, und dort fiel Horsa.«

Hier kämpft nicht Vortigern gegen die Sachsen, sondern Vortimer, was zeigt, daß Nennius und der Schreiber des *Chronicle* oder ihre Quellen tatsächlich Vortigern und seinen Sohn verwechselten.

Wenn es zwei Vortigern gab, auf welchen der beiden Herrscher beziehen sich dann Nennius' zwei Berichte von Vortigerns Tod? Da die Säule von Eliseg impliziert, daß Germanus Britu anerkannte, kann er nicht der Vortigern gewesen sein, der mit dem Heiligen in Streit geriet und im Feuer starb.

Zudem gibt es Hinweise von Nennius, daß Vortimer bei Germanus auf Wohlwollen traf, was die Theorie, daß

Vortimer Britu war, untermauert. Er berichtet uns, daß Vortimer, bevor er starb

»seinen Gefolgsleuten befahl, sein Grab an der Küste zu graben, im Hafen, von dem die Engländer abgefahren waren, und sagte: ›Ich vertraue euch dies an. Wo auch immer sie einen britischen Hafen halten oder sich niederlassen, sie werden nie wieder in diesem Land leben.‹ Doch sie ignorierten seinen Befehl und begruben ihn nicht dort, wo er es ihnen gesagt hatte: Denn er liegt in Lincoln begraben. Doch wenn sie seinem Befehl gefolgt wären, gibt es keinen Zweifel, daß sie durch die Gebete des heiligen Germanus alles erhalten hätten, was sie sich wünschten.«

Diese Passage sagt nicht nur aus, daß Vortimer die Anerkennung von Germanus erhielt, sondern auch, daß er in den Augen seiner Landsleute diskreditiert war, da sie seinen Begräbniswunsch nicht ausführten. Dies deutet darauf hin, daß es der *zweite* Vortigern war, der abgesetzt wurde und in Unehren starb, so daß der erste Vortigern im Feuer gestorben sein muß. Auf diese Weise ist das Jahr 447 das Jahr der Thronbesteigung, da es das einzige Jahr ist, in dem einer der Herrscher von Germanus verfolgt werden konnte, während der andere von ihm gesegnet wurde.

Britu verlor wahrscheinlich um 459 allmählich seine Macht, da nach Nennius der Streit zwischen Vitalinus und Ambrosius zwölf Jahre, nachdem Vortigern (also Vortigern II.) die Herrschaft übernommen hatte, stattfand. Vielleicht erlangte Vitalinus, nachdem die sächsische Revolte Britu vom Thron gestürzt hatte, die Macht, bis Ambrosius sie an sich riß.

Was können wir also im Licht unserer Theorie, daß

es zwei Vortigern gegeben hat, aus der Erwähnung in den *Annales* machen, daß die Sachsen im Jahre 428 während der Herrschaft von Vortigern nach Britannien kamen? Dies muß sich auf den ersten Vortigern beziehen. Doch das Konzept, daß die Sachsen im Jahre 428 ankamen, widerspricht nicht Bedas Behauptung, daß die Sachsen 449 eingeladen wurden. Die Sachsen scheinen vor der Ankunft von Hengist 449 schubweise das Land erreicht zu haben. Wie wir gesehen haben, deuten archäologische Funde darauf hin, daß die Einwanderung der Angelsachsen im zweiten Viertel des 5. Jahrhunderts begann, also vor dem Jahr 449. Die britischen Feldherren scheinen sie bereits vor der Einladung an Hengist und seine Krieger als Söldner angestellt zu haben. Es ist daher sehr wahrscheinlich, daß sowohl Vortigern als auch sein Nachfolger sie in ihre Armeen aufnahmen, obwohl letzterer diese Politik büßen mußte.

Die Reihenfolge der Ereignisse scheint folgendermaßen gewesen zu sein: Vortigern I. von Cornovii gründete das ehemals römische Königreich Powys um 420 und erlangte bis 425 die Kontrolle über einen Großteil des Landes. Er regierte bis 447 und starb während des zweiten Aufenthalts von Germanus in Britannien bei einer Katastrophe (die als Omen gewertet wurde). Sein Sohn Britu regierte dann die Insel, bis die Sachsen den Pakt brachen und er ins Exil getrieben wurde. Ein anderes Mitglied der Vortigern Familie, Vitalinus, könnte für kurze Zeit die Herrschaft übernommen haben, bis Ambrosius 459 die Macht an sich riß.

Der Hinweis auf einen Zusammenstoß zwischen König und Germanus könnte ein wichtiges Indiz für das religiöse Klima in Britannien während der ersten Hälfte des

5. Jahrhunderts sein. In der *Historia Brittonum* beschreibt Nennius, wie Vortigern in den Augen von Germanus eine große Sünde begangen hat und von Germanus gebeten wurde, »sich zu seinem Gott zu bekennen«. Obwohl er des Inzests mit seiner Tochter beschuldigt wurde, scheint noch eine andere, weit größere aber unentdeckte Sünde im Spiel gewesen zu sein. Was brachte Germanus so gegen Vortigern auf? Die Antwort scheint der Grund für Germanus' Besuch selbst zu sein: Er wollte den ketzerischen Pelagianismus bekämpfen.

Pelagianismus leitet sich von dem Priester Pelagius ab, einem Briten, der eine humanistische Doktrin in Opposition zur etablierten Kirche predigte. Um 380 verließ Pelagius Britannien und reiste nach Rom, wo er mit der fundamentalen katholischen Doktrin des heiligen Augustinus in Konflikt geriet. Er war in vielen Bereichen nicht mit den Etablierten einverstanden, doch seine Lehre von der persönlichen Verantwortlichkeit des Menschen für sein Seelenheil zog ihm den größten Zorn zu, denn er stritt damit die Doktrin der angeborenen Sündhaftigkeit ab.

In mancherlei Hinsicht war Pelagius ein Vorreiter von Martin Luther, und seine Schriften griffen sowohl die Reichtümer der Kirche als auch deren Position als Staatsreligion des Reichs an. Im Jahre 416 reagierte die Kirche, indem sie die Lehren von Pelagius als Ketzerei verurteilte. Nicht nur die Kirche, sondern auch der Staat selbst hätte zu leiden, falls solche gefährlichen Ideen sich durchsetzten, wie sie es bereits in Britannien und Gallien täten. Zu dieser Zeit war der katholische Glaube praktisch das einzige, was das Reich zusammenhielt. Daher wurde der Kaiser Honorius im Jahre 425 vom Papst gedrängt, einen Befehl an die pelagianischen

Bischöfe von Gallien zu leiten. Sie sollten ihre Ketzerei vor dem Bischof von Arles innerhalb von 20 Tagen widerrufen oder die härtesten Konsequenzen tragen müssen.

Obwohl diese Politik an anderer Stelle erfolgreich war, blieb das Problem auf der Insel Britannien, über die Honorius keine direkte Kontrolle hatte, bestehen. Der reiche und mächtige Bischof von Auxerre, Germanus, wurde daher beauftragt, den Pelagianismus in Britannien zu bekämpfen. Prosper von Aquitanien, der sich ebenfalls dem Kampf gegen den Pelagianismus verschrieben hatte, berichtete von dem Jahr 429:

»Der pelagianische Agricola, Sohn des pelagianischen Bischofs Severianus, verdirbt die Kirchen von Britannien, indem er seine Doktrin verbreitet. Doch auf Vorschlag des Diakons Palladius, schickt Papst Cölestin Germanus, den Bischof von Auxerre, als seinen Stellvertreter, und nach der Verwirrung der Ketzer führt er die Briten zum katholischen Glauben.«

Dem Biografen von Germanus, Constantius von Lyon, zufolge wurde die bischöfliche Britannien-Delegation in St. Albans von einer Abordnung städtischer Kirchenmänner begrüßt, die schon bald rekonvertierten. Mit dem Erfolg von St. Albans in der Tasche zog Germanus weiter, um im ganzen Land zu predigen und konvertierte nicht nur die Laien, sondern auch die Armee.

Es scheint daher unausweichlich, daß der Heilige zu einem gewissen Zeitpunkt in Konflikt mit dem mächtigsten britischen Kriegsherren Vortigern geriet, der aller Wahrscheinlichkeit nach den Pelagianismus unterstützte. Es war bedauerlich für Germanus, daß es nur eine Frage der Zeit war, bevor die britische Kirche sich wiederum zum Pelagianismus bekannte, und so mußte er 447 eine zweite Reise antreten. Diesmal hatte er mehr Erfolg und drängte sogar Britu, sich vom Pelagianismus abzuwenden. Es gibt ernstzunehmende Hinweise für einen Bodengewinn der römischen Kirche zu dieser Zeit. Beda erzählt uns zum Beispiel, daß der Glaube »lange andauerte, rein und unbefleckt«.

Wie wir sehen werden, war diese Rückwendung zum katholischen Glauben nicht nur mitverantwortlich für den Fall der Vortigerndynastie, sondern sie ebnete außerdem den Weg für einen neuen und mächtigen Herrscher: Ambrosius Aurelianus, den letzten Römer.

Zusammenfassung

Um den Ursprung von Artus zu entdecken, müssen wir die britischen Anführer untersuchen, die vor ihm regierten. Es scheint, daß Britannien während des halben Jahrhunderts vom römischen Abzug (um 410) bis zur Zeit von Ambrosius (um 460) von einer Familie regiert wurde: den Vortigern, von denen es zwei oder möglicherweise drei Könige gab.

1 Als die römischen Legionen zu Beginn des 5. Jahrhunderts Britannien verließen, geriet die Zentralregierung unter Druck, und die regionale Kontrolle ging schließlich auf die Stammeshäuptlinge über. Nach allen erhältlichen Quellen war der erfolgreichste von ihnen Vortigern, der schließlich Herrscher von Britannien wurde.

2 Aus der *Historia Brittonum* entnehmen wir die Provinz von Vortigern. Da Nennius sagt, er stamme von

Gloiu ab, der die Stadt Gloucester gründete, war es wahrscheinlich das Königreich Powys, das die westlichen Midlands und Zentralwales bedeckte. Zusätzlich deutet Nennius darauf hin, daß Ambrosius schließlich gegen Vortigerns Herrschaft in Shropshire kämpfte, im Herzen von Powys. Daß Vortigern der König von Powys war, wird durch die Säule von Eliseg in Llangollen, Nordwales, bestätigt. Sie wurde um 850 errichtet, und eine Inschrift auf der Säule verrät, daß Vortigern tatsächlich das Königreich Powys gegründet habe.

3   Aber wann regierte Vortigern? In den *Annales Cambriae* lesen wir, daß das vierte Jahr seiner Regentschaft in die Herrschaftszeit der Römer Felix und Taurus fiel. Da dies nach genauen römischen Schriften das Jahr 428 war, begann Vortigerns Herrschaft um 425. Nennius sagt uns jedoch, daß Ambrosius gegen Vitalinus (ein Mitglied der Vortigern-Familie) kämpfte, und zwar zwölf Jahre, nachdem Vortigern an die Macht kam. Da dies nicht viel früher als 460 (der Zeit von Ambrosius) gewesen sein kann, muß Vortigerns Herrschaft Ende 440 begonnen haben. Fügt man dem noch die sich widersprechenden Berichte von Nennius über den Tod von Vortigern hinzu, so haben wir den Beweis, daß zwei aufeinanderfolgende Herrscher den Titel Vortigern (›Oberherr‹) trugen.

4   Der überzeugendste Beweis für zwei Vortigern ist, daß Nennius in einem seiner Berichte sagt, Vortigern wäre gestorben, während der heilige Germanus in Britannien weilte. Dies muß im Jahre 447 gewesen sein, das Jahr des zweiten und letzten Besuches des Heiligen in Britannien. Doch Nennius, der *Chronicle* und Beda beharren alle darauf, daß Vortigern 455 am Leben war, um

Künstlerischer Eindruck von Viroconium, der Hauptstadt von Powys aus dem Dunklen Zeitalter, im 5. Jahrhundert Das wahre »Camelot« .(English Heritage Photo Library)

Die Ruinen von Viroconium heute.

Viroconium: die Fußbodenheizung.

Viroconium: der Bäderbereich.

Das »Alte Werk« in Viroconium.

Rekonstruierte römische Palisade bei Lunt, nahe Coventry.

Rekonstruiertes Garnisonsgebäude bei Lunt.

n illo tempore saxones inualescebant in
multitudine & crescebant inbrittannia.
Mortuo aut hengisto octha fili ei' transi
uit de sinistrali parte brittannie ad reg
nu cantoru. & de ipso orti s̄ reges cantoe.
    unc arthur pugnabat contra illos.
millis dieb; cu regib; britconu. s; ipse dux erat
belloru. Primu bellu fuit in ostiu flumi
nis quod dicit' glein scdm & tciu & qr
tu & quintu. sup aliud flumen quod
dicit' dubglas. s; inregione limnuis.
Sextu bellum sup flumen quod uoca
t̄ bassas Septimu   fuit bellu
in silua celidonis idē cat coit celidon.
Octauum fuit bellu incastello guinni
on. Inquo arthur portauit imagine
scē marie ppetue uirginis sup hume
ros suos. & pagani uersi s̄ infuga in
illo die. & cedes magna fuit sup illos
p uirtutem dn̄i nr̄i ihu xp̄i & p uirtutē
scē marie uirginis genitricis ei'. Nonu
bellu gestu ē inurbe legionis. Decimu
gessit bellu inlitore f̄ Fluminis quod
uocat' tribruit. Vndecimu factu ē
bellu inmonte qui dicit' agned. Duo
decimu fuit bellu inmonte badonis.
inquo corruer' inuno die n̄ genti sexa
ginta uiri de uno impetu arthur.

Die früheste Erwähnung von Artus in Nennius' Historia Brittonum. (British Library)

Der Berth in der Nähe von Baschurch in Shropshire, die Grabstelle der Könige von Powys im 6. Jahrhundert.

Die Wälle von Berth.

Die heilige Einfriedung von Berth.

Berth Pool, nahe Baschurch.

Der Wrekin, Shropshire.

Die Säule von Eliseg in Valle Crucis, nahe Llangollen, Nord-Wales.

gegen die Sachsen zu kämpfen. Wenn ein Vortigern 455 regierte, muß er ein zweiter Vortigern gewesen sein. Wenn der erste Vortigern starb und ein zweiter ihm 447 auf den Thron folgte, dann ist das genaue Datum für Ambrosius Kampf um die Macht 459 (da Nennius sagt, es war zwölf Jahre nach dem Beginn von Vortigerns Herrschaft).

5 Der zweite Vortigern war wahrscheinlich Britu, der auf der Säule von Eliseg als Vortigerns Nachfolger erwähnt wird. Es gibt außerdem Hinweise darauf, daß Britu Vortigerns Sohn Vortimer war. Nennius' Behauptung, daß der sächsische Krieger Horsa im Kampf gegen Vortimer starb, wird im *Anglo-Saxon Chronicle* widersprochen. Er behauptet, daß Horsa gegen Vortigern fiel. Der Name Vortimer könnte jedoch ein Titel für den Thronerben sein; da Vortigern ›Oberherr‹ bedeutet, hatte das Wort Vortimer wahrscheinlich ähnlichen Ursprung.

6 Nennius liefert uns Hinweise auf den Religionsstreit in Vortigerns Britannien. Obwohl er keinen Grund für den heftigen Bruch zwischen Vortigern und Germanus nennt, war es höchstwahrscheinlich der Pelagianismus, eine Doktrin, die sich gegen die etablierte Kirche richtete. Als Germanus nach Britannien geschickt wurde, um die pelagianische Ketzerei zu bekämpfen, mußte er mit Vortigern selbst in Konflikt geraten.

7 Am wahrscheinlichsten ist, daß Vortigern selbst das ehemals römische Königreich Powys im Jahr 420 gründete und bis 425 einen Großteil des Landes regierte. Er wandte sich von der katholischen Kirche ab und regierte bis 447, wo er bei einem Feuer während Germanus'

zweitem Besuch starb. Britu regierte danach Britannien, bis der sächsische Aufstand von 455 ihn stürzte und er ins Exil geschickt wurde. Vitalinus könnte dann bis 459 für kurze Zeit die Herrschaft erlangt haben, bis Ambrosius die Macht an sich riß.

11

AMBROSIUS

Nach einem halben Jahrhundert Vortigern-Herrschaft, das sowohl von der Ankunft der Sachsen als auch durch die inneren Glaubenszwistigkeiten geprägt war, erlebte Britannien einen drastischen Führungswechsel.

Irgendwann um 460 trat ein neuer und vollkommen anderer Typ von Anführer auf den Plan: ein Mann, der das Land umorganisierte und sich mit Erfolg gegen die eindringenden Sachsen wandte. Er ist jemand, den Gildas nicht nur offensichtlich bewunderte, sondern sogar ganz untypischerweise beim Namen nennt. Obwohl er ihn nur einmal erwähnt, sagt Gildas:

»Ihr Anführer war Ambrosius Aurelianus, ein Gentleman, der vielleicht als einziger der Römer den Erschütterungen des Sturms standgehalten hatte: Sicherlich waren seine Eltern, die den Purpur getragen hatten, darin umgekommen.«

Beda, der erneut Gildas paraphrasiert, verdeutlicht diesen Absatz und sagt:

»Zu dieser Zeit war ihr Anführer Ambrosius Aurelius, ein edler Mann, der durch Glück allein in der römischen Nation den Sturm überlebt hatte, in welchem seine Eltern, die von königlichem Geblüt waren, umgekommen waren.«

Neben Gildas und Beda erwähnt ihn kein anderes überliefertes Manuskript aus dem Dunklen Zeitalter, außer Nennius. Da Nennius' Geschichte von Ambrosius ganz offensichtlich eine Legende ist (siehe unten), haben wir nur diese wenigen Bemerkungen von Gildas und Beda, um ein verläßliches Bild zu rekonstruieren.

Obwohl nur eine kurze Erwähnung, erzählt uns Gildas' Eintrag doch etwas über Ambrosius, unter anderem, daß seine Eltern den Purpur getragen haben. Da Purpur die königliche Farbe der römischen Kaiser war, bedeutet dieser Hinweis, daß er Mitglied einer sehr hochgestellten Familie war, wie auch Beda erklärt. Wir hören, daß seine Eltern während des Sturms umkamen. Damit ist wohl die sächsische Attacke gemeint, auf die sich Gildas vorher bezieht. Außerdem scheint Gildas eine Art Bewunderung für diesen ›Gentleman‹ zu fühlen, der der ›einzige der Römer‹ war – daraus kann man nur schließen, daß Ambrosius eine Art Gegenpol zu Vortigern, dem ›Tyrannen‹, war.

Zusätzlich erzählen viele überlieferte walisische Legenden von einem Zusammenstoß zwischen Vortigern und Ambrosius, und obwohl sie selbst keinen echten Beweis liefern, scheinen sie doch in irgendeiner Form zur Zeit von Nennius existiert zu haben (um 839). Nennius nennt Ambrosius als den Hauptrivalen von Vortigern und fügt eine Legende an, die deren erstes Treffen beschreibt. Wir wollen sie hier wiedergeben.

In Nennius' Geschichte versucht Vortigern eine uneinnehmbare Festung hoch in den walisischen Bergen im Königreich Gwynedd zu errichten, nachdem er von den Sachsen geschlagen worden ist. Doch das Werk wird durch eine seltsame Reihe von Katastrophen ständig unterbrochen. Der König konsultiert seine Zauberer, die ihm raten, daß er für die Vollendung des Werkes einen Jungen opfern und den Platz mit dessen Blut besprengen soll. Schließlich wird ein Kind gefunden, doch um sich selbst zu retten, fordert der Junge Vortigern auf, ihm zu sagen, was sich unter den Fundamenten befindet. Als dieser es nicht kann, entdeckt der Junge einen Teich mit zwei Drachen, einem roten und einem weißen, die gegeneinander kämpfen. Der Junge deutet dieses mysteriöse Omen dahingehend, daß die beiden Kreaturen die Briten und die Sachsen darstellten, und der Sieg des roten Drachens bedeute, daß die Briten schließlich gewinnen würden. Die Bewunderung des Königs ist ihm sicher, als entdeckt wird, daß der Name des Jungen Ambrosius und er Sohn eines römischen Konsuls ist. Am Ende der Passage wird Vortigern überredet, Ambrosius die Herrschaft über den westlichen Teil von Britannien zu überlassen.

Was will uns diese Legende sagen? Erst einmal klärt sie, was Gildas und Beda uns über die königlichen Familienbande von Ambrosius sagen, denn wir hören, daß er der Sohn eines römischen Konsuls ist. Zweitens deutet sie darauf hin, daß Ambrosius heimlich aufgezogen und aus irgendeinem Grund vor Vortigern versteckt wurde. Und drittens, daß Ambrosius die Herrschaft über den westlichen Teil Britanniens erhielt. Widerspricht irgendeine dieser Informationen dem, was von der historischen Situation zu dieser Zeit bekannt ist?

Um einen Hinweis auf Ambrosius' Familie zu finden, kehren wir nun zu dem Bericht von Geoffrey of Monmouth aus dem 12. Jahrhundert zurück. Nach Geoffrey war der Vater von Ambrosius Constantine, ein Prinz aus dem Königreich Armorica im Norden Galliens. In Geoffreys Bericht wird Constantine nach Britannien eingeladen, um dem Land gegen die plündernden Barbaren zu helfen. Nachdem seine Mission erfolgreich gewesen ist, wird er von den Briten belohnt, indem sie ihm die Krone anbieten. Wie wir in Kapitel sieben gesehen haben, ist Geoffreys Constantinus wahrscheinlich der römische Thronanwärter Constantius III. (um 400). Obwohl es keinen Beweis dafür gibt, daß Constantius III. Söhne mit den Namen Uther oder Ambrosius besaß, hieß einer der Mönch wurde, auf jeden Fall Constans, genau wie Geoffrey beschreibt. Er nennt ihn Bruder von Ambrosius. Um mehr Licht auf Ambrosius zu werfen, müssen wir deshalb Constantius näher untersuchen.

Die Instabilität des römischen Reichs während der ersten Jahre des 5. Jahrhunderts wirkte sich zwangsläufig auch in Britannien aus. Während des Jahres 407 wurde der römische Offizier Constantius von den britischen Legionen zum Kaiser ernannt, genau wie Maximus zwei Jahrzehnte vorher. Constantius, der den Titel Constantius III. erhielt, verschwendete keine Zeit, überquerte den Kanal und griff die Sachsen im östlichen Gallien an. Zuerst unternahm Kaiser Honorius nichts, da er annahm, daß Constantius besiegt werden würde. Als Constantius jedoch die Stadt Arles in der heutigen Provence besetzte, sandte ihm die Reichsregierung einen Goten namens Sarus entgegen. Nachdem es Sarus nicht gelungen war, Constantius zu besiegen, und er nach Italien zurückkehrte, besetzte Constantius' Sohn Constans Spanien und hinterließ seinen General Gerontius als Stellvertreter.

Zu diesem Zeitpunkt bot Honorius, der von dem Westgoten Alarich bedrängt wurde, Constantius die Krone an, wenn er ihm bei der Verteidigung Roms half. Constantius war einverstanden, doch als er die Alpen überquerte, änderte der Kaiser seine Meinung und zwang Constantius, sich nach Gallien zurückzuziehen. Für Gerontius entstanden die Probleme in Spanien, da man mit seiner Politik nicht einverstanden war, barbarischen Söldnern die Bewachung der Pyrenäen zu überlassen. Die Legionen von Gerontius, die Constantius ergeben waren, revoltierten schließlich, und Gerontius setzte seinen eigenen Sohn Maximus (nicht zu verwechseln mit Magnus Maximus) als Marionettenkaiser ein.

Eine Zeitlang bestand eine lächerliche (und sehr verwirrende) Situation, als nicht weniger als sechs Personen den Anspruch erhoben, der legitime römische Kaiser zu sein: Theodosius im Osten, Honorius in Ravenna, Maximus in Tarragona, Constantius und Constans (Vater und Sohn wollten gemeinsam regieren) in Arles, und Attalus (der von Alarich eingesetzt worden war) in Rom. Es dauerte nicht lange, bis sie alle zusammenstießen.

Gerontius war der erste, der in die Offensive ging und eine Allianz mit den Vandalen, Sueven und Alanen bildete, die Gallien heimgesucht hatten. Constans beugte sich dieser Macht, wurde in Vienne im Süden von Lyon gefangengenommen und getötet. Gerontius besetzte dann Arles. Währenddessen schickte Honorius ihm eine Armee unter Führung von Flavius Constantius entgegen, und Gerontius zog sich schnell nach Spanien zurück. Seine eigenen Truppen fühlten sich hintergangen; sie belagerten sein Haus, worauf Gerontius Selbstmord beging.

Constantius hielt mehr als drei Monate in Arles aus, bis sein fränkischer General Edobich, der ausgesandt worden war, um Verstärkung bei den Barbaren hinter dem Rhein zu holen, auf dem Weg geschlagen wurde. Ohne weitere Hoffnung auf den Sieg floh Constantius in ein Kloster, wo er gefangengenommen und zu Honorius gebracht wurde. Obwohl man ihm sicheres Geleit versprochen hatte, änderte Honorius bald seine Meinung und befahl, Constantius im September 411 hinzurichten.

In Geoffreys Bericht wird Constantius nach zehn Jahren Herrschaft in Britannien getötet, was der bekannten Geschichte von Constantius III. deutlich widerspricht. Doch wenn Geoffrey beschreibt, wie Constans gedrängt wird, sein Leben als Mönch aufzugeben und auf den Thron zurückzukehren, ist er sehr dicht an dem historischen Constans, der aus seinem Kloster gerufen wurde, um Mitkaiser zu werden.

Geoffrey scheint Mythos, Legende und einige historische Fakten zusammengewürfelt zu haben, um die Periode vor Artus zu beschreiben. Besonders für Constans scheint er kaum eine halbwegs verläßliche Quelle benutzt zu haben. Es ist ziemlich leicht, die Fakten von der Fabel zu trennen, wenn man genaue Belege der fraglichen Periode besitzt, doch es ist sehr schwer, wenn es keine solche Dokumentation gibt. Alles, was wir daher sagen können, ist, daß die Halbwahrheiten, die Geoffrey uns in bezug auf die Ära von Constantius bietet, auch bei den Beschreibungen der folgenden Generationen zu finden sind. Die Schwierigkeit ist, die Spreu vom Weizen zu trennen.

Während wir dieses Problem bedenken, wollen wir die Ereignisse, die in Geoffreys *Historia* beschrieben werden, untersuchen. Nachdem Constans ebenfalls getötet worden ist, erhält Vortigern die Krone, während Constans' Brüder Ambrosius und Uther in die Bretagne fliehen. Als die beiden Prinzen erwachsen sind, kehren sie zurück und setzen Vortigern ab. Ambrosius wird sein Nachfolger. Obwohl diese Geschichte mit Sicherheit nicht stimmt, erhalten wir wieder einmal einen Hinweis darauf, daß Ambrosius nicht nur der Nachfolger von Vortigern wird, sondern auch im Exil aufgewachsen ist. Die interessanteste Frage jedoch betrifft das Verhältnis zwischen Ambrosius und Constantius. Obwohl Ambrosius sicherlich zu einer Generation gehört, die es unmöglich macht, daß er der Sohn von Constantius ist, könnte er doch ein Nachkomme der Kaiserfamilie sein. Behauptet Gildas deshalb, daß Ambrosius' Eltern den Purpur, die kaiserliche Farbe, trugen?

Um diese Frage zu beantworten, müssen wir den römischen Rückzug aus Britannien näher untersuchen. Obwohl das Jahr 410 öfter als Datum für das Ende der römischen Herrschaft genannt wird, ist die Wahrheit sehr viel komplexer. Wie wir wissen, nahmen Maximus und Constantius große Teile der Armee mit sich, als sie zum Kontinent zurückkehrten, um ihre kaiserlichen Ansprüche geltend zu machen. Die Armee, die um 410 zurückblieb, muß sehr geschwächt gewesen sein und bot für die Pikten und Iren Gelegenheit, das Land zu plündern. Unglücklicherweise zog Kaiser Honorius aufgrund seiner eigenen Probleme in diesem Jahr die restlichen Legionen ab und befahl den Briten, ihre Verteidigung selbst zu übernehmen. Die Hauptquelle bezüglich der Zeit des römischen Abzugs ist Olympiodorus, ein ägyptischer Grieche, der ungefähr 365 geboren wurde und sich in seinen 22 Geschichtsbüchern mit den Jahren 407–425 beschäftigte. Olympiodorus ist ein verläßlicher Chronist, dessen Berichte oft von anderen Quellen bestätigt werden. Doch seine Version der Ereignisse, die unter anderem auch von Gildas und Beda verwendet wurde, steht den Aussagen des griechischen Historikers Zosimus entgegen.

Zum Ende der römischen Herrschaft sagt Zosimus, daß »die Menschen von Britannien sich bewaffneten, jeder Gefahr trotzten und ihre Städte von den angreifenden Barbaren befreiten«. Er berichtet weiter, daß die Briten ›die römischen Verwalter‹ regelrecht aus dem Land wiesen und eine ›Zivilregierung nach ihren eigenen Vorstellungen‹ gründeten.

Zosimus ist nicht der einzige, der behauptet, daß die Briten die kaiserliche Verwaltung des Landes verwiesen. Auch Nennius sagt, daß »die Briten die Herrschaft der Römer beendeten«. Falls dies der Wahrheit entspricht, bestand die römische Verwaltung nach dem Abzug der Legionen im Jahre 410 weiter. Dann müßte ein römischer Verwalter eingesetzt worden sein, bevor die Briten sich gegen ihn erhoben. Es ist durchaus möglich, daß Honorius einen solchen Mann abstellte, als seine größten Schwierigkeiten überstanden waren. Tatsächlich gibt es Belege dafür. In der *Notitia Dignitatum,* dem römischen Register kaiserlicher Offiziere, wird der *Comes Britanniarum* (Graf der Briten) erwähnt, eine Stellung, die kurz nach 410 erfunden wurde. Dieser Offizier scheint der Kommandant einer Hilfstruppe gewesen zu sein, die irgendwann während des zweiten Jahrzehnts des 5. Jahrhunderts in Britannien eingesetzt worden ist.

Der *Comes Britanniarum,* also der römische Militärgouverneur in Britannien, scheint sich um 418 zurückgezogen zu haben. Ein Eintrag im *Anglo-Saxon Chronicle* für dieses Jahr lautet:

»In diesem Jahr sammelten die Römer alle Schätze zusammen, die in Britannien waren, und versteckten manches in der Erde, damit keiner sie später finden konnte, und manches nahmen sie mit nach Gallien.«

Dieser Eintrag deutet auf eine hastige Evakuierung hin und auf den Versuch, alles von Wert wegzubringen – vielleicht wegen des britischen Aufstandes, auf den sich Nennius und Zosimus beziehen. Auf jeden Fall gibt es sichere archäologische Hinweise auf eine kurzfristige Wiederbesetzung, die hauptsächlich aus römischen Münzen aus dem späten zweiten Jahrzehnt bestehen.

Könnte der *Comes Britanniarum* Ambrosius' Vater gewesen sein? Hatte er vielleicht auch Verbindung zu Constantius? Constantius muß eine Art Held für die herrschende Elite der Insel gewesen sein, und es mochte eine kluge politische Geste für den Kaiser darstellen, ein Mitglied von Constantius' Familie als *Comes Britanniarum* einzusetzen, wenn für die Loyalität dieser Person garantiert werden konnte.

Falls der letzte Überrest der römischen Verwaltung um 418 hinausgeworfen wurde, muß der nächste Schritt der Briten die Gründung eines regierenden Senats gewesen sein. Da Gildas von einer solchen Einrichtung in Zusammenhang mit der Einladung der sächsischen Söldner spricht, könnte sie bei verschiedenen Gelegenheiten während der turbulenten Periode, die dem römischen Abzug folgte, einberufen worden sein. Alle Hoffnungen auf die Gründung einer britischen Republik mußten jedoch zerschlagen worden sein, als die Ordnung nach dem Aufstieg von Vortigern um 425 zusammenbrach.

Hinter Nennius' Legende, daß Ambrosius vor Vortigern geheimgehalten aufwuchs, könnte ein Hinweis auf den *Comes Britanniarum* liegen, der Asyl bei einem sympathisierenden Königreich in Britannien fand. Da die Geschichte von Ambrosius, der im Exil heranwuchs, auch bei Geoffrey zu finden ist, war offenbar eine derartige Legende im Umlauf. Falls dem so ist, wo könnte dieses Exil gelegen haben?

Es wäre unrealistisch anzunehmen, daß die gesamte britische Bevölkerung glücklich über den Abzug der Römer war. Es scheinen sich eher zwei Fraktionen herausgebildet zu haben: eine, die für ein unabhängiges keltisches Britannien stand, die andere, die als Teil des römischen Reichs weiterexistieren wollte. Tatsächlich wird ein solcher Interessengegensatz durch archäologische Ausgrabungen dieser Zeit bestätigt. Obwohl im Großteil Britanniens wieder vorrömische Stammesherrschaft entstand, lebte in vielen Gegenden die römische Zivilisation fort. Es entwickelten sich nicht nur unterschiedliche Verwaltungs- und Lebenskulturen, sondern es scheint auch eine fundamentale religiöse Teilung gegeben zu haben, wie in Kapitel zehn beschrieben: der orthodoxe Katholizismus und der radikale Pelagianismus. Die Imperialisten unterstützen die erste, die Nationalisten die zweite Form.

Zusammenfassend scheint es, daß für einige Jahre nach 410 ein neuer römischer Gouverneur in Britannien eingesetzt wurde, der gut ein Mitglied der Familie von Constantius gewesen sein könnte. Doch seine militärische Machtbasis scheint unbedeutend gewesen zu sein, so daß die Briten ihn um 418 seines Amtes entheben und eine eigene Verwaltung, vielleicht eine Republik, gründen konnten. Nicht lange danach brach die Zentralregierung auseinander, und der Kriegsherr Vortigern gewann an Macht. 425 scheint er über ein großes Gebiet Britanniens geherrscht zu haben. Nach der Mission von Germanus zu urteilen, hat Vortigern vermutlich die geächtete, von Pelagius gegründete christliche Sekte unterstützt.

Wenn wir Gildas' Bewunderung für Ambrosius bedenken, gemeinsam mit der Bemerkung, daß er ›der einzige Römer‹ war, gehörte Ambrosius offenbar zu der pro-imperialistischen Fraktion, die in Britannien überlebte. Gildas' und Bedas Bezugnahmen auf königlich-römische Verbindungen, gemeinsam mit Nennius' Behauptung, daß Ambrosius' Vater ein römischer Beamter gewesen war, deutet darauf hin, daß er der Sohn des *Comes Britanniarum* gewesen sein könnte.

Was den *Comes Britanniarum* betrifft, macht das, was man von Constantius' Söhnen weiß, unwahrscheinlich, daß er einer von ihnen war. Doch er könnte ein Schwiegersohn gewesen sein, der den Familiennamen Aurelianus oder Aurelius trug. Ein Sohn des letzten römischen Gouverneurs, wenn auch nur durch Heirat, hätte für die pro-römische Fraktion in Britannien als Galionsfigur gelten können. Dies könnte auch Vortigern bewogen haben, eine Tochter von Maximus zu heiraten und seine eigene Dynastie zu legitimieren. Daher müßte Britu der Enkel von Kaiser Maximus gewesen sein, im Gegensatz zu Ambrosius als Enkel von Kaiser Constantius.

Das Versagen der Vortigern-Familie und die zerstörerischen Invasionen der Angelsachsen Mitte bis Ende der fünfziger Jahre könnten Britannien einen Rückschlag verpaßt und Sehnsucht nach den besseren Tagen der römischen Regierung geweckt haben. Nach der Vernichtung von Vortigern, oder eher Britu (der offensichtlich durch Bekenntnis zum Katholizismus wieder in der Thronfolge stand), scheint die pro-römische Fraktion an Macht gewonnen zu haben, und Ambrosius wurde der Anführer. Im Gegensatz zu Vortigern stand Ambrosius für die römischen Interessen, für den katholischen Glauben und die kaiserliche Regierung, die der neuen Stimmung unter den Leuten entsprach. Nach der Niederschlagung von Attila dem Hunnen (451) gab es eine Periode hoffnungsvoller Erwartung im ganzen Römischen Reich. Irgendein Wiederaufleben der Loyalität fand auf jeden Fall während der Zeit von Ambrosius statt, da es Berichte über ein britisches Kontingent gibt, das im Jahre 470 in Nordfrankreich für Kaiser Anthemius und die Wiederherstellung der römischen Autorität in Gallien kämpfte.

Nachdem wir uns mit diesen Ereignissen im frühen 5. Jahrhundert vertraut gemacht haben, wenden wir uns der Herkunft von Ambrosius zu. Obwohl man behaupten könnte, daß er aus ausländischem Exil heimkehrte, gibt es Hinweise darauf, daß er in einem der wenigen pro-römischen Königreiche in Britannien geblieben war. Wenn wir mit Nennius' Behauptung beginnen, daß er die Herrschaft über das westliche Britannien erlangte, zunächst im Königreich Gwynedd in Nordwales, und wir uns die Beweise ansehen, die uns die Archäologie liefert, erkennen wir, daß Gwynedd genau der Ort ist, an dem der römische Lebensstil sich während der ersten Hälfte des 5. Jahrhunderts am deutlichsten gehalten hat. Grabsteine deuten beispielsweise auf eine weiterbestehende römische Gesellschaft hin: sie tragen Inschriften wie *magistratus* (Magistrat) und *civis* (Bürger). Solche römischen Begriffe wären bedeutungslos, wenn nicht eine römische Art von Zivilisation weiterhin existiert hätte.

Mit der Ansicht, daß Ambrosius' Machtzentrale in Nordwales lag, kehren wir zur *Historia Brittonum* zurück, wo Nennius Ambrosius auch Gwledig Emrys nennt. *Gwledig* bedeutet Prinz, und *Emrys* ist die walisische Form von Ambrosius. Diese Version seines Namens findet sich in Zusammenhang mit Dinas Emrys, einer Bergfestung aus der Eisenzeit in Snowdonia in Nordwales (ungefähr eine Meile nordöstlich von Beddgelert), wo *Cyfranc Lludd a Llefelys,* die ›Geschichte von Lludd und Llefelys‹ im ›Weißen Buch von Rhydderch‹, Ambrosius' Machtzentrale lokalisiert. Obwohl das überlieferte Exemplar aus dem 14. Jahrhundert stammt, ungefähr von 1325, haben linguistische Analysen ergeben, daß die Geschichte sehr viel älter ist. Die Festung wurde mit Sicherheit um die richtige Zeit herum besetzt und war wahrscheinlich die wichtigste in der Gegend. Zwischen 1954 und 1956 unternahm Dr. H. N. Savory vom National Museum of Wales eine Ausgrabung der Festungsanlagen, bei der man herausfand, daß ein reicher und mächtiger britischer Anführer gegen Ende des 5. Jahrhunderts hier gewohnt hat. Ob nun Ambrosius dieser Anführer war oder nicht – dieser Teil Britanniens, das Königreich von Gwynedd, ist der wahrscheinlichste Ort für die Machtzentrale von Ambrosius.

Leider war aller Optimismus hinsichtlich der römischen Lebensart umsonst. Als der kaiserliche Feldzug in Gallien fehlschlug, war dies ein Zeichen für das Ende der römischen Militärherrschaft, und das westliche Reich brach zusammen. In Britannien jedoch geschah genau das Gegenteil: Die nationalistische Blütezeit brach an, wahrscheinlich die faszinierendste Zeit der britischen Geschichte. War dies die Zeit von König Artus? Es ist die Zeit, in der Nennius Artus ansetzt. Falls es wirklich die Zeit des historischen Artus war, woher stammte er?

Zusammenfassung

Um 460 erschien ein neuer und vollkommen anderer Anführer: Ambrosius Aurelianus, der das Land umorganisierte, um gegen die Angelsachsen zu kämpfen. Alles, was wir von Ambrosius wissen, steht in ein paar Zeilen bei Gildas und Beda, dazu eine Legende, die von Nennius wiedergegeben wird. Diese sagen aus, daß er der Sohn eines hochrangigen römischen Beamten war.

1   Von Gildas und Beda erfahren wir etwas über Ambrosius' Abstammung, wie zum Beispiel, daß seine Eltern

Purpur trugen. Da Purpur die Farbe der römischen Kaiser war, deutet dieser Hinweis darauf hin, daß er von einer angesehenen römischen Familie stammte. Außerdem starben seine Eltern während des sächsischen Angriffs. Da Gildas bewundernd von Ambrosius als ›Gentleman‹ spricht, muß er einen Gegensatz zu Vortigern gebildet haben, dem ›stolzen Tyrannen‹. Schließlich bezeichnet Nennius Ambrosius als Vortigerns Hauptrivalen und sagt uns außerdem, daß er der Sohn eines römischen Konsuls gewesen sei.

2   Es gibt Hinweise darauf, daß nach dem Abzug der Legionen im Jahre 410 ein Beamter von Kaiser Honorius abgestellt wurde, um die römischen Interessen in Britannien zu wahren. In den *Notitia Dignitatum*, dem römischen Register der kaiserlichen Beamten, gibt es einen Hinweis auf den *Comes Britanniarum* (Graf der Briten), eine Stellung, die kurz nach 410 ins Leben gerufen wurde. Dieser Beamte scheint der Kommandant einer Hilfsstreitmacht gewesen zu sein, die während des zweiten Jahrzehnts des 5. Jahrhunderts nach Britannien geschickt worden war. Der *Comes Britanniarum* könnte gut Ambrosius Vater gewesen sein.

3   Der *Comes Britanniarum* muß im Jahre 418 abgezogen worden sein, denn der *Anglo-Saxon Chronicle* sagt aus, daß die Briten in diesem Jahr den letzten der Römer verdrängten. Danach gründeten die Briten laut Gildas ihre eigene Republik. Leider brach in Britannien schon bald Unordnung aus, die aus dem Machtgewinn Vortigerns resultierte. Wie wir von Nennius entnehmen konnten, fand der Sohn des Konsuls, Ambrosius, zu dieser Zeit (425) Asyl in einer sympathisierenden Provinz.

4 Nachdem die Römer abgezogen waren, entstanden zwei Gruppen: eine, die für ein unabhängiges keltisches Britannien eintrat, die andere, die als Teil des Römischen Reichs weiter existieren wollte – die Nationalisten und die Imperialisten. Dieser Interessengegensatz wird durch archäologische Funde aus der Zeit bestätigt. Obwohl ein Großteil Britanniens wieder in die vorrömische Stammesherrschaft zurückfiel, hatte die römische Zivilisation in manchen Gegenden Bestand. Außerdem gab es eine religiöse Teilung: Die Katholiken wurden von den Imperialisten unterstützt, die Pelagianisten von den Nationalisten.

5 Wenn man bedenkt, daß Gildas ein katholischer Mönch war, deutet seine Bewunderung für Ambrosius sowie seine Behauptung, daß dieser ›der einzige Römer‹ gewesen sei, darauf hin, daß Ambrosius für die imperialistische Seite stand. Nach dem Versagen der Vortigern-Familie und der sächsischen Revolte Mitte der fünfziger Jahre gewannen die Imperialisten an Macht, und Ambrosius wurde wahrscheinlich der neue britische Anführer. Es ist möglich, daß eine prorömische Stimmung während der Zeit von Ambrosius aufkam, da man von einem britischen Kontingent weiß, das 470 für den Kaiser Anthemius kämpfte.

6 Nennius sagt, daß Ambrosius zunächst die Herrschaft über den Westen Britanniens erhielt, wahrscheinlich vom Königreich Gwynedd in Nordwales aus. Genau hier konnte die Archäologie ein Fortbestehen des römischen Lebensstils während der ersten Hälfte des 5. Jahrhunderts festmachen. Außerdem deutet eine frühe walisische Legende auf den Hauptsitz von Ambrosius bei Dinas Emrys hin, eine Bergfestung aus der Eisenzeit in Gwynedd. Zwischen 1954 und 1956 zeigten archäologische Ausgrabungen, daß ein reicher und mächtiger britischer Häuptling im späten 5. Jahrhundert hier lebte. Dies könnte Ambrosius selbst gewesen sein.

12

DIE
WURZELN

Irgendwann während der achtziger Jahre des 5. Jahrhunderts, als eine militärische Pattsituation zwischen den Briten und den Sachsen im Süden von England herrschte, scheinen die Angeln im Osten von Britannien eine ganze Reihe von schweren Niederlagen erlitten zu haben. Ambrosius, der damit beschäftigt war, die Verteidigungslinien am Themsetal zu verstärken, könnte einem seiner fähigsten Offiziere die Befehlsherrschaft für den Konflikt weiter im Norden überlassen haben. Eine Theorie lautet, daß dieser Leutnant ein Krieger war, dessen Verdienste unter Ambrosius ihm schließlich die Führung der gesamten britischen Streitkräfte eintrugen. War er der Kriegsherr, der von der Geschichtsschreibung ausgelassen werden sollte – der legendäre König Artus?

Irgend jemand muß im späten 5. Jahrhundert der Nachfolger von Ambrosius geworden und damit ein Kandidat für die Rolle des wahren, historischen Artus sein. Leider sagen uns die beiden wichtigsten Berichterstatter dieser Zeit nicht, wer dieser Anführer war. Um herauszufinden, ob dieser Anführer wirklich der legendäre König Artus war, müssen wir einige sehr wichtige Fragen stellen. Zu welcher Fraktion gehörte er? Welche Religion unterstützte er? In welche Familie wurde er hineingeboren? Kurz, wer war er?

Wie wir gesehen haben, gab es viele Differenzen unter den streitenden Kriegsherren der unterschiedlichen Königreiche, und die meisten gehörten zu einer der beiden politischen Gruppen. Beide Fraktionen wurden von unterschiedlichen christlichen Glaubensrichtungen unterstützt, und beide Glaubensrichtungen unterstützten eine der beiden Dynastien: die Vortigern-Familie auf der einen Seite, die Familie von Aurelianus auf der anderen. Wo könnte Artus hingehören? War er ein Nationalist oder ein Imperialist? Ein Katholik oder ein Pelagianer? Ein Vortigern oder ein Aurelianus? Irgendwo in den Wirren des späten 5. Jahrhunderts müssen wir nach dem historischen Artus suchen.

Wir wollen zunächst zu dem ersten Hinweis auf Artus zurückkehren, der *Historia Brittonum* von Nennius. Wir wir in Kapitel sechs gesehen haben, als wir die *Historia Brittonum* in bezug auf den Rang des rätselhaften Anführers untersuchten, sind die gelieferten Informationen enttäuschend, wenn man bedenkt, daß Artus einer der weltweit legendärsten Könige wurde. Es könnte sogar sein, daß er überhaupt kein König war, denn Nennius nennt ihn nur ›den Krieger Artus‹. Er braucht noch nicht einmal ein Brite gewesen zu sein. Wir hören, daß er nur *cum regibus brittonis,* ›mit den britischen Königen‹ kämpfte, was impliziert, daß er keiner von ihnen war. Trotzdem ist seine Stellung von hohem Rang, da er der *dux bellorum,* der ›Schlachtenführer‹, war.

Diese Unklarheiten bezüglich des Ranges von Artus haben zu Spekulationen geführt, er könne ein sächsischer Söldner gewesen sein. Doch dies ist sehr unwahrscheinlich. Man kann sich schwer vorstellen, daß der

Großteil der britischen Nation sich dem Schutz eines Angelsachsen unterstellt, und das so kurz nach den verheerenden Konsequenzen aus dem Handel mit Hengist und Horsa; außerdem kämpften die Briten gerade gegen die Angelsachsen.

Wer immer die Briten im letzten Jahrzehnt des 5. Jahrhunderts anführte, es war ohne Zweifel ein fähiger Führer. Die Tatsache, daß die Briten während dieser Periode stärker und geschlossener auftraten als je zuvor, wird nicht nur bei Gildas, Beda und im *Anglo-Saxon Chronicle* bestätigt, sondern auch durch die Archäologie. Es gibt zum Beispiel riesige Befestigungsanlagen in Form von Wällen, die zu dieser Zeit aufgeworfen wurden, so wie die bereits erwähnten in Lincolnshire und East Anglia. Die Positionierung des Grabens an der Ostseite des Walls ist ein klares Zeichen dafür, daß die Wälle zur Verteidigung gegen die Angriffe aus dem Osten gedacht waren. Ausgrabungen zeigen, daß die Erbauer Tonwaren römischen Stils verwendeten und Schuhe mit römischen Nägeln trugen. Mit anderen Worten: Es waren Briten, die sie errichteten, um ein weiteres Vordringen der Angeln zu verhindern. An der sächsischen Front finden sich lineare Erdwälle um das Themsetal, die von den Sachsen erbaut wurden, um eine feste Grenze zu setzen. Die Briten, die sich dagegen wehrten, waren sicherlich nicht mehr der unorganisierte Haufen, wie noch einige Jahre zuvor. Die britischen Streitkräfte waren jetzt eine ernsthafte Bedrohung.

Die massiven britischen Wälle deuten nicht nur auf große menschliche Reserven hin, ebenso wie die sächsischen Erdwälle auf eine mächtige britische Armee schließen lassen – beide Faktoren legen eine geeinte britische Nation nahe und, wichtiger noch, einen starken und entschlossenen Anführer. Wo könnte er hergekommen sein?

Zunächst scheint er einer von Ambrosius' Kommandanten gewesen zu sein, da William of Malmesbury behauptet, daß Artus Seite an Seite mit Ambrosius kämpfte. Zweitens gibt es keinen Hinweis bei Nennius auf irgendeinen Streit zwischen Ambrosius und Artus, wie es einen zwischen Ambrosius und Vortigern gab. Repräsentierte Artus damit die imperialistische Fraktion nach dem Abtritt von Ambrosius um 480? (Das genaue Datum von Ambrosius' Tod ist nicht bekannt, aber Artus war auf jeden Fall um 488 aktiv, wie Nennius uns sagt.) Es ist unwahrscheinlich, denn in den achtziger Jahren war jeglicher Imperialismus veraltet: Es gab kein Imperium mehr, zu dem man gehören hätte können. Das zerfallene Reich im Westen war im Jahre 476 endgültig zusammengebrochen, als der germanische Anführer Odoaker den Kaiser Romulus Augustulus besiegte und König von Italien wurde. Nur das östliche Reich überlebte im Südosten von Europa, wo es zum byzantinischen Reich wurde. Später gab es einen Versuch des byzantinischen Kaisers Justinian I., den Westen zurückzuerobern, der um 530 begann. Italien und ein Teil von Spanien wurden für kurze Zeit erobert, jedoch bald wieder verloren, und im Westen entstand keine neue Form des Reichs, bis der Papst im Jahre 800 Karl den Großen zum Kaiser krönte. Obwohl diese Institution später das Heilige Römische Reich genannt wurde, unterschied es sich doch deutlich vom früheren Rom und hatte keinen direkten Einfluß auf das Leben in Britannien.

Da das Reich nicht mehr bestand, hatte die imperialistische Fraktion in Britannien keine Orientierung mehr. Auf der anderen Seite scheint es nach dem Versagen der Vortigern-Familie sehr unwahrscheinlich, daß die Briten sich um die nationalistische Fahne versammelten. Wenn Artus der Führer der Briten während der letzten Dekade des 5. Jahrhunderts war, wofür stand er? Für eine Form von nostalgischem, romanisiertem Nationalismus, oder vielleicht für einen Kompromiß, der den gespaltenen Briten von der angelsächsischen Bedrohung aufgezwungen wurde? Der Feind war immerhin kein gewöhnlicher, sondern ein heidnischer. Und beide britischen Fraktionen, was auch immer sie trennte, waren christlich.

Mit dem Fall des Reichs und der selbstverursachten sächsischen Invasion hatten beide politischen Fraktionen in Britannien einen großen Rückschlag erlitten. Die kleinen Differenzen zwischen den Stammesanführern wurden außerdem von den Gefahren eines barbarischen Sieges überschattet. Doch ein sie vereinender Anführer mußte all ihre Ansichten einbeziehen oder eher neutral sein: ein Außenseiter. Ist es das, was Nennius meint – ein Krieger, der mit den britischen Königen als Anführer der Schlachten kämpfte? Auch wenn sein Name nicht Artus war, so mußte doch derjenige, der die Briten zu dieser Zeit anführte, dieser Beschreibung entsprechen. Bis wir das Thema untersucht haben, werden wir ihn weiter Artus nennen. Die nächstliegende Aufgabe ist nun, die Herkunft dieses Anführers herauszufinden.

In dem Jahrhundert nach dem Abzug der Römer hatten sich die meisten der alten britischen Stämme wieder eigene Königreiche geschaffen. Wo immer Artus herstammte, seine Machtzentrale lag wahrscheinlich in einem dieser Reiche. Aber in welchem?

Der Cantii-Stamm in Kent war von den Sachsen vollständig unterworfen worden, wie auch die Trinovantes von Essex. Weiter nördlich in Suffolk und East Anglia waren die Iceni, einstmals der Stamm der Kriegerkönigin Boudicca, von den Angeln geschlagen worden, wie bereits die Coritani und die Parisii im Norden und Osten.

Da diese Gegenden dementsprechend neutralisiert worden waren, müssen wir uns den Stammesregionen zuwenden, die Mitte der achtziger Jahre noch von den Angelsachsen unabhängig waren.

Die Lage im hohen Norden sah wie folgt aus: der Novantae-Stamm im Westen des Landes hatte das Königreich Rheged gegründet und die Brigantes südlich von ihnen das Königreich Elmet. Diese Gegenden waren nicht nur wiederholten Angriffen der Pikten ausgesetzt, sondern auch den Plünderungen der Iren. Keine dieser Gegenden konnte die politische und militärische Basis sein, von der aus man den Rest Britanniens vereinen und anführen konnte. Was den Süden betrifft, so hatten die Atrebates von Wiltshire und Berkshire eine Anzahl kleinerer Königreiche gebildet, wie auch die Durotriges von Dorset, die Belgae von Somerset und die Regenenses von Hampshire. Da diese Königreiche zu klein und zerstückelt waren, um irgendeine Form starker Anführerschaft zu leisten, müssen wir die größeren und stabileren Königreiche der Midlands, des Südwestens und in Wales untersuchen.

Neben einigen kleinen Bergkönigreichen im Süden von Zentralwales, wie Buellt und Brycheiniog, scheint es nur noch fünf andere Königreiche gegeben zu haben. Im Westen von Wales: Gwynedd im Norden, die alte Stammesgegend der Deceangli; Dyfed im Süden, die alte Stammesgegend der Demetae. Im Osten von Wales: der Stamm der Silures im südlichen Königreich von Gwent; und im nördlichen und mittleren Teil der Provinz das riesige Cornovii-Königreich von Powys, welches außerdem einen großen Teil der westlichen Midlands besaß. Das letzte Königreich war Dumnonia vom Dumnonii-Stamm in Devon und Cornwall.

Da nur wenig über diese Königreiche bekannt ist, wol-

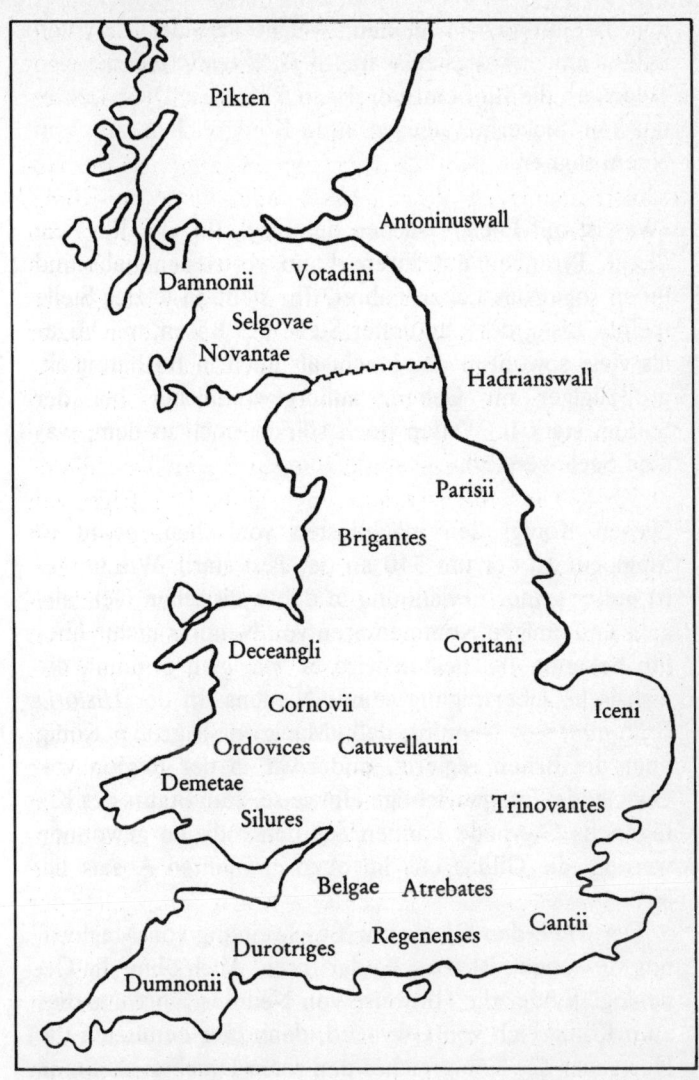

Stämme des römischen Britanniens.

len wir mit dem beginnen, welches zu der Zeit von Gildas am mächtigsten war. Im *De Excidio* wendet sich Gildas an die fünf einflußreichsten Könige. Diese gehörten mit Sicherheit diesen fünf Königreichen an. Von einem sagt er:

»Was ist mit Euch, Drachen der Insel, Ihr, der Ihr viele dieser Tyrannen aus ihrem Land vertrieben habt und ihnen sogar das Leben nahmt? Ihr steht an letzter Stelle meiner Liste, doch an erster Stelle des Bösen, mächtiger als viele sowohl in der Macht als auch in Boshaftigkeit, großzügiger im Geben, außergewöhnlicher bei der Sünde, stark in Waffen doch stärker noch in dem, was eine Seele zerstört.«

Diesen König, den mächtigsten von allen, nennt er Maglocunus, der um 540 an der Pest starb. Wie immer ist außer seiner Erwähnung in den walisischen Genealogien und einigen Kommentaren von Nennius nichts über ihn bekannt. Bei beiden wird er Maelgwn genannt, die walisische Übertragung seines Namens. In der *Historia Brittonum* sagt Nennius, daß »Maelgwn als großer König über die Briten regierte, und zwar in der Region von Gwynedd«. Einige wichtige Hinweise, zum Status des Königreichs Gwynedd können aus den Indizien gewonnen werden, die Gildas uns im oben erwähnten Absatz liefert.

Der Titel, den Gildas zur Beschreibung von Maglocunus verwendet, ist ›Drache der Insel‹. Auch ohne die Genealogien oder die Hinweise von Nennius führt uns dies zum Königreich von Gwynedd, denn hier benutzten die Herrscher des Königreiches den roten Drachen als Stammesemblem. Dieses Emblem, das schließlich von ganz Wales übernommen wurde, fand sich ursprünglich bei den späteren römischen Kaisern. Seine Verwendung im Königreich Gwynedd paßt gut zu dem, was wir über ihre starke Reichsloyalität wissen. Tatsächlich bezeichnen frühe walisische Gedichte die Könige von Gwynedd oft als ›Drachen von Britannien‹ oder als ›Hauptdrachen‹.

Es ist sicherlich kein Zufall, daß Geoffrey of Monmouth Artus Vater Pendragon nennt, der walisische Ausdruck für ›Hauptdrache‹. Natürlich heißt das nicht automatisch, daß Geoffrey Zugang zu irgendeinem Werk hatte oder eine Legende kannte, die die Artus-Familie mit Gwynedd verband. Es könnte einfach die allgemeine Anrede für einen walisischen König sein. Doch diese Anspielung, die offensichtliche Stärke Gwynedds in der Zeit nach Artus und Ambrosius' Verbindung zu diesem reichstreuen Königreich weisen deutlich auf die Bedeutung dieser Gegend für den Hintergrund von Artus hin.

Pendragons Vorname Uther entstand sicherlich aus dem walisischen Wort *uthr,* was ›schrecklich‹ bedeutet – daher bedeutet sein Name ›der schreckliche Hauptdrache‹. Wieder scheint es, daß Uther Pendragon wie schon Vortigern, der ›Oberherr‹, nur ein weiterer Beiname oder Titel ist. Es ist verlockend anzunehmen, daß Geoffrey of Monmouth nur den Titel von Artus' Vater kannte. Er behauptet, dieser sei nach dem Tod von Ambrosius König geworden und konstruierte auf diese Weise dessen Namen. Doch wie wir gesehen haben, vermischt Geoffrey seine historischen Charaktere ständig miteinander und schreibt ihnen Verwandtschaften außerhalb von Zeit und Raum zu, wie er es bei Constans tut, den er den Bruder von Ambrosius nennt. Doch wir haben auch nützliche Halbwahrheiten in Geoffreys Werk gefunden, wie zum Beispiel, daß Constans der Sohn von Constantius war.

Wie war das verwandtschaftliche Verhältnis zwischen

Uther und Ambrosius? Obwohl sie wohl eher keine Brüder waren (wie Geoffrey sie beschreibt) könnte Uther die Regentschaft von Gwynedd übernommen haben, als Ambrosius der Herrscher von ganz Britannien wurde. Die wichtigste Frage betrifft jedoch das Verhältnis des Herrschers von Gwynedd zu Artus, ob es nun Uther oder jemand anderes war: War Artus der Nachfolger eines Königs von Gwynedd? Nennius' unklare Äußerungen scheinen dies auszuschließen. Wir bereits gesagt, erzählt er uns, daß Artus »mit den britischen Königen« kämpfte, was darauf hindeutet, daß Artus selbst kein König war. Doch es könnte auch eine andere Erklärung für diese Bemerkung geben. Will Nennius uns sagen, daß Artus zwar ein König aber kein Brite war? Wenn er kein König war, warum sagt Nennius nicht einfach, daß Artus »die britischen Könige *führte*« anstatt zu sagen, »er kämpfte *mit* den britischen Königen«, was die Schlußfolgerung zuläßt, daß er mit ihnen gleichstand? Könnte Nennius meinen, daß Artus ein fremder König war? Diese Hypothese bringt uns wieder zum Königreich Gwynedd. Die Könige, die in dieser Gegend herrschten, scheinen keine Briten im strengen Sinn des Wortes gewesen zu sein, denn sie kamen aus Manau Guotodin, nördlich des Hadrianwalls im heutigen Schottland. Sie waren insofern britisch, als sie auf der Insel Britannien lebten, doch sie waren keine Briten, denn der Name gilt nur für die Einwohner des heutigen England und Wales. In Nennius' Absatz bezüglich Maelgwn (Maglocunus) sagt er weiter:

»Sein Vorfahre, der Cunedag war, mit seinen Söhnen, acht an der Zahl, kam ehemals aus dem nördlichen Teil, das heißt aus der Region, die Manau Guotodin heißt, 146 Jahre bevor Maelgwn regierte und die Schotten nach einem großen Gemetzel aus diesen Regionen vertrieb.«

Die walisischen Genealogien am Ende der *Annales Cambriae* beziehen sich auch auf diesen Vorfahren von Maglocunus und seine Besetzung von Nordwestwales, obwohl er hier Cunedda genannt wird. Die *Annales* sagen, daß das neu besetzte walisische Königreich sich »vom Fluß mit dem Namen Dubr Duiu (der Dee) bis zum Fluß Tebi (der Teifi, der bei Dardigan ins Meer fließt)« erstreckte. In den *Annales* jedoch finden wir einen Widerspruch zu Nennius' Datierung. Hier hören wir, daß Cunedda Maglocunus Urgroßvater war, was bedeutet, daß nur zwei Generationen die Männer trennten – sicherlich eine viel kürzere Zeit, als Nennius uns glauben machen will.

Wir wollen zunächst die Zeit untersuchen, in der die *Historia Brittonum* die Ankunft von Cunedda und seinen Männern ansiedelt, nämlich 146 Jahre vor der Herrschaft von Maglocunus. Obwohl der genaue Herrschaftsbeginn von Maglocunus unbekannt ist, setzt man ihn allgemein um 520 an. Geht man 146 Jahre zurück, befinden wir uns in den 370er Jahren, kurz vor der Zeit von Magnus Maximus. Was diese Zeit betrifft, haben archäologische Ausgrabungen bei der Festung von Segontium (Caernarvon), der römischen Hauptgarnison von Nordwestwales, ergeben, daß die letzten Gebäude um 370 errichtet wurden und eine intensive Bewohnung um 385 endete, als Magnus Maximus Britannien verließ, um das Reich zu erobern.

Dies *könnte* die Ankunftszeit von Cuneddas Männern gewesen sein. Vielleicht wurden sie eingeladen, sich in der Gegend anzusiedeln und sie zu beschützen, bis die reguläre Armee gestärkt war. Dies war die allgemeine Politik des späten Römischen Reichs: eine freundlich gesinnte barbarische Armee einzuladen, um die Gegend vor plündernden Stämmen zu sichern. Doch es gibt ein überzeugendes Argument gegen dieses Szenario. Die historischen Hinweise, die das Gebiet von Gwynedd betreffen, würden das, was Nennius sagt, widerlegen. Er sagt uns, daß Cunedda und seine Söhne »die Schotten mit einem großen Gemetzel aus diesen Regionen vertrieben«. Die Schotten, auf die er sich in diesem Absatz bezieht, sind die Scotti, ein römischer Begriff für die Iren, der soviel bedeutet wie ›Räuber‹ oder ›Banditen‹. In den letzten Tagen des Reichs siedelten sich die Scotti in großer Anzahl im Südwesten von Schottland an und hatten bis zum 9. Jahrhundert das gesamte Land besiegt. Tatsächlich ist der Name Schottland von Scotti hergeleitet. Jede Annahme, daß die Iren sich in Nordwestwales ansiedelten, während Segontium immer noch eine Garnison war, ist sehr unwahrscheinlich, wenn man die römische Militärpräsenz bedenkt. Außerdem zeigen archäologische Funde, daß die Garnison weiterhin bestand, allerdings mit kleinerer Streitmacht, bis die Legionen 410 schließlich ganz abzogen.

Wenn also die Zeittafel, die uns von Nennius angeboten wird, nicht mit archäologischen Funden übereinstimmt, was können wir dann von den *Annales* lernen, die uns erklären, daß Maglocunus der Urenkel von Cunedda war? Da Cuneddas Sohn Enniaun Girt (Maglocunus' Großvater) alt genug war, um mit Cunedda zu kämpfen (wie wir von Nennius wissen), können wir daraus schließen, daß *sein* Sohn (Maglocunus' Vater) innerhalb von 30 Jahren nach der Landung in Gwynedd geboren wurde. Wenn wir zudem weitere 30 Jahre bis zur Geburt von Maglocunus hinzuaddieren, plus weitere 30 bis zu seiner Regierung, haben wir ungefähr 90 Jahre, höchstens 100. Dies führt uns bis zum Jahr 430 zurück. Zu dieser Zeit litt Gwynedd auf jeden Fall unter wiederholten Plünderungen der Iren.

Vielleicht war es deshalb Vortigern, der Cunedda eingeladen hat.

Dieses Datum haben wir jedoch bei Annahme der
längsten Periode erreicht, die zwischen Cuneddas Ankunft und dem Beginn von Maglocunus' Herrschaft
gelegen haben könnte. Es ist sehr viel wahrscheinlicher,
daß Maglocunus' Vater innerhalb von zehn Jahren nach
Cuneddas Ankunft in Gwynedd geboren wurde, und
Maglocunus selbst innerhalb von 25 Jahren. Fügt man
weitere 25 Jahre bis zum Beginn seiner Herrschaft hinzu,
erhält man eine reellere Kalkulation von ungefähr 60 Jahren. Falls dies der Fall war, brächte uns dies in die Zeit
um 460 zurück, die Zeit von Ambrosius, eine weitaus
wahrscheinlichere Zeit. Aus den Hinweisen von Gildas
und Beda kann man schließen, daß der westliche Teil Britanniens während der ersten Hälfte des 5. Jahrhunderts
immer wieder von den Iren überfallen wurde, nachdem
die römischen Legionen fort waren. Falls das Königreich
von Gwynedd die Machtbasis für Ambrosius in dieser
späteren Periode gebildet hat, muß ihm gegen die Iren
Unterstützung zugekommen sein.

Nach den *Annales* wurde Maglocunus' Großvater
Enniaun Girt König von Gwynedd. Die Cunedda-Familie
regierte das Königreich also mindestens zwei Generationen lang, bevor Maglocunus um 520 an die Macht kam.
Wenn Artus in den 490er Jahren herrschte und seine
Wurzeln in Gwynedd lagen (das das mächtigste britische
Königreich zu dieser Zeit war), ist es sehr wahrscheinlich, daß er zur Cunedda-Familie gehörte. Wir müssen
deshalb die Cunedda-Dynastie genauer untersuchen.

Zusammenfassung

Wir haben versucht herauszufinden, wer König Artus wirklich war. Der plausibelsten Annahme nach ist er ein Prinz von Gwynedd, der die britischen Nationalisten und Imperialisten des späten 5. Jahrhunderts vereinte.

1   Daß die Briten in der letzten Dekade des 5. Jahrhunderts stärker und vereinter waren, wird nicht nur bei Gildas, Beda und dem *Anglo-Saxon Chronicle* deutlich, sondern auch durch die Archäologie. Es gibt beispielsweise bedeutende Verteidigungsanlagen, die von den Briten zu dieser Zeit im ganzen Osten von Britannien errichtet wurden. Obwohl dies auf einen starken und entschlossenen Führer hinweist, wird dieser in keinem der überlieferten Dokumente aus den folgenden drei Jahrhunderten erwähnt. Nennius' *Historia Brittonum* ist die erste, die uns erzählt, daß der Führer Artus hieß.

2   Von den britischen Königreichen, die nicht von den Angelsachsen besetzt waren, gab es nur fünf, die stark genug waren, um Artus' Hausmacht zu bilden: Gwynedd in Nordwales, Dyfed und Gwent in Südwales, Dumnonia in Südwestengland und Powys in den westlichen Midlands und Zentralwales. Die Hinweise auf das mächtigste dieser Königreiche kommen von Gildas. Als er schrieb – ungefähr 50 Jahre nach der Schlacht von Badon –, war Gwynedd das mächtigste Königreich. Dies, gekoppelt mit Ambrosius' Verbindung zu dieser Gegend vor Artus, bedeutet, daß Gwynedd eine führende Rolle in dieser Ära innehatte. Es wird damit zu einem starken Kandidaten für Artus' ursprüngliches Königreich.

3   Weitere Hinweise darauf, daß Gwynedd das König-

reich von Artus war, kommen von Geoffrey of Monmouth, der Artus' Vater als Uther Pendragon bezeichnet. Im Walisischen bedeutet dieser Name ›schrecklicher Hauptdrache‹. Mitte des 5. Jahrhunderts hatten die Herrscher von Gwynedd das Symbol des roten Drachens in ihr Wappen aufgenommen, und in der walisischen Versliteratur des Dunklen Zeitalters werden die Könige von Gwynedd oft als ›Drachen von Britannien‹ oder als ›Hauptdrachen‹ bezeichnet. Als Gildas sich an Maglocunus, den König von Gwynedd, wendet, nennt er ihn ›Drachen der Insel‹. Falls Uther Pendragon wirklich Artus' Vater war, muß Artus der Sohn eines Königs von Gwynedd gewesen sein.

4   Nennius scheint der Meinung zu sein, daß Artus kein Brite war. Wenn er es doch war, warum sagt Nennius dann nicht einfach, daß Artus »die britischen Könige *führte*« anstatt zu sagen, daß er »*mit* den Briten kämpfte«? Nennius möchte offenbar die Aufmerksamkeit auf einen besonderen Umstand lenken. Könnte dies bedeuten, daß Artus ein ausländischer König war? Diese Möglichkeit bringt uns wieder zum Königreich Gwynedd zurück. Die Könige, die diese Region beherrschten, scheinen keine Briten gewesen zu sein. Sowohl Nennius als auch die *Annales Cambriae* sagen, daß die Könige von Gwynedd Nachfolger Cuneddas seien, einem Krieger aus der schottischen Gegend von Manau Guotodin.

5   Aus den *Annales* und von Nennius können wir schließen, daß Cunedda Maglocunus' Urgroßvater war, der von der Bevölkerung Gwynedds eingeladen wurde, um sie vor den irischen Plünderern zu schützen. Nach archäologischen Hinweisen, gemeinsam mit Gildas und Beda, scheint dieses Ereignis am wahrscheinlichsten um

460 gewesen zu sein. Da dies die Zeit ist, in der Ambrosius an die Macht kam, ist es möglich, daß Cunedda ihm dabei half, die Vortigern-Familie zu stürzen.

6   Da die Genealogien in den *Annales* von Cuneddas Sohn Enniaun Girt berichten, der nach Cuneddas Tod König von Gwynedd wird, scheint es, daß die Cunedda-Familie während oder kurz nach der Zeit von Ambrosius die Herrschaft im Königreich übernahm. Wenn man annimmt, daß diese Periode von Cuneddas Nachkommen bis zur Zeit von Gildas andauerte, ist es sehr wahrscheinlich, daß Artus ein Mitglied dieser Familie war.

13

DIE
VOTADINI

Manau Guotodin, von wo
Cunedda stammte, war eine Gegend um den Firth of
Forth in der Nähe von Edinburgh, die den nördlichen
Teil des keltischen Königreichs Gododdin bildete. Sie ist
ungefähr so groß wie das heutige Lothian. Obwohl die
Einwohner hauptsächlich piktischer Abstammung waren,
gab es einen Stamm mit dem Namen Votadini, der
während des Römischen Reichs den Römern sehr positiv
gegenüberstand. Dies lag daran, daß ihr Königreich in
einer Gegend lag, die während der römischen Besatzung
Britanniens niemals wirklich römisch oder piktisch gewesen war. Nach dem griechischen Geographen Ptolemäus
aus dem 2. Jahrhundert verlief das Königreich des Votadini-Stammes vom Firth of Forth bis nach Süden zum
Fluß Wear. Moderne Ausgrabungen haben ergeben, daß
sich die Hauptstadt des Stammes bei der Yeavering Bell
Bergfestung bei Wooler nahe Bamburgh befunden hat.

Das Wort Pikten bezeichnet keinen bestimmten
Stamm. Es ist eher eine römische Bezeichnung für ›be-
malte Männer‹ und wurde für jeden britischen Stamm
verwendet, der außerhalb der Grenzen des Reichs lebte.
Die alten britischen Krieger, die gegen die römische Invasion kämpften, bemalten sich mit Waid (einer blauen

Farbe), bevor sie in die Schlacht zogen. Die piktischen Stämme des Nordens erhielten den Namen, da sie diesen Brauch fortführten.

Im Jahre 43, als Britannien von Kaiser Claudius erobert und eine Inselprovinz des römischen Reichs wurde, gelang es nicht, das schottische Hochland zu unterwerfen. Die wilden nördlichen Stämme dieser Berggegend plünderten regelmäßig die römischen Städte im Norden Englands und in der schottischen Tiefebene. Zu Beginn des 2. Jahrhunderts, als die Pikten sogar die Stadt York besetzten und eine Legion von 5000 Männern überwältigten, kam Kaiser Hadrian nach Britannien und befahl im Jahre 122 die Errichtung eines großen Verteidigungswalls im Norden von England. Bei Vollendung des Baus zwischen Newcastle und Solway Firth war er 73 Meilen lang, fünf Meter hoch und ungefähr zwei Meter fünfzig dick; er besaß 16 Forts, jedes mit ungefähr tausend Männern besetzt.

Doch der Hadrianswall wurde nicht an den Grenzen des Reichs errichtet. Die römische Besatzungszone erstreckte sich noch 50 Meilen weiter nördlich. Römische Forts existierten bereits in diesem Teil Schottlands und wurden seit der Zeit von Claudius als Grenzposten des Reichs angesehen. An dieser Grenzlinie errichtete Hadrians Nachfolger Antoninus Pius einen weiteren Wall, der sich über die 36 Meilen zwischen den Mündungen des Clyde und Firth erstreckte. Anders als der Hadrianswall, der aus Stein gebaut wurde, bestand der Antoninuswall aus einem riesigen geraden Erdwall, der von einer hölzernen Palisade gekrönt und durch einen tiefen Graben verstärkt wurde. Um 200 jedoch wurde dieser zweite Wall verlassen, und der Hadrianswall bildete jetzt die Grenze des römischen Reichs.

Da das Königreich der Votadini zwischen dem Antoninus- und dem Hadrianswall lag, war es seit über einem Jahrhundert Teil des Reichs gewesen. Aus diesem Grund war das Verhältnis zwischen den Votadini und dem Reich während der nächsten zweieinhalb Jahrhunderte gut. Die Römer boten ihnen Schutz gegen die Pikten, während die Votadini die Überwachung dieser Pufferzone unterstützten; ähnlich verhielten sich die anderen beiden Stämme im heutigen Südschottland, die Selgovae und die Damnonii. Doch im frühen 5. Jahrhundert, noch bevor die Römer Britannien verlassen hatten, siedelten sich die Scotti im Südwesten von Schottland an, überwältigten die Damnonii und bedrohten die Selgovae.

Und so hatten die probritischen Votadini kurz nach dem Abzug der Legionen an drei Fronten mit Schwierigkeiten zu kämpfen: Die Angeln überfielen die Küste, die Pikten plünderten im Norden und die Scotti drängten von Westen näher. Die Votadini müssen sehr mutige Menschen gewesen sein, denn es gelang ihnen bis zum frühen 7. Jahrhundert, sich gegen diese vereinten Kräfte zu stellen.

Es dürfte nicht schwierig für Ambrosius gewesen sein, die Votadini dazu zu bewegen, sich in Nordwestwales anzusiedeln. Im Gegenzug für ihren militärischen Einsatz gegen die Iren sollten die Votadini neues Land erhalten, auf dem sie sich niederlassen konnten. Tatsächlich waren sie der imperialistischen Fraktion von Gwynedd sehr ähnlich: Keiner hatte mehr Grund, die Rückkehr der Legionen zu ersehnen, als die Menschen von Gododdin, die von drei Fronten her bedrängt wurden.

Daß Cunedda und die Krieger der Votadini sich im späten 5. Jahrhundert in Nordwestwales ansiedelten, kann man anhand ihrer Tonwaren nachweisen. In Gwynedd wurde charakteristisches Geschirr der Votadini gefunden, das aus der zweiten Hälfte des 5. Jahrhunderts stammt;

dies bestätigt nicht nur einen Abzug aus Gododdin, sondern legt auch den Zeitpunkt ihrer Ankunft in die Zeit
von Ambrosius. Außerdem findet man den Affix ›Cun‹
oder die walisische Form ›Cyn‹ der Cunedda-Familie auf
Grabsteinen und in der Genealogie von Gwynedd. Er
taucht in Maglocunus und im Namen seines Cousins
Cuneglausus auf, den Gildas ebenfalls erwähnt. Zudem
zeigen die Genealogien, daß Cuneddas Vorfahren eine
Mischung aus piktischen und römischen Namen trugen.
Die Auswanderung der Votadini unter der Führung von
Cunedda, wie sie in der *Historia Brittonum* und den
Annales Cambriae erwähnt wird, war daher sicherlich ein
historisches Ereignis. Sie hat auch Bedeutung für die
Abstammung von Artus. War Artus' Vater einer der Vota-
dini, vielleicht Cunedda selbst oder einer seiner Söhne?
Die Hinweise dieses Kapitels deuten in diese Richtung.
Da es für die Entdeckung des Geheimnisses um König
Artus wichtig ist, fassen wir hier zusammen:

1. Gwynedd war zur Zeit von Gildas (um 545) ohne
Zweifel das mächtigste Königreich. Man kann daher annehmen, daß dies ein Vermächtnis aus der Artuszeit war.

2. Das Königreich, aus dem Ambrosius stammte, war mit
großer Wahrscheinlichkeit Gwynedd, und da Artus eher
der Nachfolger von Ambrosius als sein Kontrahent war,
folgt daraus, daß Artus aus dem gleichen Königreich
stammte.

3. Der Name von Artus' Vater in Geoffrey of Mon-
mouths *Historia* ist Uther Pendragon, was ›schrecklicher
Hauptdrache‹ bedeutet – ein Titel, der dem König von
Gwynedd im späten 5. Jahrhundert entsprach.

4. Die Votadini scheinen zur Zeit von Ambrosius in Gwynedd angekommen zu sein, vielleicht weil es ihm gelungen war, die Vortigern-Familie zu stürzen. Wenn Artus' Vater der König von Gwynedd war, muß er ein Votadini gewesen sein.

5. Nennius weist darauf hin, daß Artus kein britischer König war, vielleicht noch nicht einmal britischer Nationalität. Doch er nimmt den gleichen Rang wie die britischen Könige ein. Solch eine Beschreibung würde zu einem König der Votadini passen, die zwar keine Briten waren, doch Vertrauensleute im Kampf gegen den gemeinsamen Feind.

6. Nach der fehlgeschlagenen Politik der Vortigern und dem schließlichen Zusammenbruch des westlichen Reichs konnte nur ein neutraler Anführer eine vereinte Gefolgschaft hinter sich bringen. Ein Votadini besaß ideale Voraussetzungen, wenn man bedenkt, daß sich die britischen Anführer untereinander nicht vertrauten.

7. Wenn Artus den Votadini angehörte, war er sicherlich ein idealer Anführer der britischen Armeen. Er stammte aus einem erprobten Kriegsvolk, dessen Mitglieder eigene Erfahrungen im Kampf mit den Angelsachsen, den Scotti und den Pikten besaßen. Wichtiger noch: Die politischen und religiösen Zwistigkeiten, die die Menschen von Britannien gespalten hatten, waren an ihm vorübergegangen.

Es scheint also, daß wir in den Votadini von Gwynedd die plausibelsten Kandidaten für Artus' Volk finden können. Doch gibt es irgendeine Bestätigung für diese Theorie? Den Ausschlag gibt Gildas selbst, doch bevor wir dies untersuchen wollen, sollten wir den wohl ältesten Hinweis auf Artus betrachten, ein altes keltisches Gedicht mit dem Titel *Gododdin* – ein Werk, das sehr viel älter ist, als die Artusgedichte aus Wales, die wir vorher untersucht haben. Wie sein Titel vermuten läßt, stammt es aus dem Königreich der Votadini.

Dieses Heldengedicht wird einem Barden der Votadini mit dem Namen Aneirin zugesprochen und befaßt sich mit dem Schicksal einer Gruppe von Kriegern aus dem Königreich von Gododdin, die sich aufmachen, um gegen die Angelsachsen in Yorkshire zu kämpfen. In einem Absatz beschreibt der Dichter den Mut eines bestimmten Helden, Gwawrddur, und sagt, daß obwohl dieser tapfer kämpfte, ›er kein Artus‹ war. Dies ist verwirrend. Warum sollte dieser vereinzelte piktische Stamm aus Schottland zu Beginn ihrer Niederlage einen britischen Krieger namens Artus als Sinnbild für militärische Fähigkeiten nennen? Es ist schwierig, sich einen votadinischen Dichter vorzustellen, der die Tapferkeit seines Stammes lobt und gleichzeitig zugibt, daß einer ihrer größten Helden nicht vergleichbar mit einem der Briten sei. Außer, Artus wäre selbst ein Votadini gewesen.

Gododdin spielt gegen Ende des 6. Jahrhunderts, als die Votadini tapfer, aber erfolglos gegen die Angelsachsen kämpften, die vor ihrem Königreich standen. Die Präsenz von Artus in diesem Gedicht hat viele Gelehrte zu der Schlußfolgerung veranlaßt, daß er aus einem nördlicheren Königreich stammte. Doch es könnte genausogut ein Hinweis darauf sein, daß Artus aus Gwynedd im Nordwesten von Wales stammte, das ebenfalls ein Königreich der Votadini bildete.

Das Gedicht, wie wir es kennen, ist in zwei Exemplaren aus der Mitte des 13. Jahrhunderts überliefert und liegt heute in der Public Library in Cardiff. Doch seinem

Schreibstil nach scheint es aus dem 9. Jahrhundert zu stammen. Leider bedeutet dies, daß das Gedicht wahrscheinlich mündlich überliefert wurde, bis jemand sich entschloß, es niederzuschreiben. Allgemein nimmt man an, daß *Gododdin* kurz nach Ende des 6. Jahrhunderts verfaßt wurde, denn die Art der Kriegsführung, die es beschreibt, paßt zu dieser Zeit. Von großer Bedeutung für unseren Fall ist, daß die Erwähnung von Artus offenbar aus dem ursprünglichen Gedicht des 6. Jahrhunderts überliefert wurde. Dies kann man anhand des Reimschemas nachweisen: Sein Name reimt sich mit den Ende der vorigen Zeile, und zwar in einem Dialekt, der im 6. Jahrhundert gebräuchlich war, und nicht um 800. In der britischen Sprache lauten die Zeilen, die sich auf Artus beziehen:

> *gochone brein du ar uur*
> *caer ceni bei ef Arthur*

Die deutsche Übersetzung lautet:

> »Er fütterte schwarze Raben auf den Mauern
> des Forts, obwohl er nicht Artus war.«

Mit anderen Worten: Er fütterte die Raben mit den Leichen der Feinde.

Bedenkt man, daß der Schreiber die Niederlage der Votadini gegen die Angelsachsen beklagt, scheint die Erwähnung von Artus ein Zurücksehnen nach den militärischen Glanzzeiten des Stammes auszudrücken, als sie gegen die Angelsachsen Erfolg hatten und von einem siegreichen Krieger namens Artus geführt wurden.

Gododdin bestätigt nicht nur, daß Artus ein Votadini

war, sondern bekräftigt auch die Verbindungen zwischen Gododdin und Gwynedd. Das Gedicht beschreibt, daß einer der Krieger, Gorthyn, mit einer großen Gruppe Soldaten von Gwynedd nach Gododdin gekommen sei. Warum hätte er das in einer Zeit großer Zwistigkeiten tun sollen, außer wenn enge Verbindungen zwischen den beiden Dynastien bestanden? Es ist verlockend zu spekulieren, daß der Dichter Artus erwähnt, weil das Kriegsoberhaupt selbst ein Nachkomme von Artus war.

Wir wenden uns nun dem faszinierendsten Element der Überlegung zu, ob Artus ein Mitglied des Königshauses von Gwynedd war. Warum hat man nach seiner Zeit drei Jahrhunderte lang nichts gefunden – keinen beschrifteten Stein, kein geschriebenes Dokument oder ein zeitgenössisches Zeugnis –, das den Namen von König Artus trägt? Wir könnten antworten: »Weil er nicht existierte.« Doch es gibt eine andere Möglichkeit. Artus könnte nicht sein wirklicher Name gewesen sein. Wie bei Vortigern und Uther könnte der Name Artus ein Beiname oder Titel sein.

Verschiedene Gelehrte haben vermutet, daß der Name Artus eine britische Ableitung des römischen Namen Artorius sei, so wie aus Ambrosius Emrys, aus Vortigern Gwyrtheyrn oder aus Maglocunus Maelgwn in der späteren walisischen Sprache wurde. Diese Vermutung verbreitete sich, als das Gedicht *Artorius* von John Heath-Stubbs 1973 veröffentlicht wurde, gefolgt von John Gloags Geschichte *Artorius Rex* aus dem Jahre 1977. Obwohl man belegte, daß ein römischer Soldat mit dem Namen Lucius Artorius Castus während des späten 2. Jahrhunderts als Offizier in Britannien diente, und ein weiterer mit dem Namen Artorius Justus im 3. Jahrhundert dort war, ist dies kein Beleg dafür, daß ›Artorius‹ die ursprüngliche Version des Namens Artus ist. Tatsache ist, daß keiner, der den Namen Artorius, Artus oder einen ähnlichen trug, mit einem historischen Krieger in Verbindung gebracht werden kann, der um 500 lebte.

Der Name Artus erscheint bis zum Ende des 6. Jahrhunderts in keinem Dokument. Um diese Zeit erwähnen nicht weniger als *sechs* der verschiedenen britischen Genealogien den Namen Artus, was darauf hinweist, daß die königlichen Familien dieser Zeit ihre Söhne nach berühmten Kriegern der Zeit benannten, wie auch die Engländer nach 1885 ihre Söhne Gordon nannten, zum Gedenken an die heldenhaften Taten von General Gordon bei Khartoum. Die Tatsache, daß der Name nicht früher auftaucht, deutet darauf hin, daß der Name erst kurz zuvor aufkam. König Artus könnte die erste Person mit diesem Namen gewesen sein, was der Theorie, daß er eigentlich ein Titel war, noch mehr Gewicht verleiht. Dies scheint auch mit Vortigern geschehen zu sein, denn eine Vielzahl von Prinzen erhielten in den Jahrhunderten nach Vortigern diesen Namen.

Wenn Artus also eine Art Beiname war, was könnte er bedeuten? Die englische Version dieses Namens lautet *Arthur*. Die erste Silbe *Arth* aus der britischen Sprache, die auch im heutigen Walisisch noch vorkommt, bedeutet ›Bär‹. Wenn der Krieger, der die Briten im späten 6. Jahrhundert anführte, der Bär genannt wurde, wäre er nicht der erste Krieger gewesen, der nach einem Tier bezeichnet wurde. Dies scheint bei den Kelten dieser Zeit allgemein üblich gewesen zu sein. Es gibt nicht nur viele Beispiele von Kriegsherren aus Irland und Gallien wie auch aus Britannien, die den Titel der Wolf, der Hund, das Pferd etc. tragen, sondern Gildas selbst nennt eine Anzahl britischer Könige, die er mit Tieren verbindet. Neben Maglocunus, den er den Drachen nennt, gibt es

Aurelius Caninus, den Hund, dessen Vater offenbar der Löwe genannt wurde (da Gildas ihn auch das Löwenjunge nennt) sowie Vortipor, den Leoparden. Es waren auch nicht nur Männer, die mit Tieren verglichen wurden, denn Gildas erwähnt auch Boudicca, die berühmte Kriegskönigin der Iceni, die er die Löwin nennt.

So wie die Herrscher wurden auch Barden und Heilige mit Tieren verglichen, wie zum Beispiel der irische Heilige Columba (der ungefähr zur selben Zeit lebte wie Gildas), dessen keltischer Name Columcille war, was ›Kirchentaube‹ bedeutet. Diese Tradition kann nicht als einzigartig keltisch angesehen werden. Jüngere amerikanische Kulturen benutzten beispielsweise Namen wie Sitting Bull und Crazy Horse. Ein Tiername, der die Qualitäten des einzelnen in irgendeiner Weise charakterisierte, wurde vielen Königen des Dunklen Zeitalters zugesprochen, manchmal als Beleidigung von ihren Feinden oder Kritikern, in anderen Fällen von ihren Gefolgsleuten als Ehrentitel. Normalerweise kennen wir jedoch auch ihren richtigen Namen. Es könnte einen bestimmten Grund dafür geben, daß Artus' Titel bekannter wurde als sein wirklicher Name. Er könnte eine bestimmte Bedeutung gehabt haben.

Wir müssen daran erinnern, wie wichtig es für den Krieger, der die Briten nach Ambrosius vereinte, gewesen sein muß, sowohl die nationalistischen als auch die imperialistischen Ansichten widerzuspiegeln. Die politische Teilung Britanniens zeigte sich nicht nur in den beiden Formen des Christentums, sondern auch in der gesprochenen Sprache, wie es in vielen Teilen der Welt heute auch der Fall ist. Das Britannien der nachrömischen Ära besaß zwei Hauptsprachen: Latein, die römische Sprache, und brythonisch, das sich später zum Walisischen entwickelte. (Englisch ist eine Weiterentwicklung der von den Angelsachsen gesprochenen Sprache, während das Gälisch der Scotti, die sich langsam über Schottland ausbreiteten, die Sprache der Iren war.) Grabsteine und andere Inschriften aus dem 5. Jahrhundert bezeugen, daß die nationalistischen Königreiche sich vollständig zum Brythonischen hinwandten, während die imperialistischen Königreiche weiterhin Latein verwendeten. Die Lage war also der im heutigen Wales ähnlich: Nur ist es jetzt eine Frage zwischen Walisisch und Englisch.

Der Anführer der geteilten Briten des späten 5. Jahrhunderts könnte einen Namen angenommen haben, der die Sympathien beider Seiten weckte und keine der beiden bevorzugte. Wenn sein Stammestitel Bär war, würde er nicht nur das brythonische Wort *Arth,* sondern auch das lateinische Wort für Bär, *Ursus,* verwendet haben. Sein ursprünglicher Titel könnte daher *Arthursus* gewesen sein, der später zu *Arthur* verkürzt wurde, wie Antonius zu Anthony oder Marcus zu Marc gekürzt wird. Zweifel an der symbolischen Bedeutung eines solchen Aktes werden angesichts der heutigen Schwierigkeiten bei der Errichtung von Verkehrsschildern zerstreut, und zwar nicht nur im heutigen Wales, sondern in Belgien, der Schweiz und Teilen von Kanada, um nur einige zu nennen. In zweisprachigen Ländern geht man die Frage nach der kulturellen Bedeutung der ersten Sprache sehr emotional an.

Ein jüngeres Beispiel von einem Anführer, der einen zweiteiligen Namen trug, ist das von Albino Luciani, der sich selbst 1978 Papst Johannes Paul I. nannte und auf diese Weise den ersten Doppelnamen in der Geschichte der Päpste trug. Die Verbindung der Namen Johannes und Paul trug für die Fraktionen im Vatikan eine tiefe Bedeutung in sich, denn der Name, der von einem Papst gewählt wird, deutet normalerweise auf die Zielrichtung seiner Tätigkeit hin.

Wenn Artus also ein Beiname mit der Bedeutung Bär ist, wäre es nicht das erste Mal, daß ein Anführer unter seinem Titel in die Geschichte eingegangen ist. Der Kaiser Caius Caesar zum Beispiel ist besser als Caligula bekannt, was soviel wie ›kleiner Stiefel‹ bedeutet – ein Spitzname, den er als Kind erhielt, weil er sich gern als Soldat verkleidete. Ein weiteres Beispiel ist der mongolische Krieger Temujin, den man unter dem Titel Dschingis-Khan, also ›universeller Herrscher‹, besser kennt.

Nach dieser Feststellung untersuchen wir erneut den *De Excidio* von Gildas. Eine neue Interpretation ist möglich: Es könnte sehr gut sein, daß Gildas König Artus meint. Über einen der Könige, die er kritisiert, schreibt er:

»Warum habt Ihr Euch seit Eurer Jugend im Filz Eurer vergangenen Boshaftigkeit gewälzt, Ihr Bär, Reiter von vielen und Fahrer des Streitwagens der Bärenfestung, Verächter Gottes und Unterdrücker seines Volkes, Cuneglasus?«

Zweimal erwähnt er das Wort Bär. Zunächst nennt er Cuneglasus ›Ihr Bär‹, dann ist er der Wagenführer der ›Bärenfestung‹. Hier herrscht Unklarheit. Wenn Cuneglasus der Bär ist, warum ist er dann gleichzeitig sein Wagenführer? Gildas scheint sich auf zwei Bären zu beziehen.

Bevor wir dies weiter untersuchen, könnten wir Cuneglasus als möglichen Artus ausschließen. Da Cuneglasus von Gildas persönlich angesprochen wird, ist er zur Zeit der Niederschrift (ungefähr 545) am Leben. Daher müßte er, falls er der Krieger gewesen sein soll, der die Briten um 480 angeführt hat, zumindest 80 Jahre alt sein; dies ist unwahrscheinlich, da Gildas ihn weiter unten in diesem Absatz auffordert, von einem ehebrecherischen Verhältnis zur Schwester seiner Frau abzusehen (die Schwägerin war offenbar eine Nonne). Außerdem zeigen uns die Genealogien der *Annales Cambriae*, daß Cuneglasus (in der walisischen Übertragung: Cynglas) nicht nur ein Zeitgenosse von Maglocunus, sondern auch sein Cousin war. Beide Männer waren die Enkel von Enniaun Girt, dem Sohn von Cunedda.

Da Gildas Cuneglasus den »Reiter von vielen und Fahrer des Streitwagens der Bärenfestung« nennt, meint er bestimmt, daß Cuneglasus nun die Herrschaft über viele Menschen sowie die Herrschaft über das, was einst die Festung des Bären war, innehat. Mit anderen Worten: Cuneglasus ist der Nachfolger desjenigen, der Bär genannt wurde. Wer immer sein Vorgänger gewesen ist, scheint Cuneglasus offenbar einen militärischen Vorteil gehabt zu haben, denn Gildas fragt ihn, warum er den Krieg gegen seine Landsleute ›mit Euch eigenen Waffen‹ führt.

Dieser Absatz könnte nicht nur Hinweis auf die Existenz von Artus geben, sondern uns auch helfen, Artus' Festung zu entdecken. Wenn die ›Bärenfestung‹ Artus' Hauptstadt gewesen ist und Cuneglasus sie zur Zeit von Gildas beherrschte, müssen wir herausfinden, welches Königreich Cuneglasus regierte. Dies ist leichter gesagt als getan, denn Gildas weigert sich, uns darüber zu informieren, und auch kein anderer Autor verbindet Cuneglasus mit einem bestimmten Königreich. Wir müssen daher die anderen vier Könige untersuchen, die von Gildas genannt werden, und herausfinden, welche der fünf mächtigen Königreiche ausscheiden: Gwynedd, Dumnonia, Dyfed, Gwent oder Powys.

Neben Maglocunus, der, wie wir wissen, aus Gwynedd stammt, gibt es drei andere Herrscher. Zunächst Constantine, der, wie Gildas uns erklärt, aus Damnoniae kommt. Obwohl sich dies auch auf die Region des Damnonii-Stammes im Südwesten von Schottland beziehen könnte, war diese zur Zeit von Gildas von den Iren erobert worden. Es ist wahrscheinlicher, daß er Dumnonia meint, das Königreich der Dumnonii in Devon und Cornwall.

Der nächste ist Vortipor, den er den Herrscher von Demetarum nennt. Dies bezieht sich mit großer Wahrscheinlichkeit auf das Königreich des Demetae-Stammes Dyfed, und wird außerdem durch die Inschrift auf einem Gedenkstein in Südwestwales bekräftigt, der seinen Namen trägt. (Das Präfix ›Vor‹ könnte darauf hinweisen, daß Vortipor ein Nachfolger von Vortigern war.)

Der letzte König heißt bei Gildas Aurelius Caninus, ›Aurelius der Hund‹. Leider gibt uns Gildas, wie bei Cuneglasus, keinen Hinweis auf dessen Königreich. Aus seinem Namen können wir nur schließen, daß dieser Mann ein Nachfolger von Ambrosius Aurelianus gewesen sein kann.

Nachdem wir Gwynedd, Dumnonia und Dyfed ausgeschlossen haben, bleiben uns Gwent oder Powys als Königreiche von Cuneglasus.

Da Powys neben dem Königreich Gwynedd von Maglocunus (also dem Cousin von Cuneglasus) liegt, ist es die wahrscheinlichste Möglichkeit. Außerdem gibt es archäologische Funde, die besagen, daß die Cunedda-Familie von Gwynedd das Königreich Powys am Ende des 5. Jahrhunderts annektierte (siehe Kapitel vierzehn).

Zudem weist das Affix ›Cyn‹ in den Namen der späteren Könige von Powys darauf hin, daß diese Herrscher Mitglieder der Cunedda-Familie waren. Zu diesen späteren Königen gehören Cynan Garwyn (circa 590), der als König von Powys in dem walisischen Gedicht *Trawsganu Cynan Garwyn* (im ›Buch von Taliesin‹) aus dem 6. Jahrhundert gepriesen wird; Cynddylan (circa 650), der Sohn von Cyndrwyn, dessen Stellung in Powys das Thema eines Zyklusses walisischer Gedichte aus dem 9. Jahrhundert mit dem Titel *Canu Llywarch Hen* (im ›Roten Buch von Hergest‹) beschrieben wird; und Cyngen, von dem die *Annales Cambriae* schreiben, daß er auf einer Pilgerfahrt nach Rom im Jahre 854 starb.

Wenn Powys also das Machtzentrum von Artus war, paßt dies damit zusammen, daß es auch der Sitz der Vortigerns gewesen ist, die langsam von den Armeen Gwynedds unter Ambrosius' Führung verdrängt wurden. Artus könnte daher ein Prinz von Gwynedd gewesen sein, der seine Festung nach der Übernahme der britischen Armee im Königreich Powys errichtete, im Herzen Britanniens. Die These, daß Powys das Königreich von Artus war, wird von einer frühen Legende untermauert, die von Nennius erwähnt wird. Sie betrifft das Grab von Artus' Sohn:

»In der Gegend von Ercing gibt es ein Grab nahe dem Quell, der das Auge von Amr genannt wird; und der Name des Mannes, der hier begraben liegt, heißt Amr. Er war der Sohn von Artus, dem Krieger, der ihn erschlug und hier begrub.«

Ercing war der britische Name der römischen Stadt Ariconium, das heutige Weston-under-Penyard nahe Ross-on-Wye. Als solches ist dies die früheste überlieferte Legende (circa 830) von Artus, die aus dem damaligen Königreich Powys stammt.

Um sich also der rätselhaftesten Figur der britischen

Geschichte zu nähern, müssen wir das Königreich Powys untersuchen, wie es sich in der zweiten Hälfte des 5. Jahrhunderts darstellte. Insbesondere müssen wir soviel wie möglich über die Lage seiner Hauptstadt, der römischen Stadt Viroconium, herausfinden, denn wenn wir recht haben, war Viroconium höchstwahrscheinlich die Machtzentrale von Artus.

Zusammenfassung

Wir haben die Hinweise untersucht, nach denen Artus ein Krieger der Votadini gewesen sein könnte, der den Schlachtentitel ›der Bär‹ trug. Artus wird nicht nur in einem Kriegsgedicht der Votadini gepriesen; Gildas selbst erwähnt einen Krieger, der Bär genannt wurde. Wir glauben, daß Artus zwar aus Gwynedd stammen könnte, seine Festung sich zur Zeit seiner Führung jedoch im zentral gelegenen Königreich Powys befand.

1   Cunedda und seine Krieger stammten nicht aus Nordwales, sondern kamen aus einem Gebiet um Edinburgh, das den nördlichen Teil des Königreiches des Votadini-Stammes ausmachte: ein Königreich namens Gododdin. Diese Gegend wurde von den Römern in den letzten Jahren des Empires verlassen, was bedeutet, daß die Votadini eigentlich Pikten waren – ein römischer Begriff, der sich auf die britischen Stämme bezog, die außerhalb des Reichs lagen. Sie waren in dem Sinne britisch, als sie die Insel von Britannien bewohnten, aber sie waren keine Briten, denn dies galt nur für die Einwohner des heutigen England und Wales.

2   Gododdin war über ein Jahrhundert Teil des römischen Reichs gewesen, bevor die Legionen sich im Jahre

200 hinter den Hadrianswall zurückzogen. Es gab daher gute Beziehungen zwischen den Votadini und dem Reich. Die Römer boten Schutz gegen die plündernden nördlichen Stämme, und die Votadini unterstützten im Gegenzug ihre Politik der Pufferzone zwischen dem besetzten Britannien und den unbesiegten Pikten des schottischen Hochlands.

3   Bald nachdem die Römer Britannien verlassen hatten, gerieten die Votadini in große Schwierigkeiten. Die Angeln stürmten ihre Küste im Osten, die Pikten drängten aus dem Norden, und die Iren kamen aus dem Westen. Es muß daher leicht für Ambrosius gewesen sein, die Votadini dazu zu bewegen, sich in Nordwestwales niederzulassen. Als Gegenleistung für ihre Hilfe sollten die Krieger und ihre Familien eine neue Heimat bekommen. Außerdem hatten sie mit den Imperialisten von Gwynedd viel gemeinsam: Niemand hatte mehr Grund, sich die Rückkehr der Legionen zu wünschen, als die Menschen von Gododdin, die von drei Fronten her bedrängt wurden.

4   Daß sich die Votadini um 460 in Nordwestwales niedergelassen haben, wurde durch die Archäologie bestätigt. Typische Tonwaren aus der zweiten Hälfte des 5. Jahrhunderts wurden in Gwynedd gefunden. Dies ist nicht nur überhaupt ein Beleg für die Ankunft von Cunedda, sondern bestätigt auch seine Ankunft während der Zeit von Ambrosius. Zusätzlich wurde das Affix ›Cun‹ (oder das walisische ›Cyn‹), das den Familiennamen identifiziert, sowohl auf Grabsteinen als auch in den Genealogien von Gwynedd gefunden – zum Beispiel im Namen Maglocunus und bei seinem Cousin Cuneglasus, den Gildas ebenfalls erwähnt.

5 Falls Artus als Sohn eines votadinischen Königs aus Gwynedd geboren wurde, wäre er ein idealer Kommandant der britischen Streitkräfte gewesen. Er kam aus einem erprobten Kriegervolk, dessen Mitglieder eigene Erfahrungen im Kampf gegen die Angelsachsen, Iren und Pikten gemacht hatten. Wichtiger noch: Er wäre von den politischen und religiösen Zwistigkeiten, die die Briten spalteten, unberührt geblieben.

6 Deutliche Hinweise darauf, daß Artus von den Votadini von Gwynedd abstammte, kommen von dem wahrscheinlich ältesten Artustext, einem alten Gedicht namens *Gododdin*, das erstmals im 9. Jahrhundert niedergeschrieben wurde. Man nimmt allgemein an, daß *Gododdin* kurz nach Ende des 6. Jahrhunderts verfaßt wurde, und weil sein Reimschema den Namen Artus in einem Dialekt des 6. Jahrhunderts verwendet, hält man diese Erwähnung für authentisch. Wie sein Titel vermuten läßt, stammt das Gedicht aus dem Königreich der Votadini und befaßt sich mit einer Gruppe von Kriegern, die sich aufmachen, um die Angelsachsen im Norden zu bekämpfen. In einem Absatz preist der Dichter den Mut eines Helden und sagt, daß er, obwohl er tapfer kämpfte, »kein Artus war«. Die Tatsache, das Artus in einem votadinischen Kriegsgedicht derartig erhöht wird, vermittelt den Eindruck, daß er zu ihrem Stamm gehörte.

7 *Gododdin* bestätigt nicht nur, daß Artus ein Votadini war, sondern auch die Verbindungen zwischen Gododdin und Gwynedd. Das Gedicht erzählt, wie einer der Anführer mit einer großen Gruppe von Soldaten aus Gwynedd nach Gododdin kommt. Dies belegt nicht nur, daß votadinische Krieger sich in Nordwales niederließen,

sondern zeigt auch die engen Verbindungen, die zwischen den beiden Königreichen um 600 bestanden.

8   Wenn Artus dem Königshaus von Gwynedd entstammte, warum findet sich sein Name nicht in den Genealogien? Wie bei Vortigern und Uther könnte der Name Artus ein Beiname oder Titel sein. Die erste Silbe *Arth* in der britischen Sprache Brythonisch bedeutet Bär. Es war bei den keltischen Kriegsherren zu dieser Zeit üblich, ein Tier als Kriegsnamen anzunehmen. Doch Artus' Titel könnte eine bestimmte Bedeutung haben. Überlieferte Inschriften aus dem 5. Jahrhundert zeigen, daß die nationalistischen Königreiche Brythonisch sprachen, wogegen die imperialistischen Königreiche weiterhin Latein verwendeten. Damit der Anführer der gespaltenen Briten Einigkeit personifizierte, könnte er einen aus beiden Sprachen zusammengesetzten Namen benutzt haben: Er verband das brythonische Wort *Arth* mit dem lateinischen Wort für Bär, Ursus. Sein ursprünglicher Titel könnte daher *Arthursus* gewesen sein, der sich später zu Arthur verkürzte.

9   Falls Artus Bär bedeutete, könnte Gildas ihn doch erwähnt haben. In einer Kritik an Maglocunus' Cousin Cuneglasus nennt er diesen den Wagenlenker der ›Bärenfestung‹. Da Cuneglasus, während Gildas schrieb, selbst König war (um 545), deutet dieser Absatz darauf hin, daß er nun die Herrschaft über etwas innehatte, das einst die Festung des Bären war. Mit anderen Worten: Die Hauptstadt von Cuneglasus scheint Artus' Festung gewesen zu sein.

10   Während Gildas' Zeit waren fünf Königreiche mächtig genug, um das Königreich von Cuneglasus gewe-

sen zu sein. Doch drei von ihnen können ausgeschlossen werden, da Gildas uns deutlich sagt, wer dort regierte. Eines der drei ist Gwynedd. Es sieht so aus, als habe Artus, obwohl er von hier stammte, seine Machtzentrale zur Zeit seiner Führung woanders hin verlegt. Es bleiben uns daher nur noch Gwent oder Powys als Königreiche von Cuneglasus. Da Powys an Maglocunus' Königreich Gwynedd grenzt und Inschriften und Genealogien aus dieser Zeit zeigen, daß die Cunedda-Familie dort regierte, ist es das bei weitem wahrscheinlichste der beiden. Powys als Festung von Artus ergibt historischen Sinn: Es war die Festung der Vortigern, die wahrscheinlich von den Armeen aus Gwynedd unter Ambrosius erobert wurde.

14

VIROCONIUM

Obwohl es schwierig ist, genau festzustellen, wann das Königreich Powys gegründet wurde, muß es kurz nach dem Abzug der Römer gewesen sein. Nachdem sich die römische Verwaltung aus Britannien zurückgezogen hatte, scheinen viele der alten Stammesgegenden innerhalb kurzer Zeit den Versuch unternommen zu haben, sich als unabhängige Fürstentümer zu etablieren. Doch schon bald zwang die Bedrohung an drei Fronten die britischen Häuptlinge dazu, sich zu vereinigen. Es bildete sich der Rat der Anführer, von dem auch Gildas spricht.

Das Eindringen der Germanen im Osten, der Pikten im Norden und der Iren im Westen schwächte die Stämme an der Grenze und an der Küste. Seine zentrale Lage verschaffte dem Cornovii-Stamm eine einzigartige Position der Stärke. Er hatte die Zeit und die Ausstattung, um lange vor den anderen ein autonomes Königreich zu gründen. Ein Königreich, das strategisch dazu geeignet war, die Kontrolle über einen Großteil des Landes zu übernehmen. Höchstwahrscheinlich stellte man fest, daß die umliegenden Stämme lieber Trabanten der Cornovii wurden, als sich der ausländischen Invasion zu unterwerfen. Als Gegenleistung für den Schutz des zentralen Königreichs schworen die britischen Stammeshäuptlinge vermutlich dem König der Cornovii als ihrem ›Oberherrn‹ Vortigern die Treue.

Es ist unmöglich festzustellen, zu welchem Zeitpunkt das Königreich erstmals Powys genannt wurde. Die walisischen Namen für die subrömischen Königreiche waren offenbar bis ins späte 6. Jahrhundert nicht gebräuchlich. Gildas zum Beispiel erwähnt sie nur mit ihren Stammesnamen. Doch der Name Powys stammt wahrscheinlich aus dem lateinischen Wort *pagus,* ›Landgegend‹. Die Hauptstadt von Powys war mindestens 100 Jahre lang nach seiner Gründung die alte römische Stadt Viroconium, die Hauptstadt der *civitate,* in der die Cornovii lebten.

Während der römischen Besetzung Britanniens war das Land in Provinzen aufgeteilt worden, die man *civitates* nannte. Sie wurden entlang existierender Stammesgrenzen gegründet und von einem Verwaltungszentrum oder einer Hauptstadt regiert. Die Atrebates aus dem Süden wurden beispielsweise von Calleva Atrebatum (dem heutigen Silchester) regiert, die Cantii aus Kent von Durovernum Cantiacorum (Canterbury) und die Dumnonii aus dem Südwesten von Isca Dumnonius (Exeter). Genauso waren die Cornovii aus Zentralengland und Westwales der Verwaltung von Viroconium Cornoviorum unterstellt. Viroconium, heute in der Grafschaft Shropshire, wurde die viertgrößte Stadt im römischen Britannien und bildete das wichtigste Handelszentrum der Midlands.

Viroconium, in einer fruchtbaren Ebene über dem Fluß Severn, war ursprünglich als Militärbasis gegründet worden, um die römische Eroberung von Wales zu koordinieren. Irgendwann um das Jahr 78 wurde die Herrschaft über die westliche Insel der Stadt Chester übergeben, und Viroconium entwickelte sich zu einer blühenden Stadt. Obwohl alle anderen Provinzstädte die gleichen Annehmlichkeiten bereithielten, etwa gepflasterte Straßen, Wasserversorgung und Entwässerungssysteme, war die Stadt der Cornovii weit üppiger und reicher als die meisten. Viroconium bedeckte eine Fläche von über 70 Hektar und wurde mit seinen Gerichten, Marktplätzen und anderen öffentlichen Einrichtungen zur Hauptstadt Zentralbritanniens. Anders als in den anderen römischen Hauptstädten – London, Lincoln und York – sind heute von Viroconium nur zerfallene Mauern auf den stillen Weiden außerhalb des kleinen Dorfes Wroxeter im Südosten von Shrewsbury übrig.

Da diese Ruinen von Viroconium auf offenem Gelände stehen, boten sie exzellente Bedingungen für Ausgrabungen, und in den letzten hundert Jahren wurde hier viel archäologische Arbeit geleistet. Heute ist die Ausgrabungsstelle für die Öffentlichkeit zugänglich, und ein kleines Museum am Platz stellt einige Ausgrabungsgegenstände aus. Der Hauptteil wurde im Rowley's House Museum in Shrewsbury untergebracht.

Die sichtbaren Ruinen von Viroconium, die an einer Kreuzung der alten römischen Straße Watling und der modernen B 4380 liegen, sind die Überreste eines großen Badehauskomplexes, der um 150 errichtet wurde – eines der am besten erhaltenen Beispiele seiner Art in Britannien. Die alte Steinmauer, die den Platz dominiert und in der Umgebung als das ›alte Werk‹ bekannt ist, stellte einst die Südseite einer langachsigen Halle dar, die als Sporthalle zu den Bädern gehörte. Es ist erstaunlich, daß so viel von diesen Ruinen übriggeblieben ist, denn über Generationen verwendeten die Menschen in der Umgebung das Baumaterial der alten Stadt, um ihre eigenen Häuser und vor allem die Pfarrkirche von St. Andrew zu bauen.

Die öffentlichen Bäder waren die sozialen Zentren der römischen Städte, und in dem feuchten Klima Britanniens diente die Halle als ganzjährige Erholungsstätte. Von ihrem Haupteingang blickte man auf die römische Straße Watling (die durch die ganze Stadt lief). Das Badehaus selbst war mit der Sporthalle durch einen langen Flur verbunden, der einst in dem Loch endete, das heute im ›alten Werk‹ zu sehen ist. Außerdem gibt es neben den übriggebliebenen Wänden der feuchten und trockenen Saunas und den kalten Tauchbädern im Badekomplex von Viroconium noch eines der zwei sichtbaren Beispiele eines römischen Swimmingpools in Britannien (das andere ist in Bath). Innerhalb des Badehauses sieht man noch die rekonstruierten Kachelsäulen, die *pilae*. Sie bildeten einst einen Teil der Fußbodenheizung.

Obwohl die sichtbaren Ruinen nur einen kleinen Teil der einst riesigen Stadt repräsentieren (der Rest wartet unter dem umliegenden Weideland auf seine Ausgrabung), zeigen sie uns doch etwas vom Stadtzentrum; nicht nur den Freizeitkomplex, sondern auch das Verwaltungszentrum. Auf der gegenüberliegenden Seite vom Badehaus steht eine lange Reihe mit Säulenstümpfen, die einst Teil der östlichen Kolonnade des *forums* waren. Dort wurden Diskussionen abgehalten und Entscheidungen für die Stadt getroffen.

All dies zeigt die Stadt Viroconium der römischen Ära. Aber wie sah sie im frühen 5. Jahrhundert aus? Gibt es irgendeinen Hinweis darauf, daß Viroconium die Hauptstadt von Vortigerns Britannien wurde?

Viroconium erlangte im frühen 5. Jahrhundert neue strategische Bedeutung, als die Städte der Küstenprovinzen unter den ständigen Invasionen und Plünderungen litten. London, beispielsweise, die römische Hauptstadt Britanniens, war über die Themse ein leichtes Opfer für die germanischen Eindringlinge. Vielleicht setzte Vortigern aus diesem Grund Hengist und Horsa auf der Insel Thanet ein, damit sie die Themsegegend sicherten. York wurde immer wieder von den Pikten überfallen, und Lincoln war ständigen Angriffen der Angeln und ihren wiederholten Bestürmungen aus Wash ausgesetzt. Obwohl andere große Städte wie Cirencester, Exeter oder Bath vor Angriffen von außen sicher waren, besaßen sie nicht den Vorteil von Viroconiums zentraler Lage im Herzen Britanniens.

Vortigerns Verwaltung mußte die Armeen an drei Fronten koordinieren, und die Lage von Viroconium war ideal für diesen Zweck. Hier traf die römische Straße Watling, wahrscheinlich die wichtigste ihrer Art in Britannien, auf den Fluß Severn, einem der bedeutendsten Wasserwege der Insel. Stromaufwärts dringt der Severn tief in das Herz von Wales, während er sich flußabwärts durch die westlichen Midlands zieht und durch den Bristolkanal ins Meer fließt. Außerdem verband das römische Straßennetz Viroconium mit anderen wichtigen Befestigungsanlagen der Gegend, wie Lavrobrinta (Forden Gaer) im Westen, Bravonium (Leintwardine) im Süden und Deva (Chester) im Norden. Ein großer Teil dieses Straßennetzes wurde von den heutigen Straßen übernommen. Die A5 beispielsweise folgt hauptsächlich dem Verlauf der Watling Street, der großen römischen Straße, die mitten durch England verlief.

Viroconium besaß nicht nur immense strategische Bedeutung, sondern lag auch im Zentrum des fruchtbarsten Ackerlandes. Archäologische Ausgrabungen um die Stadt herum und im Severntal haben eine bemerkenswert wohlhabene römisch-britische Landwirtschaftsgegend zutagegebracht, vielleicht der Hauptgrund für die Größe und den Reichtum der Stadt in römischen Zeiten. Welche Stadt Vortigern auch als seine Machtzentrale gewählt haben mochte, so mußte sie sich sicherlich im Falle eines Bruchs mit den alliierten Stämmen selbst versorgen können – und so unterstützen archäologische Funde erneut die Kandidatur Viroconiums.

Wenn Viroconium die Hauptstadt von Vortigerns Britannien war, sollte es möglich sein, anhand von Ausgrabungen eine Bestätigung der intensiven Besatzung der Stadt während des frühen 5. Jahrhunderts nachzuweisen. In den letzten Jahren haben Archäologen tatsächlich erstaunliche Hinweise gefunden, die diese Theorie stützen. Sie enthüllen eine hochzivilisierte Stadt, die im Dunklen Zeitalter Britanniens einzigartig war.

Während der spätrömischen Zeit verlor Viroconium an Bedeutung, und seine Gebäude zerfielen langsam, obwohl die Stadt weiterhin bewohnt wurde. Die Erholungshalle beispielsweise zerfiel in einem solchen Ausmaß, daß sie irgendwann in der Mitte des 4. Jahrhunderts zusammenbrach. Innerhalb einiger Jahrzehnte, sogar noch vor dem Abzug der Römer, war die Stadt völlig verlassen.

Noch bis vor ein paar Jahren war nur dieses fragmentarische Bild alles, was von Viroconium bekannt war. Doch Ende der 60er Jahre initiierte man intensive Ausgrabungen an dieser Stelle. Sie dauerten über ein Jahrzehnt an und brachten eine Reihe neuer und unglaublicher Entdeckungen ans Licht. Die Ausgrabung, die von dem Archäologen Philip Barker geleitet wurde, war tiefgehender als alle vorhergehenden. Sie brachte eine Masse an Belegen für die Zeit hervor, die dem Zusammenbruch des Badekomplexes gefolgt war. Die Ergebnisse zeigten, daß die ganze Gegend während der wenigen letzten Jahre der römischen Besetzung geräumt und vollkommen neu aufgebaut worden war. Eine neue Stadt war auf den Ruinen von Viroconium entstanden.

Durch Ausgrabungen von Stellungen der Wachtposten und anderer deutlicher Zeichen in den Grundmauern und Strukturen der Stadt kann man erkennen, daß die neuen Gebäude offenbar aus Holz und nicht aus Stein und Mörtel gebaut wurden, wie die früheren römischen Gebäude. Als die Funde aus dieser Ausgrabung untersucht worden waren, stellte man fest, daß diese neuen Gebäude sehr hohen Ansprüchen genügten. Anhand des übriggebliebenen Holzes kann man nachweisen, daß die Gebäude als große und aufwendige Konstruktionen klassischen Stils errichten wurden, mit Kolonnaden und Fassaden, von denen viele mindestens zwei Stockwerke hatten. Es scheint daher, daß Viroconium in den letzten Tagen der römischen Besatzung eine neue Bedeutung erlangt hatte. Aber die Geschichte ist noch nicht zu Ende. Während der ersten Hälfte des 5. Jahrhunderts fand ein zweiter Neuaufbau statt, der noch grandioser war als der erste.

Die Ausgrabungen um den Badekomplex herum zeigen, daß die gesamte Umgebung neu aufgebaut worden war. Es wurden nicht nur neue Gebäude errichtet und Straßen neu verlegt, sondern die gesamte Infrastruktur der Stadt wurde erneuert. Ein neues Abwassersystem und Frischwasserleitungen wurden durch aufwendige Aquädukte errichtet. Lange Strecken der römischen Pflasterstraßen wurden ausgehoben und vollkommen neu gelegt. Eine neue Stadt wurde geboren. Vergangen war der ruhige Ort imperialistischer Besatzung, und an seiner Stelle entstand ein dynamisches Handelszentrum voller Aktivität.

Die Straße, die nördlich des Badekomplexes verlief, veränderte sich drastisch. Sie wurde zu einem überdachten Markt oder einer Einkaufsarkade, und an ihrem westlichen Ende, wo sie auf die Watling Street trifft, wurde ein riesiges Torhaus mit einem angrenzenden Wachraum errichtet. An der ganzen Marktstraße entlang gab es neue Häuser und Handwerksbetriebe, und am östlichen Ende befanden sich einige große Lagerräume neben einer Reihe von soliden Arbeitsgebäuden mit Essen und Schmelzöfen.

Das Zentrum dieses neuen Viroconium scheint ein großes Flügelgebäude gewesen zu sein, das auf dem Platz der alten Halle errichtet wurde. Es war offenbar eine klassische Villa, um die sich ein Komplex von Nebengebäuden reihte. Könnte dies der Palast eines wichtigen nachrömischen Anführers gewesen sein?

Die Entdeckung dieses neuen Viroconium gab archäologische Rätsel auf, denn in keiner anderen Stadt aus dieser Zeit war eine solche Veränderung entdeckt worden. Diese bemerkenswerte Wiederbelebung der Stadt bedurfte eines großen Reichtums und einer mächtigen Führung. Wer hatte genug Einfluß, um eine solche Aufgabe anzukurbeln? Nach Philip Barker kann es nicht das Werk der Stadteinwohner noch das der irischen oder sächsischen Eindringlinge gewesen sein. Es war eine Stadt römischen Stils, mit den vielleicht letzten klassischen Gebäuden, die in den nächsten tausend Jahren in Britannien errichtet werden sollten. Diese Rekonstruktion war ein enormes Unterfangen, und Philip Barker vermutete, daß der Gebäudekomplex zu einem mächtigen Mann gehört haben muß.

Könnte dieser große Mann Vortigern sein? Die geographische Lage von Viroconium paßt zu dieser Theorie, aber fällt der Palast in die richtige Zeit? Da Münzen und andere datierbare römische Artefakte im Dunklen Zeitalter selten wurden, ist das Datum der Neuaufbauphase schwer festzulegen. In den Trümmern der Gebäude, die die Grundmauern der neuen Häuser bildeten, wurden Münzen aus den Jahren um 380 gefunden. Die Gebäude wurden daher nach dieser Zeit gebaut, aber wie lange danach?

Die Datierung archäologischer Orte ist auf verschiedene Arten möglich. Ein weitverbreitetes Verfahren ist als Radiocarbon-Datierung bekannt. Organische Stoffe, in welcher Form auch immer, ob tierisch oder pflanzlich, beinhalten Carbon 14, und wenn der Organismus gestorben ist, nimmt das Carbon 14 langsam ab, bis es ungefähr 60 000 Jahre später vollkommen verschwunden ist. Die Menge von Carbon 14 kann durch chemische Analyse festgestellt werden und ermöglicht so die zeitliche Einordnung. Glücklicherweise gab es eine Menge organischer Stoffe innerhalb der Bodenschicht der letzten Bauphase in Viroconium: Knochen wurden beispielsweise zwischen den Trümmern gefunden, die für die Grundmauern in der letzten Phase des Baus verwendet wurden. Leider ist die Radiocarbon-Datierung nur auf fünfzig Jahre genau, und so mußten eine Menge Proben genommen werden, um ein genaueres Datum festzustellen. Nach einem Vergleich der Ergebnisse einer Reihe von Radiocarbon-Tests an verschiedenen Funden der Stätte hatte man ein ungefähres Datum von 420 erreicht.

Anhand dieses Hinweises wissen wir, daß Viroconium während der letzten Jahre der imperialistischen Herrschaft sehr große Bedeutung gewann und kurz nach dem Abzug der Römer massiv umorganisiert wurde. Da die britischen Hauptstädte London, Lincoln und York unter stetigen Invasionen litten, und da keine archäologische Ausgrabung einer römischen Stadt Hinweise auf ähnliche Umbauten in dieser Größenordnung während des 5. Jahrhunderts belegen konnte, könnte Viroconium die Landeshauptstadt gewesen sein. Die Periode der mysteriösen Umwandlung der nachrömischen Stadt Viroconium paßt genau in die Zeit von Vortigern I., und die Funde in Viroconium scheinen zumindest die Werke von Gildas, Beda, Nennius und den *Chronicle* zu unterstützen, die alle von einem sehr mächtigen Anführer der Briten während der nachrömischen Zeit sprechen: Vortigern.

Wenn Viroconium die Hauptstadt von Vortigern um 420 war, blieb sie dann auch während der Zeit von Artus, also ein dreiviertel Jahrhundert später, die Verwaltungshauptstadt des Königreichs Powys? Wieder kann die Archäologie bei der Antwort helfen. 1979 wurde bei Ausgrabungen das Skelett eines Mannes gefunden, der an der Stelle eines der Gebäude begraben worden war, das einst über die Marktstraße geblickt hatte. Sein Grab war in den Erdboden gelegt worden, der die Trümmer der verlassenen Stadt bedeckte. Nach einer Radiocarbon-Datierung seiner Überreste und nach Kalkulationen bezüglich der Zeit, die die Erde brauchte, um sich über die Trümmer zu schichten, konnte ein Datum um 520 für das Verlassen von Viroconium festgelegt werden.

Doch es gibt ebenfalls Hinweise darauf, daß Viroconium im späten 5. Jahrhundert von der Cunedda-Familie annektiert wurde. Bei den Ausgrabungen von 1967 wurde ein Grabstein vor dem Schutzwall der Stadt gefunden, der die Inschrift trägt: *Cunorix macus Maquicoline*. Das Suffix *rix*, das sich aus dem lateinischen *rex* ableitet, bedeutet ›König‹, und *macus* bedeutet ›Sohn von‹, so daß die Inschrift lautet: »König Cuno, Sohn von Maquicoline.« (Der letzte Name ist nicht eindeutig, da der Stein beschädigt war.) Wieder einmal finden wir das Namensaffix ›Cun‹, das so oft in der Familie der Cunedda vorkommt. Da der Stein auf ungefähr 480 datiert werden kann, scheint es, daß Viroconium zur Zeit von Artus von den Votadini bewohnt war. Man hat angenommen, daß das Präfix macus, welches in Schottland sehr gebräuchlich wurde, nachdem die Pikten von den Iren besiegt worden waren (was zu dem ›Mac‹ in vielen schottischen Namen führte), darauf hinweist, daß Cunorix ein irischer Häuptling war. Doch wie wir gesehen haben, waren die Iren zur Zeit von Ambrosius mit großer Wahrscheinlichkeit aus der Gegend von Shropshire verdrängt worden. Es ist daher eher möglich, daß der Einfluß direkt aus Schottland (der Heimat der Votadini) kam, wo seit Jahrzehnten irische Zuwanderung und kultureller Austausch stattgefunden hatten.

War Viroconium aber immer noch die Hauptstadt von Powys? Die Ausgrabungen ergaben keinen Hinweis auf Flucht, Feuer oder hastige Evakuierung während der letzten Tage der Nutzung. Im Gegenteil: Die Stadt scheint ordentlich und beinahe gemächlich verlassen worden zu sein, denn die Gebäude wurden geschliffen, nachdem die Einrichtung herausgebracht worden war. Kurz, Viroconium wurde nicht von einem Feind überwältigt oder von plündernden Barbaren überrannt: Es scheint, daß man freiwillig seine Sachen packte und fortzog. Der wahrscheinlichste Grund dafür ist, daß die Größe Viroconiums mit seinen zwei Meilen langen Mauern ohne eine große Anzahl an Kriegern nicht zu verteidigen war. Da die Zeiten schwieriger wurden, hat man Viroconium eventuell aufgegeben, um sich an einem Ort niederzulassen, der leichter zu verteidigen war – wahrscheinlich in der Bergfestung am Wrekin, ein steiler Berg im Südosten der Stadt, der sich über 300 Meter hoch erhebt. Dies deutet darauf hin, daß die internen Zwistigkeiten innerhalb der britischen Fraktion wieder aufgeflammt waren, da Viroconium weit von den Angelsachsen entfernt lag und noch jahrzehntelang keine Angriffe von ihnen fürchten mußte.

Die Politik des planvollen Umsiedelns weist darauf hin, daß Viroconium weiterhin unter starker und organisierter Führerschaft stand, und zwar ungefähr ein Jahrhundert nachdem Vortigern an die Macht gekommen war. Solch eine kontinuierliche Siedlung und ordentliche Verwaltung in einer hochentwickelten nachrömischen Stadt wäre im Britannien des Dunklen Zeitalters einzigartig gewesen.

Zusammenfassung

Durch angelsächsische Invasionen im Süden und Osten, Pikten im Norden und Iren im Westen bot die zentrale Lage des Königreichs Powys eine einzigartige Position, um die Kontrolle über einen großen Teil des freien Britanniens zu erhalten. Wir haben die Hauptstadt von Powys, Viroconium, untersucht, um Hinweise darauf zu finden, daß es der Sitz von Vortigern und, wichtiger noch, von Artus war.

1 Während der römischen Besatzung Britanniens wurde das Land in Provinzen unterteilt, die man *civitates* nannte. Jede lag in einer Stammesgegend und wurde von einem Verwaltungszentrum oder einer Hauptstadt regiert. Der Conovii-Stamm in den westlichen Midlands und Zentralwales unterstand der Verwaltung von Viroconium. Nach London, York und Lincoln bildete Viroconium die viertgrößte Stadt im römischen Britannien und ohne Zweifel das wichtigste Handelszentrum der Midlands.

2   Zur Zeit von Vortigern war Viroconium die wichtigste Stadt in Britannien geworden. London war über die
Themse ein leichtes Opfer für die sächsischen Invasoren,
York wurde immer wieder von den Pikten überfallen,
und Lincoln befand sich unter dauernder Bedrohung
durch die Angeln. Von Viroconium aus konnte Vortigern
die Armeen an drei Fronten koordinieren. Hier traf Watling Street, die wichtigste Straße in Britannien, auf den
Fluß Severn, einen der wichtigsten Wasserwege der Insel.
Außerdem verband das römische Straßennetz Viroconium mit anderen wichtigen Befestigungsanlagen in der
Gegend. Viroconium ist daher die plausibelste Stelle für
den Sitz von Vortigern und der britischen Verwaltung
zum Ende der römischen Herrschaft.

3   Man kann über dieses Argument streiten, doch es
gibt weitere Hinweise darauf, daß Vortigern und seine
Nachfolger von Viroconium aus regierten. In den letzten
Jahren hat die Archäologie Unterstützung für diese Theorie geliefert.
   In den späten 60er Jahren begann man mit intensiven
Ausgrabungen an dieser Stelle. Die Ergebnisse zeigten,
daß die Stadt während der ersten Hälfte des 5. Jahrhunderts in bemerkenswert anspruchsvoller Weise vollkommen neu aufgebaut wurde. Die Archäologie hat nirgendwo anders im Britannien des Dunklen Zeitalters
etwas Vergleichbares entdeckt.

4   Diese Verwandlung und Revitalisierung der Stadt
setzte großen Reichtum voraus und konnte nicht ohne
eine mächtige Führung durchgesetzt werden. Zeit und
Ort passen genau zu dem, was wir von Vortigern wissen.
Die Ausgrabungen in Viroconium unterstützen die Aussagen von Gildas, Beda, Nennius und dem *Chronicle*, die

alle von einem mächtigen Führer Britanniens in der nachrömischen Zeit sprechen; einem Anführer namens Vortigern.

5   Die Annahme, daß die Votadini Viroconium Ende des 5. Jahrhunderts regierten, wird von einem Grabstein unterstützt, der um 480 datiert werden kann und 1967 bei Ausgrabungen gefunden wurde. Der Name auf dem Stein ist Cunorix, der das Namensaffix ›Cun‹ der Cunedda-Familie trägt.

6   Die Ausgrabungen bei Viroconium haben ans Licht gebracht, daß die Bewohner die Stadt um 520 verließen, um zu einem besser zu verteidigenden Ort zu ziehen. Bis dahin blieb es die Hauptstadt von Powys. Daher kann man mit ziemlicher Sicherheit annehmen, daß Viroconium die Hauptstadt des Artus war, wenn Powys als seine Machtbasis fungierte.

15

DER LETZTE FELDZUG

Der vorerst letzte Punkt unserer Suche nach dem wahren König Artus soll die Bestimmung der Schlacht von Camlann sein. Sie war Geoffrey of Monmouth und den nachfolgenden Autoren zufolge die letzte Schlacht von Artus. Aus den *Annales Cambriae* ersehen wir, daß im 93. Jahr »der Streit von Camlann stattfand, bei dem Artus und Medraut fielen«. Weiter wird uns nichts berichtet – weder wo noch warum es geschah, noch ob Artus und Medraut auf verschiedenen Seiten kämpften. Leider erwähnt außer den *Annales* kein anderes Manuskript aus dem Dunklen Zeitalter die Schlacht von Camlann. Bevor wir versuchen, die Schlacht zu lokalisieren und das Verhältnis zwischen Artus und Medraut herauszufinden, müssen wir zunächst ein Datum für die Schlacht finden.

Das 93. Jahr in den *Annales* ist irgendwann um 539, mit Sicherheit zu spät für den wahren König Artus. Da Artus kämpfte, als Hengist im Jahre 488 starb, hätte er um 539 weit über 70 sein müssen. Obwohl es nicht unmöglich ist, daß Artus in einer Schlacht um 539 fiel, scheint es doch unwahrscheinlich. Außerdem wissen wir aus Kapitel sieben, daß die *Annales* auch in bezug auf die Schlacht von Badon ungenau waren.

Ein passenderes Datum für Artus' Tod wäre kurz vor dem Verlassen der Stadt Viroconium. Wie wir in Kapitel siebzehn zeigen werden, weisen die internen Zwistigkeiten und der Zusammenbruch zentraler Autorität auf den Tod einer mächtigen, einigenden Person hin, höchstwahrscheinlich des britischen Führers, der das Land seit der Zeit von Badon erfolgreich vereint hatte. Da dies um 520 geschah, könnte die Schlacht von Camlann ungefähr in dem Jahr stattgefunden haben, in dem die *Annales* Badon ansetzen, also um 518. Es ist möglich, daß der Schreiber der *Annales* das ungefähre Datum einer der Artusschlachten kannte. Vielleicht wußte er auch, daß Badon und Camlann zwei Jahrzehnte trennte.

Medraut wird, wie die Schlacht von Camlann selbst, außer in den *Annales Cambriae* in keinem anderen Manuskript des Dunklen Zeitalters erwähnt. Gildas nennt ihn nicht, auch Beda und Nennius geben keine Hinweise. Nennius jedoch erwähnt überhaupt nichts, was den Tod von Artus betrifft, wie wir gesehen haben. Seine Liste von Artus' Schlachten bezieht sich nur auf seine Siege. Da die Schlacht von Camlann offenbar eine schreckliche Niederlage gewesen ist, wurde sie wahrscheinlich nicht erwähnt, denn Nennius' Quelle war ein Kriegsgedicht, das die erfolgreichen Taten von Artus pries.

Neben der flüchtigen Erwähnung in den *Annales* ist Geoffrey of Monmouth der erste Autor, der uns Details über Medraut und die Schlacht von Camlann liefert. Nach Geoffrey ist Modred (wie er ihn bezeichnet) der Neffe von Artus, der einen Aufstand anzettelte, während Artus außer Landes war. Artus kehrt zurück, um Modred zu stellen, doch wenngleich Artus den Aufstand niederschlägt, wird er in der Schlacht tödlich verwundet. Obwohl Geoffrey den Namen Modred statt Medraut verwendet, bezieht er sich doch eindeutig auf den Mann, der in den *Annales* beschrieben wird. Die walisische Literatur nennt die Person Modreds als Gegner von Artus bei Camlann, doch mit derselben Schreibweise wie in den *Annales:* Medraut. Der Medraut der walisischen Geschichten jedoch unterscheidet sich von Geoffreys Modred. Obwohl er und Artus Rivalen sind, werden sie allgemein als zwei im Zwist liegende Gleichrangige oder als zwei Häuptlinge, die um die Herrschaft kämpfen, beschrieben.

Die Schlacht von Camlann scheint das Ergebnis irgendeiner Form interner Streitigkeiten bei den Briten gewesen zu sein. Gildas erzählt uns, daß der Krieg nach außen seit der Schlacht von Badon bis zur Zeit seines Schreibens (um 545) aufgehört habe, obwohl das Land durch innere Zwistigkeiten erschüttert wurde. Archäologische Funde, gemeinsam mit den Berichten des *Anglo-Saxon Chronicle* und Beda zeigen deutlich, daß die Briten um die Mitte des 6. Jahrhunderts von internen Problemen so geschwächt waren, daß es den Sachsen erneut gelang vorzudringen.

Es gibt drei Kandidaten für den Schauplatz von Camlann. Diejenigen, die Artus in Somerset ansiedeln, siedeln die Schlacht von Camlann irgendwo am Fluß Camel in der Nähe der Bergfestung Cadbury an. Diejenigen, die Artus im hohen Norden ansiedeln (hauptsächlich wegen seiner Erwähnung im *Gododdin*) berufen sich in ihrer Theorie auf den Namen Camlann, den sie als Ableitung des frühen brythonischen Wortes *Camboglanna* ansehen, die Bezeichnung eines römischen Forts am Hadrianswall. Obwohl man keinen der beiden Kandidaten völlig ausschließen kann, so fehlen ihnen doch die unterstützenden Indizien der dritten und überzeugenderen Theorie. Sie siedelt die Schlacht von Camlann in Cornwall an.

Obwohl die Schlacht im *Vulgate Cycle* und später in *Le*

Morte Darthur in der Nähe von Salisbury geschlagen wird, fand sie nach Geoffrey in Cornwall statt, wo Modred seine Hausmacht besaß. Es ist verständlich, daß Geoffrey Tintagel als Geburtsstätte von Artus erwähnt, um seinen Mäzen zufriedenzustellen, doch er hatte keinen Grund, einen Zusammenhang zwischen Cornwall und dem Tod von Artus herzustellen. Es ist sogar unwahrscheinlich, daß die walisische Literatur Cornwall einbeziehen würde, wenn es keine starke Verbindung zu dieser Gegend gäbe. Wir haben bereits gesehen, daß die Artuserzählung aus Cornwall im frühen 12. Jahrhundert existierte, wie durch die Erzählung von Hermann von Tournai deutlich wurde.

Die Schreibweise ›Medraut‹ ist die walisische Form und wird in der walisischen Literatur verwendet; die Variante ›Modred‹, die von Geoffrey eingeführt wird, ist eine Version des Namens aus dem Kornischen (sowohl Walisisch als auch Kornisch haben sich aus einer gemeinsamen Wurzel, dem Brythonisch, entwickelt). Geoffreys Verwendung des kornischen Dialekts deutet darauf hin, daß hier die Geschichte von Modred überliefert wurde. Während des 6. Jahrhunderts war Cornwall jedoch nur ein Teil des sehr viel größeren Königreichs Dumnonia, das auch Devon und Teile von Dorset einschloß.

Wenn die Schlacht von Camlann um 518 in Cornwall stattfand, wäre Cunomorus, der König von Dumnonia und Vater von Drustanus, sicherlich beteiligt gewesen. Wie wir gesehen haben, steht Cunomorus auf dem Grabstein von Drustanus aus dem 6. Jahrhundert in der Nähe von Fowey, und sein Name erscheint in der walisischen Schreibweise Cynfawr in den Genealogien von Dumnonia. Die Datierung des Grabsteines seines Sohnes Drustanus auf ungefähr 550 weist darauf hin, daß Cunomorus während der ersten Hälfte des 6. Jahrhunderts sehr wahrscheinlich auf dem Thron saß. Dies wird von dem Biographen des heiligen Paul Aurelian aus dem 9. Jahrhundert, Wrmonoc, bestätigt. Dieser schreibt, daß der Heilige zum Hof des Königs von Dumnonia gerufen wurde, von »Cunomorus, auch Mark genannt«, und zwar um 540. Außerdem erzählt Gregor, der Bischof von Tours zwischen 573 und 594, in Erinnerung an die Ereignisse, wie Cunomorus 560 in Frankreich starb. Diese kombinierten Hinweise zeigen, daß Cunomorus um 518 sehr wohl am Leben und erwachsen gewesen sein könnte. Das Todesdatum von Cunomorus widerspricht Gildas nicht unbedingt, wenn er den dumnonianischen Anführer um 545 mit Constantine anspricht. Die Genealogien nennen einen Constantine als einen von Cunomorus' Söhnen, der vielleicht als Stellvertreter Dumnonia regierte, als sein Vater in Frankreich war. Laut Gregor verbrachte Cunomorus eine lange Zeit auf seinen Gütern in der Bretagne.

In Kapitel vier haben wir untersucht, wie König Mark (der Rivale von Artus in der walisischen Literatur und einer Vielzahl von mittelalterlichen Romanen) mit sehr großer Wahrscheinlichkeit auf der historischen Figur Cunomorus basiert. Tristan (das fiktionale Äquivalent zu Drustanus) wird oft als Sohn von Mark dargestellt, und Wrmonoc nennt Cunomorus sogar König Mark. Falls dies nicht genügend Hinweise auf die Verbindung zwischen dem historischen König Artus und dem historischen Cunomorus sind, können wir im Namen Cunomorus wieder einmal das Element ›Cun‹ der Cunedda-Familie sehen. Könnte Cunomorus also ein verwandter König sein – ein Verwandter von Artus, der nach Dumnonia geschickt wurde, um dort zu regieren?

Sowohl bei Geoffrey als auch in den mittelalterlichen Romanen setzt Artus seinen Neffen Modred als Herrscher in Cornwall ein. König Mark scheint sich auf Cunomorus zu gründen. Gilt das auch für Modred? Auf jeden Fall werden die beiden Personen in der walisischen Literatur verwechselt, wo manchmal Mark und manchmal Modred irgendwo in Cornwall regieren. Zudem vermischten sich Artus' Verwandte immer mehr, je weiter die Legende fortschritt. Im späteren Mittelalter war Modred zu Artus' Neffen *und* Sohn geworden. In der Legende könnten Mark und Modred sehr wohl verwechselt worden sein. Könnte dies daran liegen, daß sie sich beide auf dieselbe historische Figur gründen, nämlich Cunomorus?

Kommen wir dazu zurück, den Schauplatz von Camlann zu identifizieren. Einen Hinweis fand man auf einem Feld bei Slaughter Bridge nahe dem Dorf Camelford. Leider ergaben Ausgrabungen, daß hier um 823 eine Schlacht zwischen den Kornen und den Sachsen aus Wessex stattgefunden hat. Kein Hinweis auf eine vorangegangene Schlacht wurde entdeckt. Die Erinnerung an diese Schlacht hielt sich wahrscheinlich noch lange Jahre, bevor sie mit dem Artus der kornischen Legende verbunden wurde.

Aber obwohl die Schlacht von Camlann vielleicht gegen Cunomorus und Dumnonia geführt worden ist, könnte sie auch außerhalb von Cornwall stattgefunden haben. Nach Geoffreys Bericht konnte Modred den Aufstand anzetteln, indem er sich mit den Sachsen zusammentat. Solch ein Szenario ist nicht nur im frühen 6. Jahrhundert möglich – es könnte auch die einzige Lösung eines historischen Rätsels sein, nämlich Cerdics geheimnisvoller Invasion in Wessex.

An dieser Stelle müssen wir uns in Erinnerung rufen, was wir von Cerdic wissen. Nach dem *Anglo-Saxon Chro-*

nicle kam Cerdic im Jahre 495 in Britannien an. Er landete zunächst an einem Ort, der als Cerdicesora bezeichnet wird, irgendwo in der Nähe des heutigen Southampton. Dann schlugen Cerdic und seine Krieger eine Reihe erfolgreicher Schlachten und gründeten einen Stützpunkt an der Südküste. Im Jahre 508 erkämpften sie einen großen Sieg über den britischen König Natanleod und scheinen die Herrschaft über ein Gebiet von der Größe von Hampshire erlangt zu haben.

Wie konnte diese sächsische Armee so kurz nach Badon einen solchen Erfolg haben? Die Antwort könnte lauten, daß Cerdic eigentlich als Söldner nach Britannien eingeladen worden war. Die Datierung seiner ursprünglichen Landung um die Zeit von Badon (laut *Chronicle*) könnte darauf hindeuten, daß er eingeladen wurde, um die Armeen von Aelle in Sussex zu bekämpfen. Da es außerdem archäologische Hinweise für die Ausdehnung von Dumnonia über Dorset und nach Hampshire zu dieser Zeit gibt, rückt dies die Streitkräfte von Cunomorus dicht an die von Cerdic. Eine Allianz zwischen Cunomorus und Cerdic mit dem Ziel der Unterwerfung von Dorset könnte den Erfolg beider Königreiche, Dumnonia und Wessex, erklären.

Dem *Chronicle* zufolge markiert die Schlacht von Certicesford im Jahre 519, wie wir in Kapitel neun diskutierten, das Ende der sächsischen Expansion unter Cerdic für die nächsten drei Jahrzehnte. Diese Schlacht fällt nicht nur in die anzunehmende Zeit von Camlann, sondern ist die einzige bekannte Schlacht zu dieser Zeit. Könnte die Schlacht von Certicesford daher an einer Stelle stattgefunden haben, die die Briten Camlann nannten? Der Name für Certicesford aus dem *Chronicle* ist der sächsische Name, und die wörtliche Bedeutung ist Cerdics Ford. Nach dem Zitat im *Chronicle* wurde die

Schlacht »an einem Ort (ausgetragen), der jetzt Certicesford heißt«. Wir haben gesehen, wie Nennius beispielsweise sowohl den britischen als auch den sächsischen
Namen für bestimmte Schlachten nennt, die sich oftmals
sehr voneinander unterscheiden. Die Gegend kann mit
Sicherheit als Charford identifiziert werden, einige Meilen südlich von Salisbury am Fluß Avon, da der Name in
normannischen Zeiten in der französischen Form Cerdeford auftaucht.

Wenn Certicesford Camlann war (was den Kampfplatz
dort ansiedelt, wo auch der *Vulgate Cycle* und *Le Morte
Darthur* ihn sehen), sollten wir Hinweise für eine Allianz
zwischen Cunomorus und Cerdic finden können.
Tatsächlich finden wir einen solchen Hinweis im Namen
eines Kriegers, der mit Cerdic kämpfte. Die Eintragung
im *Anglo-Saxon Chronicle* lautet:

»In diesem Jahr erwarben Cerdic und Cynric das Königreich der Westsachsen, und im selben Jahr kämpften
sie gegen die Briten an einem Ort, der heute Certicesford
heißt. Und von diesem Tag an regierten die Prinzen der
Westsachsen.«

Cynric ist ein mehrdeutiger Name, halb britisch, halb
sächsisch, was darauf hindeutet, daß er gemischter Abstammung war. Wieder einmal erkennen wir das
Namensaffix ›Cyn‹, wie in Cynglas (Cuneglasus) und
Cynfawr (Cunomorus). Da ›Cyn‹ die walisische Version
des lateinischen ›Cun‹ ist, deutet dies darauf hin, daß
Cynric zur Familie der Cunedda gehörte und sehr wahrscheinlich ein Verwandter von Cunomorus war. Aber wer
genau war er? Wenn wir zum *Chronicle* zurückkehren
und zu einem Eintrag für das Jahr 495, sehen wir:

»In diesem Jahr kamen zwei Prinzen, Cerdic und Cynric, sein Sohn, mit fünf Schiffen nach Britannien.«

Dem *Chronicle* zufolge landete Cynric also nicht nur mit Cerdic, sondern er war sogar sein Sohn. Es gibt wenig Zweifel, daß er tatsächlich Cerdics Sohn war, denn der *Chronicle* berichtet weiter, daß er der Nachfolger von Cerdic als König von Wessex wurde. Aber landete er wirklich mit ihm? Da der britische Teil seines Namens darauf hindeutet, daß seine Mutter eine Britin war, ist es wahrscheinlicher, daß Cynric erst nach Cerdics Ankunft in Britannien geboren wurde. Obwohl der *Chronicle* fortfährt, daß Cynric mit Cerdic im Jahre 508 gegen den britischen König Natanleod kämpfte, kann man daran zweifeln, daß er so früh bei der Schlacht dabeigewesen ist.

Der *Chronicle* gibt an, daß Cynric nicht vor 560 starb. Er war persönlich bei der Schlacht gegen die Briten bei Salisbury im Jahre 552 dabei, sowie 556 bei Beranburh (nahe Swindon). Wenn er als junger Mann mit Cerdic landete und gemeinsam mit seinem Vater 495 kämpfte, muß er zum Zeitpunkt seines Todes mindestens achtzig gewesen sein. Dies ist möglich, aber es klingt unwahrscheinlich, daß er einige Jahre vorher immer noch stark genug gewesen war, um mit seinen Männern zu kämpfen. Der *Chronicle* könnte sich daher in dem Punkt, daß Cynric mit seinem Vater ankam, irren.

Sehen wir einmal davon ab, wann er geboren wurde, scheint Cynric der Sohn einer britischen Frau gewesen zu sein. Ein zusätzlicher Hinweis darauf ist, daß sein eigener Sohn, der ihm 560 auf den Thron folgte, vom *Chronicle* als Ceawlin bezeichnet wird, ein vollkommen britischer Name. Es scheint zu dieser Zeit allgemein üblich gewesen zu sein, die Allianz zwischen den sächsischen und britischen Familien durch Heirat zu festigen.

Nennius beispielsweise berichtet, daß Vortigern mit Hengists Tochter verheiratet wurde, um den zwischen ihnen herrschenden Pakt zu bekräftigen. Falls dies der Fall war, könnte die Allianz zwischen Cerdic und Cunomorus durch eine Heirat von Cerdic und Cunomorus' Tochter besiegelt worden sein, die dann Cynrics Mutter wurde. Leider kennen wir den Namen von Cunomorus' Tochter nicht, da die Genealogien nur die männliche Abstammung belegen.

Wenn Cunomorus der wahre Modred war, der einen Pakt mit Cerdic schloß, dann könnte die Schlacht von Certicesford das Ergebnis einer Gegenoffensive von Artus gegen ihre vereinigten Armeen gewesen sein. Die Schlacht verhinderte nicht nur ein weiteres Vordringen der Sachsen, sie fand auch kurz vor der massiven Wiederbefestigung von East Dorset statt. Hinweise, daß die Briten der Midlands für diesen Sieg verantwortlich waren, gibt es in Form von typischen Tonwaren, die in Bokerley Dyke nahe Cranborne in Dorset ausgegraben wurden. Es ist unwahrscheinlich, daß die Dumnonianer selbst Bokerley Dyke befestigten, da sie 520 mit dem Neuaufbau von Befestigungsanlagen in ihrer Nähe beschäftigt waren. In Devonshire beispielsweise zeigt die Neubefestigung von Exeter deutlich, daß Dumnonia zu dieser Zeit zum Rückzug gezwungen war. Da die Sachsen sich immer noch viele Meilen östlich von Exeter verschanzten, müssen sich die Dumnonianer gegen rivalisierende Briten verteidigt haben.

Eine mögliche Erklärung für diese Aktivitäten ist, daß der Hauptteil der Briten in den Midlands sich nach Süden bewegte, und nach der Schlacht von Certicesford einen Keil zwischen Cunomorus' Dumnonia und Cerdics Wessex trieben. Falls dies Artus' Feldzug war, paßt es zu dem, was Geoffrey of Monmouth und die nachfolgenden

Autoren über Camlann bezüglich des Aufstandes sagen. Daher wollen wir die Legende mit den historischen Ereignissen vergleichen.

Legende:
Geoffrey of Monmouth siedelt Artus' Neffen Modred in Cornwall an, wo er während Artus' Abwesenheit regiert. (In der walisischen Literatur werden Modred und König Mark oft als selbe Person dargestellt und verwechselt.)

Geschichte:
Cunomorus war ein Zeitgenosse des historischen Artus, da er während des frühen 6. Jahrhunderts in Dumnonia – das auch Cornwall umfaßte – regierte. Er scheint außerdem zur selben Familie wie Artus zu gehören. König Mark war sicherlich der historische Cunomorus, wie die Inschrift auf dem Grabstein seines Sohnes Drustanus (die lateinische Version von Tristan) beweist, und damit der Sohn von Mark in den mittelalterlichen Romanen. Außerdem nennt der Mönch Wrmonoc aus dem 9. Jahrhundert Cunomorus tatsächlich König Mark.

Legende:
In Geoffrey of Monmouths Bericht führt Modred einen Aufstand an, indem er eine Allianz mit den Sachsen eingeht.

Geschichte:
Cunomorus scheint eine Allianz mit dem sächsischen Krieger Cerdic gebildet zu haben, wie der Name von Cerdics Sohn und die gemeinsamen Wurzeln ihrer Königreiche im frühen 6. Jahrhundert deutlich machen. Die einzige historisch belegte Schlacht, die kurz vor dem Verlassen von Viroconium (circa 520) stattfand, war Cerdics

Schlacht in Certicesford im Jahre 519. Es gibt archäologische Funde, die darauf hinweisen, daß die Schlacht von den Briten der Midlands gegen eine Allianz aus Wessex und Dumnonia ausgetragen wurde.

Die Reihenfolge der Ereignisse könnte daher wie folgt gewesen sein: Artus setzte Cunomorus in Dumnonia ein. Cunomorus schloß einen Pakt mit Cerdic, während der Rest des Landes den Vorteil, den man bei Badon gewonnen hatte, ausbaute. Cerdic festigte seine Allianz mit Dumnonia, indem er Cunomorus' Tochter heiratete, die ihm später einen Sohn, Cynric, gebar. Schließlich zerbrach ihre gemeinsame Herrschaft über die Gegend wegen Artus' totaler Gegenoffensive, die einen Keil zwischen die rebellierenden Armeen treiben sollte. Obwohl der Stoß erfolgreich war, wurde Cunomorus sicherlich nicht bei Certicesford getötet. (Doch wie wir im folgenden Kapitel sehen werden, könnte die Modred-Legende durch eine Verwechslung der historischen Figuren entstanden sein.) Nach der Schlacht bestand eine unsichere Pattsituation, während derer die Allianzen der britischen Königreiche allmählich zerbröckelten und die den Sachsen die Möglichkeit bot, ein paar Jahrzehnte später erneut einzufallen. Wenn diese Theorie stimmt, stammten die Könige von Wessex, die schließlich die sächsischen Könige von ganz England werden sollten, direkt – über die Tochter von Cunomorus – von der Familie ab, der auch Artus angehörte – der größte Held ihrer eingeschworenen Feinde, der Briten.

Zusammenfassung

Der vorerst letzte Punkt unserer Suche nach dem wahren König Artus bezieht sich auf die Schlacht von Camlann, die nach Geoffrey of Monmouth die letzte Schlacht von Artus war. Außerdem stirbt Artus hier nach Beschreibung der *Annales Cambriae* gemeinsam mit Medraut. Wir haben deshalb versucht, den schwer zu bestimmenden Ort Camlann zu lokalisieren und den rätselhaften Medraut zu identifizieren.

1 Den *Annales* zufolge fand der »Zwist von Camlann, bei welchem Artus und Medraut fielen« 539 statt. Weiter erfahren wir nichts, weder wo noch warum die Schlacht stattfand, noch ob Artus und Medraut auf verschiedenen Seiten kämpften. Leider erwähnt kein anderes Manuskript aus dem Dunklen Zeitalter Camlann oder Medraut.

2 Geoffrey of Monmouth ist der erste Schreiber, der uns Details über Medraut und die Schlacht von Camlann liefert. Nach Geoffrey war Medraut Artus' Neffe, der versuchte, die Herrschaft zu gewinnen, jedoch in der Schlacht fiel. Die Schlacht von Camlann war wahrscheinlich das Ergebnis eines internen Streits unter den Briten, da Gildas uns sagt, daß der Krieg gegen äußere Mächte seit der Zeit von Badon bis zur Zeit seines Schreibens aufgehört habe, wiewohl das Land von internen Zwistigkeiten geschüttelt wurde.

3 Da die *Annales* sich bei der Datierung von Badon als unzuverlässig erwiesen haben, sollten wir ihre Datierung von Camlann mit Vorsicht genießen. Es ist sehr unwahrscheinlich, daß Artus im Jahre 539 kämpfte. Eher wahrscheinlich ist, daß das Ende von Artus' Regentschaft mit dem Verlassen von Viroconium zusammenfiel, denn zu

dieser Zeit war ein interner Konflikt unter den Briten ausgebrochen. In diesem Fall fand Camlann um 520 statt.

4 Medraut, wie er in den *Annales* genannt wird, ist ein walisischer Name. Die Schreibweise Modred, wie Geoffrey sie verwendet, ist kornisch. Die walisische und die kornische Sprache stammen vom Brythonischen. Geoffreys Verwendung des kornischen Dialekts weist darauf hin, daß die Details über seine Modredgeschichte hier überliefert wurden. Während des 6. Jahrhunderts war Cornwall jedoch ein Teil des Königreichs Dumnonia, das auch Devon und Teile von Dorset umschloß.

5 Wenn Modred Verbindungen zu Dumnonia hatte und die Schlacht von Camlann im zweiten Jahrzehnt des 6. Jahrhunderts stattfxand, wäre Cunomorus sicherlich daran beteiligt gewesen. Sein Name steht auf dem Stein von Drustanus aus dem 6. Jahrhundert und er regierte zu dieser Zeit offenbar in Dumnonia. Da wir das Affix ›Cun‹ aus der Cunedda-Familie in seinem Namen finden, könnte er ein votadinischer Prinz sein, der abgestellt wurde, um die Kontrolle über die abgelegene Provinz von Dumnonia zu behalten.

6 Da dies mit dem zusammenpaßt, was Geoffrey und die mittelalterlichen Romane uns erzählen, nämlich, daß Artus seinen Neffen Modred in Cornwall einsetzte, war Cunomorus vielleicht Artus' Neffe und der wahre Modred. Wir haben gesehen, daß König Mark auf Cunomorus zurückgeht. Vielleicht gilt das auch für Modred. Auf jeden Fall werden die beiden Personen in einigen Werken walisischer Literatur verwechselt, die einmal Mark und einmal Modred die Herrschaft in Cornwall zusprechen.

7 Nach Geoffreys Bericht kann Modred die Rebellion

nur durchsetzen, indem er eine Allianz mit den Sachsen eingeht. Ein solches Szenario ist im frühen 6. Jahrhundert durchaus denkbar. Die Tatsache, daß Cerdic sich so bald nach Badon in Hampshire niederlassen kann, weist darauf hin, daß er Unterstützung erhielt, und da es archäologische Hinweise auf die Ausdehnung Dumnonias nach Dorset gibt, könnte eine Allianz zwischen Cunomorus und Cerdic den Erfolg beider Königreiche, Dumnonia und Wessex, erklären.

8 Hinweise auf eine Allianz zwischen Cunomorus (in den Genealogien Cynfawr genannt) und Cerdic kommen vom *Anglo-Saxon Chronicle,* der uns berichtet, daß Cerdics Sohn und Nachfolger Cynric hieß. Dies ist nicht nur ein halb britischer und halb sächsischer Name, der darauf hindeutet, daß er Mischblut hatte, sondern enthält auch das Namensaffix ›Cyn‹ der Votadini. Da es zu dieser Zeit durchaus üblich gewesen zu sein scheint, eine Allianz zwischen sächsischen und britischen Dynastien durch Heirat zu festigen, ist der Name ›Cynric‹ ein Hinweis auf eine Allianz zwischen Dumnonia und Wessex.

9 Nach dem *Chronicle* fochten Cerdics Sachsen im Jahre 529 eine Schlacht bei Certicesford (das heutige Charford, einige Meilen südlich Salisbury), die das Ende ihrer Ausbreitung für die nächsten 30 Jahre bedeutete. Da sie die einzige historisch belegte Schlacht dieser Zeit ist, scheint es sehr gut möglich, daß die Schlacht von Certicesford die Schlacht von Camlann war. (Certicesford war nicht der ursprüngliche britische Name für diesen Ort, da der Name wörtlich Cerdics Fort bedeutet.) Stimmt das, so könnte die Schlacht von Certicesford ein Versuch von Artus gewesen sein, einen Keil zwischen die vereinigten Armeen von Cunomorus und seinem Verbündeten Cerdic zu treiben.

16

DER WAHRE KÖNIG ARTUS

Bevor wir das Geheimnis um Artus' wahre Identität lüften, wollen wir unsere Erinnerung bezüglich dessen, was wir bisher wissen, auffrischen.

Es ist beinahe sicher, daß die Legenden um König Artus sich auf eine wirkliche historische Person gründen. Artus war keine Erfindung von Geoffrey of Monmouth, da er auch in den *Annales Cambriae* und in Nennius' *Historia Brittonum* erwähnt wird. Außerdem bezieht sich auch der normalerweise sehr verläßliche Geschichtsschreiber William of Malmesbury, der um dieselbe Zeit wie Geoffrey schrieb, auf König Artus und die Legenden, die sich um ihn rankten. Eine Darstellung auf dem Archivolt am Dom von Modena in Italien zeigt uns, daß die Geschichten von Artus sich zur Zeit von Geoffrey schon in Europa verbreitet hatten. Auch Hermann von Tournais erwähnt die Artuserzählung in Cornwall bereits um 1113. Wenn der Name Artus in keiner verläßlichen Genealogie dieser Zeit auftaucht, liegt das wahrscheinlich daran, daß der Name Artus ein Titel mit der Bedeutung Bär ist.

Es gibt eine Vielzahl verläßlicher Indikatoren, mit Hilfe derer wir auf die Artusperiode schließen können. Da ist einmal die Schlacht von Badon, die sowohl die *An-*

nales als auch Nennius mit Artus in Verbindung bringen, ebenso William von Malmesbury. Es gibt keinen Zweifel, daß die Schlacht von Badon ein historisches Ereignis war, denn sie wird von Beda und, wichtiger noch, von Gildas bestätigt, zu dessen Zeit man sich noch an die Schlacht erinnerte. Wir können davon ausgehen, daß die Schlacht von Badon gegen Ende des 5. Jahrhunderts stattfand. Nach Gildas' und Bedas Hinweisen, daß Badon 44 Jahre nach der sächsischen Ankunft stattfand, errechnen wir das Jahr 493. Diese Annahme wird von archäologischen Funden unterstützt, wie zum Beispiel der Unterbrechung der Abfolge von sächsischen Begräbnissen. Auch der *Anglo-Saxon Chronicle* beschreibt einen großen Rückzug der Sachsen um das Jahr 500. Das wichtigste Element von allen ist das totale Verschwinden des sächsischen Königreiches Sussex zu dieser Zeit. Diese Tatsache, gemeinsam mit dem *Chronicle,* der kein weiteres Vordringen der kentischen Armeen um das Ende des 5. Jahrhunderts erwähnt, deutet auf einen wichtigen Sieg der Briten um 493 hin.

Aus der vorangegangenen Periode kennen wir Artus' Vorgänger Ambrosius, der von William of Malmesbury als Verbündeter, von Nennius als Vorfahre von Artus bezeichnet wird. Es gibt keinen Zweifel darüber, daß Ambrosius tatsächlich existierte, denn er wird sowohl von Gildas als auch von Beda als der Mann bezeichnet, der die Briten erfolgreich umorganisierte und die eindringenden Angelsachsen vertrieb. Nach den Ereignissen, die Gildas vor dem Aufstieg von Ambrosius beschreibt, kann dessen Machtübernahme um das Jahr 460 angesiedelt werden. Dieses Datum wird von den Hinweisen, die sich auf Vortigern beziehen, bestätigt. Wir wissen, daß Vortigern der Vorgänger von Ambrosius war. Durch Datierung von Vortigerns Tod können wir Ambrosius ansiedeln. Vortigern (oder Vortigern II.) blieb bis 455 an der Macht, da der *Chronicle* beschreibt, daß er in diesem Jahr gegen die Brüder Hengist und Horsa kämpfte – ein Ereignis, auf das auch Nennius hinweist. Die Absetzung Vortigerns nach diesem Kampf deutet darauf hin, daß Ambrosius um 460 an die Macht kam.

Es gibt noch weitere Indizien dafür. Wir haben gesehen, daß Nennius, Beda und Gildas Ambrosius in eine hochgestellte römische Familie einordnen. Dies ist, zusammen mit Untersuchungen über die politischen und religiösen Zwistigkeiten der früheren Jahrzehnte, ein Hinweis darauf, daß Ambrosius der imperialistischen Fraktion angehörte. Eine Art imperialistischen Wiederauflebens in Britannien während der 460er Jahre wird sowohl durch die Wiederverwendung römischer Namen als auch durch den Kampf eines britischen Kontingents für Kaiser Anthemius in Nordfrankreich im Jahre 470 bestätigt.

Von Nennius können wir ein genaues Datum für Artus ableiten, das zu dem paßt, was wir von Ambrosius wissen. Die *Historia Brittonum* setzt Artus' Schlachten direkt nach dem Tod von Hengist an, den der *Anglo-Saxon Chronicle* für das Jahr 488 verzeichnet. Außerdem berichtet Nennius, daß Hengists Sohn Octha sich zu dieser Zeit aus dem Norden zurückzog. Es gibt Hinweise auf einen Rückzug der Angelsachsen aus Nordostengland um das Jahr 490, und archäologische Funde, wie charakteristische angelbritische Tonwaren aus dieser Zeit, die in Deutschland gefunden wurden, deuten auf eine Rückwanderung zum Kontinent hin. Da Nennius' Erwähnung von Octhas Rückzug von der Archäologie bestätigt wird, ist seine Datierung von Artus' Feldzügen auf die Zeit nach dem Tod von Hengist glaubwürdig.

Nachdem wir die Zeit von Artus' Kampf gegen die Sachsen um das Jahr 490 festlegen konnten, fahren wir mit der Untersuchung seiner Abstammung fort. In Kapitel dreizehn haben wir gesehen, daß die Dynastie von Artus mit großer Wahrscheinlichkeit aus dem nördlichen Votadini-Stamm kam. Die Ankunft der Votadini in Nordwales, mit dem Zweck, im Kampf gegen die Iren zu helfen, wird sowohl in den *Annales* als auch der *Historia Brittonum* erwähnt. Es gibt zudem archäologische Funde von votadinischen Tonwaren und Gräbern aus dem Nordwales von 460. Dies ist bei Nennius und den *Annales* die wahrscheinlichste Zeit ihrer Ankunft. Dieses Datum paßt auch zu den archäologischen Belegen für eine Vertreibung der Iren aus der Gegend im späten 5. Jahrhundert. Am bezeichnendsten ist jedoch das charakteristische Namensaffix ›Cun‹ oder ›Cyn‹ der Cunedda-Familie, das oft bei Inschriften oder in Genealogien der Gegend während dieser Zeit auftaucht.

Die Dynastie der Cunedda war ohne Zweifel im Britannien des frühen 6. Jahrhunderts sehr mächtig. Maglocunus war der mächtigste britische König zu Gildas' Zeit, und Cuneglasus regierte in Powys. Cunomorus dagegen regierte in Dumnonia und Cynric in Wessex. Daß Artus nicht aus dieser Linie abstammte, scheint sehr unwahrscheinlich, vor allem, da das Gedicht *Gododdin* einen unabhängigen Beleg dafür gibt, daß Artus ein Krieger des Votadini-Stammes war, und zwar ursprünglich aus dem Königreich Gododdin.

Obwohl Geoffrey of Monmouth den Legenden bezüglich der unmittelbaren Verwandten von Artus zum Opfer gefallen sein mag, basieren die von ihm genannten Vorgänger offenbar alle auf historischen Figuren, wie Constantius, Constans, Vortigern und Ambrosius. Es gibt daher einigen Grund anzunehmen, daß Uther Pendragon, der Vater von Artus, ebenfalls existierte. Wie wir gesehen haben, bedeutet sein Name ›Hauptdrache‹ – ein Titel, der von den Königen von Gwynedd verwendet wurde. Dies, gemeinsam mit Gildas' Beschreibung von Maglocunus als ›Drache von Britannien‹, identifiziert Uther als König von Gwynedd.

Unsere Suche nach Artus' Machtbasis, seinem wahren ›Camelot‹, führt uns in das Königreich Powys. Archäologische Funde bestätigen nicht nur, daß Powys erheblichen Einfluß besaß, sondern daß es auch sehr wahrscheinlich der Sitz von Vortigern war. Nennius verbindet Vortigern mit diesem Königreich, indem er erzählt, daß einer von dessen Vorfahren die Stadt Gloucester gegründet habe. Die Säule von Eliseg identifiziert Vortigern tatsächlich als König von Powys. Zusätzlich gibt es Belege für einen einzigartigen Wiederaufbau der römischen Stadt Viroconium, die genau in die Zeit paßt, in der Vortigern I. an die Macht kam.

Es gibt archäologische Belege nicht nur für die anhaltende Bedeutung Viroconiums im 5. Jahrhundert, sondern auch dafür, daß die Votadini die Herrschaft in der Stadt übernommen hatten. Es kann nur wenig Zweifel daran aufkommen, daß die Cunedda-Familie Ende des 5. Jahrhunderts in Viroconium regierte, wie durch das Grab von Cunorix gezeigt wird. Außerdem regierten sie Mitte des 6. Jahrhunderts immer noch das Königreich Powys, wie eine Analyse von Gildas und seiner Tirade gegen Cuneglasus erkennen läßt.

Daher muß der Krieger, der die britischen Streitkräfte während der erfolgreichen Feldzüge gegen die Angelsachsen anführte (gipfelnd in einem entscheidenen Sieg bei Badon im Jahre 493), ein Mitglied der Cunedda-Familie gewesen sein, deren Regierungssitz Viroconium war. Es ist wichtig, sich daran zu erinnern, daß wir den Namen Artus als passende Bezeichnung für diesen

Kriegsherrn verwendet haben. Wenn wir von der Vielzahl der Legenden absehen, die während des Mittelalters existierten, wollen wir jetzt aus den historischen Hinweisen erkennen, ob dieser Krieger – Krieger X – tatsächlich Artus hieß.

Die historischen Quellen sagen über denjenigen, den sie Artus nennen, folgendes:

1. William of Malmesbury, ein verläßlicher Historiker, der um 1125 schrieb, glaubte, daß König Artus eine historische Figur war, ein Zeitgenosse von Ambrosius, der die Angelsachsen in der Schlacht von Badon besiegte.

2. Um 950 wurden die *Annales Cambriae* zusammengestellt, die Artus' Sieg bei Badon und seinen Tod bei Camlann erwähnen.

3. Um 830 wurde die *Historia Brittonum* von Nennius geschrieben. Er sagt uns, daß Artus der Anführer der Briten war, die eine ganze Reihe erfolgreicher Schlachten in der Zeit zwischen dem Tod von Hengist (nach dem *Anglo-Saxon Chronicle* 488) und der sächsischen Niederlage bei Badon (493 nach Gildas und Beda) schlugen.

Da die anderen historischen Hauptquellen, so wie Gildas und Beda, den britischen Anführer der Zeit, in der die *Historia Brittonum* Artus ansetzt, überhaupt nicht erwähnen, und da kein anderer Name als Artus mit dem britischen Sieg bei Badon in Zusammenhang gebracht wurde, gibt es keinen Grund, daran zu zweifeln, daß Krieger X als Artus bekannt war.

Wenn Krieger X gleich Artus ist, sollten wir ihn in der

Cunedda-Familie aus Powys um 490 finden können. Doch wie wir bereits gezeigt haben, entwickelte sich der Name Artus aus dem Wort für Bär und war ein Titel, der von einem Krieger anderen Namens getragen wurde. Da die Namen der Cunedda-Familie, die in den westlichen Midlands und Nordwales regierten, in den Genealogien des Dunklen Zeitalters festgehalten wurden, sollte uns ein Ausschlußverfahren ermöglichen, den wahren Namen König Artus' zu finden.

Da Cuneglasus und Maglocunus mit Sicherheit eine Generation zu spät lebten, um der historische Artus sein zu können, müssen wir ihre Vorväter untersuchen. Laut unserer Argumentationskette war Artus der Sohn des ›Hauptdrachen‹, einem König von Gwynedd aus der zweiten Hälfte des 5. Jahrhunderts. Es gibt keinen Zweifel daran, daß Cuneddas Nachfolger auf dem Thron sein Sohn Enniaun Girt war, der in den Genealogien des Dunklen Zeitalters aus den *Annales Cambriae* als der *Großvater* von Maglocunus und Cuneglasus identifiziert wird. Wir wissen von Gildas, daß Maglocunus und Cuneglasus beide Könige waren. Obwohl Enniaun auch ein König von Gwynedd war, wie Cunorix in Powys, war er Ambrosius wahrscheinlich unterstellt, denn der hatte die Stellung als Gesamtherrscher der Briten inne.

Könnte Enniaun Girt König Artus gewesen sein? Er war sicherlich der Sohn eines Königs von Gwynedd und könnte Ambrosius als Anführer der britischen Streitkräfte abgelöst haben. Doch da er von Nennius als ein Krieger beschrieben wird, der mit seinem Vater um 460 landete, lebte er wahrscheinlich eine Generation zu früh, um Artus zu sein. Außerdem zeigen die Genealogien, daß Maglocunus und Cuneglasus beide Nachfahren von Enniauns *Sohn* und nicht von Enniaun selbst waren. Nach dem Tod dieses Sohnes von Enniaun um 520 (dem allgemein angenommen Datum der Thronbesteigung von Maglocunus und Cuneglasus), muß die britische Einigkeit auseinandergebrochen sein. Diese beiden getrennten Herrschaften zeigen, daß die Königreiche von Powys und Gwynedd sich nach dem Tod von Enniauns Sohn getrennt haben, und der Abzug aus Viroconium zu dieser Zeit ist Beleg für einen Streit der beiden Königreiche (siehe unten). Dies deutet darauf hin, daß eine starke, vereinende Person gerade gestorben war. Es ist sehr wahrscheinlich, daß Enniauns Sohn das vereinende Element, der Krieger X, gewesen ist. Das heißt, Enniauns Sohn war Artus.

Das Todesdatum von Enniaun ist unbekannt, obwohl wir wissen, daß Cunorix um 480 starb, so daß Enniauns Sohn nicht vor dieser Zeit die Herrschaft über Powys übernommen haben kann. Es war daher irgendwann *nach* 480, als Enniauns Sohn die direkte Kontrolle über Gwynedd und Powys erlangte.

Wer war also Enniauns Sohn – der wahrscheinlichste Kandidat für den Krieger, der den Titel Artus erhielt? Da wir von Gildas erfahren, daß Maglocunus der mächtigere der beiden Könige war, könnte Artus sein Vater gewesen sein. Dieser wird in den Genealogien als Cadwallon Lawhir bezeichnet.

Doch von Gildas erfahren wir auch, daß Maglocunus nicht seinem Vater, sondern seinem Onkel auf den Thron folgte. Gildas beschuldigt Maglocunus, seinen Onkel gestürzt zu haben, um sich den Thron zu sichern. Gildas beschimpft Maglocunus, indem er sagt: »In den frühen Jahren Eurer Jugend habt Ihr den König, Euren Onkel, und seine tapferen Truppen mit Feuer und Speer und Schwert vernichtet.« War also Maglocunus' Onkel der Krieger, der zur Ausgangsfigur der Artuslegende wurde?

Eine ähnliche Geschichte interner Zwistigkeiten taucht in mehreren späteren Werken auf: Geoffrey of Monmouth und die nachfolgenden Romanautoren beschreiben, wie Modred den Tod *seines* Onkels Artus herbeiführt, um den Thron zu gewinnen. Was können wir aus diesen Informationen machen?

Wir haben vorher gezeigt, daß sich die Legende von Modreds Aufstand offenbar aus der Revolte von Cunomorus entwickelte. Könnte sich so auch eine weitere Modred-Legende entwickelt haben, nämlich daß Artus von seinem Neffen ermordet wurde? Kehrte der geschwächte Artus nach der Schlacht von Certicesford in sein Königreich zurück, wo er von Maglocunus gestürzt wurde? Es könnte gut sein, daß Modred, die Legendenfigur, sich aus einer Vermischung zweier historischer Personen, nämlich Cunomorus und Maglocunus, entwickelte.

Obwohl Artus bei der Schlacht von Certicesford gekämpft zu haben scheint, könnte es sein, daß es nicht seine letzte Schlacht gewesen ist. Die Ähnlichkeit zwischen Certicesford und Geoffreys Schlacht von Camlann könnte nur die halbe Legende von Geoffrey wiedergeben. So wie die Rollen von Mark und Modred sich vermischten, als die Artusromane entstanden, könnten die Umstände der letzten zwei Schlachten von Artus sich im Verlauf des Dunklen Zeitalters zu einer Legende von nur einer Schlacht vermischt haben. Wenn Maglocunus der Neffe von König Artus war, könnte Geoffrey diese Revolte in Gwynedd auch in seine Geschichte von Modreds Aufstand aufgenommen haben.

Gildas erzählt uns, daß Maglocunus seinen »Onkel und seine tapferen Truppen mit Feuer und Speer und Schwert« gestürzt habe, was auf eine Schlacht hindeutet. Da die Genealogien zeigen, daß Gwynedd und Powys vor der Thronbesteigung von Maglocunus in Gwynedd ein vereinigtes Königreich bildeten, ist das Grenzland zwischen den beiden Königreichen der logische Ort für eine Schlacht, in der Maglocunus sein Königreich Gwynedd vom Königreich Powys abtrennte. Die *Annales Cambriae* berichten, daß Artus bei der Schlacht von Camlann starb. Ein karges und abgelegenes Tal ungefähr fünf Meilen östlich von Dolgellau in der Gegend von Merioneth und dem westlichen Zentralwales trägt den Namen Camlan, mit nur einem ›n‹ geschrieben. Es ist sicherlich kein Zufall, daß der einzige Ort in Großbritannien, der Camlan heißt, strategisch haargenau im Grenzland der Königreiche Gwynedd und Powys aus dem frühen 6. Jahrhundert liegt.

Aber wer war Medraut? Die *Annales Cambriae* berichten, daß Medraut in der Schlacht von Camlann mit Artus fiel, aber es gibt im frühen 6. Jahrhundert keinen weiteren Hinweis auf ihn. Da die *Annales* einfach berichten, daß Medraut mit Artus fiel, scheint sowohl seine Identität als auch sein Verhältnis zu Artus zur Zeit, als Geoffrey die *Historia* schrieb, vergessen gewesen zu sein. Ob bewußt oder unbewußt: Geoffrey könnte den historischen Medraut als passende Figur für die Rollen von Cunomorus und Maglocunus verwendet haben. Der wahre Medraut könnte sehr wohl gemeinsam mit Artus gekämpft haben und mit ihm gefallen sein.

Nun müssen wir ins 6. Jahrhundert zurückkehren. Wenn Maglocunus um 520 an die Macht kam, war dies während der wahrscheinlichen Zeit des Abzugs aus Viroconium. Dies ist ein weiterer Hinweis auf einen internen Zwist unter den Briten, denn die Stadt wurde nicht von den Angelsachsen bedroht. Die Bedrohung kann auch nicht aus dem fernen Dumnonia gekommen sein, das sich, abgesehen von seiner strategischen Isolation, selbst auf dem Rückzug befand. Die einzige Erklärung für den Rückzug aus Viroconium in einen besser zu verteidigenden Ort war eine Bedrohung aus dem angrenzenden Königreich Gwynedd, dem mächtigsten Königreich zur Zeit von Gildas.

Wenn Maglocunus' Onkel über die Königreiche Gwynedd und Powys herrschte, würde der Sturz seines Onkels Maglocunus die Macht über Gwynedd, aber nicht über Powys, sichern, wo sein Cousin Cuneglasus die Macht errang. Unter diesen Umständen könnte der Rückzug aus Viroconium als Teil der Strategie von Cuneglasus angesehen werden, sich gegen einen möglichen Angriff von Maglocunus zu verteidigen.

Obwohl Gildas diesen Onkel, dem Maglocunus auf den Thron folgte, nicht namentlich erwähnt, muß es Cuneglasus' Vater gewesen sein. Cuneglasus und Maglocunus waren nicht nur Cousins (d. h. die Väter von Cuneglasus und Maglocunus waren Brüder), sondern die Genealogien zeigen auch, daß beide dem König nachfolgten. Cuneglasus' Vater ist daher der wahrscheinlichste Kandidat für den Krieger, der den Titel Artus trug.

In der Liste der Genealogien, die um 955 aus früheren Quellen zusammengestellt und den *Annales Cambriae* beigefügt wurden sowie im Manuskript Harley 3859 in der British Library in London wird der Vater von Cuneglasus identifiziert. Er war der Sohn von Enniaun Girt, und sein Name war **Owain Ddantgwyn.**

Alle auffindbaren Hinweise deuten darauf hin, daß Owain Ddantgwyn die historische Figur war, die den Titel ›Artus‹ trug.

• Owain Ddantgwyn herrschte während des letzten Jahrzehnts des 5. Jahrhunderts – genau zu der

Zeit, in welchem die *Historia Brittonum* ›Artus‹ ansiedelt.

• Owain Ddantgwyn war der Sohn eines der Könige von Gwynedd, die als ›*Hauptdrachen*‹ bezeichnet wurden. ›Uther Pendragon‹, der ›schreckliche *Hauptdrache*‹, war der Vater von ›Artus‹.

• Owain Ddantgwyn war als König über Gwynedd und Powys der mächtigste Herrscher in Britannien zur Zeit der Schlacht von Badon, in der die Briten von ›Artus‹ zum Sieg geführt wurden.

• Owain Ddantgwyn war der Vater von Cuneglasus, dessen Vorfahre der ›Bär‹ genannt wurde. Der ›Bär‹ ist mit großer Wahrscheinlichkeit der Ursprung des Namens ›Artus‹.

• Owain Ddantgwyn könnte in der Schlacht im Tal von Camlan nahe Dolgellau gefallen sein. Camlann ist der Ort, an dem die *Annales Cambriae* den Tod von ›Artus‹ ansiedeln.

Außer seinem Namen ist jedoch nichts über Owain Ddantgwyn bekannt. Wir wissen nichts über sein Aussehen, seinen Charakter, seinen Glauben oder irgend etwas über seine engere Familie. Paradoxerweise könnte es gerade das Fehlen historischer Informationen gewesen sein, was den Mann, der Artus war, so berühmt gemacht hat: An seiner Figur konnten viele Menschen ihre Vorstellungen verwirklichen. Historisch festgelegt, wäre er später nicht das passende Vehikel für so viele unterschiedliche Vorstellungen gewesen.

Owain Ddantgwyn war nicht der einzige Krieger seiner Zeit, der vergessen wurde. Während des Jahrhunderts nach dem Ende der römischen Herrschaft verloren sie die Identitäten vieler britischer Anführer im Nebel der Zeit. Nichts ist von Cunorix bekannt, außer seinem Grabstein, und nichts ist von Enniaun Girt bekannt, als dem kurzen Hinweis in den Genealogien. Sogar bei Ambrosius klafft eine riesige Lücke. Wie konnte der Name ›Artus‹, der eigentlich ein Titel war, einen solch legendären Status erlangen, wenn der Mann, der ihn trug, der Geschichte so verborgen blieb?

Owain Ddantgwyn, der Krieger, der in Viroconium um das Jahr 500 regierte, der Anführer der Briten bei der Schlacht von Badon, der Kriegsherr, der den Schlachtnamen ›Der Bär‹ trug, war der *letzte* Herrscher eines vereinigten Britanniens. Als solches wurde er zum Herz der nationalistischen Nostalgie, ein historisches Epizentrum, aus dem heraus sich die Wellen der Legende ausbreiteten. Es gibt vielleicht einen noch wichtigeren Grund für die schnelle Entstehung der Artuslegenden. Die Zivilisation, die im Westen Britanniens während des späten 5. und frühen 6. Jahrhunderts überlebte, war alles, was vom westlichen Reich, dem Römischen Reich, übriggeblieben war.

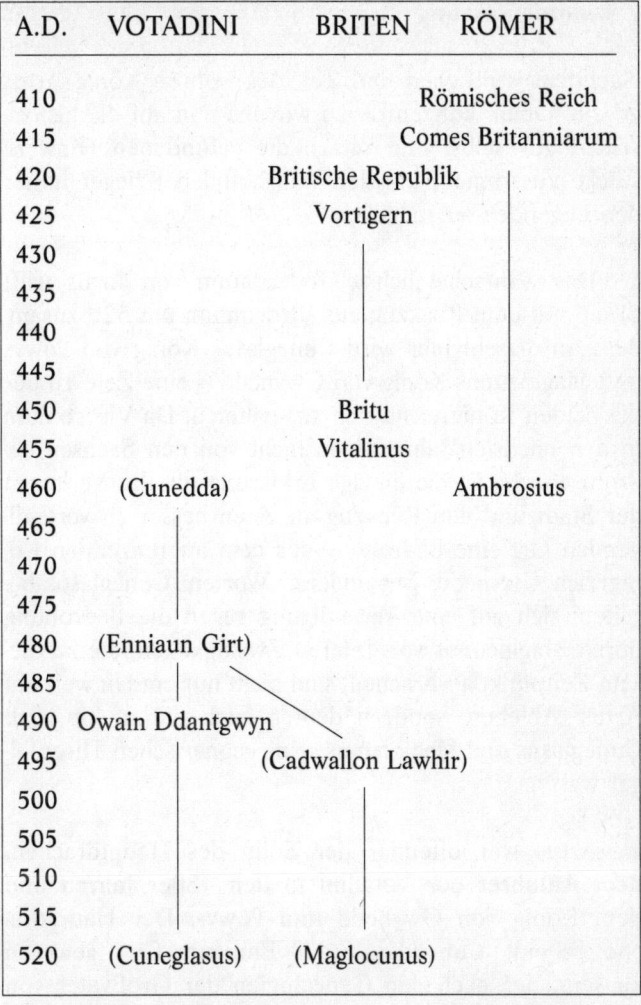

A.D.	VOTADINI	BRITEN	RÖMER
410			Römisches Reich
415			Comes Britanniarum
420		Britische Republik	
425		Vortigern	
430			
435			
440			
445			
450		Britu	
455		Vitalinus	
460	(Cunedda)		Ambrosius
465			
470			
475			
480	(Enniaun Girt)		
485			
490	Owain Ddantgwyn		
495		(Cadwallon Lawhir)	
500			
505			
510			
515			
520	(Cuneglasus)	(Maglocunus)	

Britische Herrscher im 5. und frühen 6. Jahrhundert.
Mitglieder der Familie von Owain Ddantgwyn
in Klammern.

257

Zusammenfassung

Nachdem wir Leben und Zeit des wahren König Artus erhellt haben, konzentrieren wir uns nun auf die historische Figur selbst und setzen die gefundenen Hinweisstücke zusammen, um den wahrhaftigen Krieger hinter den Legenden aufzudecken.

1   Das wahrscheinlichste Todesdatum von Artus trifft genau mit dem Rückzug aus Viroconium um 520 zusammen. In diesem Jahr wird Cuneglasus König von Powys und Maglocunus König von Gwynedd – eine Zeit, zu der die beiden Königreiche sich aufspalteten. Da Viroconium in den nächsten Jahrzehnten nicht von den Sachsen bedroht wurde, ist die einzige Erklärung für das Verlassen der Stadt und den Rückzug an einen besser zu verteidigenden Ort eine Bedrohung aus dem angrenzenden Königreich Gwynedd. Mit anderen Worten: Cuneglasus bereitete sich auf eine Verteidigung gegen die Bedrohung durch Maglocunus vor. Interne Zwistigkeiten, die zu diesem Zeitpunkt ausbrachen, sind nicht nur ein Hinweis auf Artus' Ableben, sondern deuten auch darauf hin, daß Cuneglasus und Maglocunus seine gegnerischen Thronfolger waren.

2   Artus war offenbar der Sohn des Hauptdrachen, dem Anführer der Votadini in den 480er Jahren und dem König von Gwynedd und Powys. Der Hauptdrache scheint Cuneddas Sohn Enniaun Girt gewesen zu sein, der nach den Genealogien der Großvater von Maglocunus und Cuneglasus war, die beide Könige wurden. Wenn Enniaun Girt Artus Vater war, muß Artus der Vater von Maglocunus oder Cuneglasus gewesen sein.

3   Da Maglocunus bei weitem der mächtigere König von beiden war, war Artus vielleicht Maglocunus' Vater, der in den Genealogien Cadwallon Lawhir genannt wird. Doch bei Gildas lesen wir, daß Maglocunus nicht seinem Vater, sondern seinem Onkel auf den Thron folgte. Aus den Genealogien können wir erkennen, daß dieser Onkel Cuneglasus' Vater war.

4   Der Name dieses Kriegsherrn aus dem Dunklen Zeitalter ist in einer Liste von Genealogien überliefert, die um 955 aus früheren Klosterbüchern zusammengestellt wurde und heute den *Annales Cambriae* in einem Manuskript mit dem Namen ›Harley 3859‹ in der British Library beiliegt. Die Genealogie enthüllt, daß Cuneglasus' Vater Owain Ddantgwyn hieß.

5   Alle Hinweise deuten darauf hin, daß Owain Ddantgwyn die historische Figur war, die den Titel ›Artus‹ erhielt. Er regierte am selben Ort und zur selben Zeit, in der unsere Untersuchung König Artus lokalisiert hat. Er regierte Gwynedd und Powys gemeinsam und war daher der mächtigste Herrscher in Britannien zur Zeit der Schlacht von Badon, in welcher Artus die Briten zu ihrem wichtigsten Sieg der Ära führte. Artus bedeutet mit großer Sicherheit ›Der Bär‹, und Owain Ddantgwyn war der Vater von Cuneglasus, den Gildas als den ›Wagenlenker der Bärenfestung‹ bezeichnet.

6   Nach Geoffrey of Monmouth wurde Artus bei der Schlacht von Camlann tödlich verwundet, während er versuchte, eine Revolte, die von seinem Neffen angeführt wurde, niederzuschlagen. Obwohl sein Neffe Modred genannt wird, könnte die Legende sich aus dem wirklichen Maglocunus entwickelt haben, der nach

Gildas sein Königreich durch den Sturz seines Onkels erlangte. Da Gwynedd und Powys vor der Zeit von Maglocunus in Gwynedd ein vereinigtes Königreich bildeten, ist das Grenzland zwischen den beiden Königreichen der logische Ort für eine Schlacht, in der Maglocunus sein Königreich Gwynedd vom Königreich Powys abtrennte.

7 Ein entlegenes und ödes Tal etwa fünf Meilen östlich von Dolgellau im westlichen Zentralwales heißt tatsächlich Camlan, wenn auch nur mit einem ›n‹ geschrieben. Es ist sicherlich kein Zufall, daß der einzige Ort in Großbritannien mit dem Namen Camlan strategisch genau im Grenzland der Königreiche Gwynedd und Powys liegt, wie sie im frühen 6. Jahrhundert bestanden. Camlann ist nicht nur der Name, den Geoffrey für die letzte Schlacht von Artus erwähnt, sondern auch die *Annales Cambriae* berichten von Artus' Tod in der Schlacht von Camlann.

17

DIE ARTUS-
DYNASTIE

Eine Frage ist noch offen: Was wurde aus dem Britannien von Artus und der Dynastie von Owain Ddantgwyn?

Obwohl die walisische Tradition Owains Bruder Cadwallon Lawhir als den Mann nennt, der schließlich die Iren aus Anglesey vertrieb, scheint alles, was vom Leben und den Taten von Owain selbst bekannt ist, unter dem Namen Artus bewahrt worden zu sein. Nach Owains Tod bewegte sich Britannien allmählich in eine Zeit dokumentierter Geschichte. Die *Annales Cambriae* verlassen sich nicht länger auf die irischen Annalen. Die Berichte, die später den *Anglo-Saxon Chronicle* bildeten, wurden zusammengestellt, und die allmähliche Konversion der Angelsachsen zum Christentum ab dem Ende des 6. Jahrhunderts führte zur Gründung von Klöstern und zur Verbreitung der Schreibkunst. Der Niedergang von Powys ist daher leichter zu verfolgen als sein Aufstieg.

Mitte des 6. Jahrhunderts drängte Gildas die britischen Könige, ihre inneren Zwistigkeiten beizulegen, da er fürchtete, sie würden alles an den wirklichen Feind, die Angelsachsen, verlieren. Innerhalb weniger Jahre wurden seine Befürchtungen bestätigt. Dem *Anglo-Saxon Chronicle* zufolge zog Cynric (Cerdics Sohn) 552 nach

Norden und besiegte die Briten in der Nähe von Salisbury; im Jahre 556 bekämpfte er die Briten bei Beranburh, nahe Swindon. Der *Chronicle* belegt keinen Sieg für Cynric bei Beranburh, und es scheint, daß sein Feldzug für einige Zeit zum Stillstand kam.

Ungefähr 15 Jahre später wurden die Briten aus dem Osten bedroht. Laut *Anglo-Saxon Chronicle* überfiel der sächsische Könige Cuthwulf (von den Eslingas aus dem südwestlichen Cambridgeshire) die Briten der Midlands in Bedfordshire. Kurz danach marschierte er auf Abingdon. Obwohl seine Armeen siegreich waren, scheint Cuthwulf selbst getötet worden zu sein. Sein Nachfolger, Cuthwine, bildete offenbar eine Allianz mit Ceawlin von Wessex (Cynrics Sohn). Die Allianz marschierte gen Westen und besiegte die Briten 577 bei der Schlacht von Dyrham, sieben Meilen nördlich von Bath. Da die Städte Gloucester, Cirencester und Bath nun unter sächsischer Herrschaft waren, hatten die Sachsen das erreicht, was ihnen bei Badon über 80 Jahre zuvor nicht gelungen war. Sie trennten Dumnonia vom Rest des keltischen Britannien. Das Herz von Powys geriet nun unter direkte Bedrohung der sächsischen Allianz.

Der König von Powys, der für den Verlust von Gloucester verantwortlich war, ist unbekannt, aber es war wahrscheinlich Cuneglasus' Nachfolger Brochfael Ysgithrog. Kein Bericht von Brochfaels Feldzug ist überliefert, obwohl sein Sohn Cynan Garwyn das Vordringen der Sachsen im Süden offenbar verhinderte. Das ›Buch von Taliesin‹ enthält ein Gedicht, *Trawsganu Cynan Garwyn,* von dem man annimmt, daß es von Taliesin selbst zu dieser Zeit verfaßt wurde und das die Tapferkeit von Cynan im Kampf gegen die Engländer preist.

Nach der Pattsituation im Süden zog die Armee gen Norden, wo zwei anglische Königreiche aus dem Nordosten ihre Streitkräfte vereinigten und gegen die Briten in der Schlacht von Catraeth (Catterick in Yorkshire) im Jahre 598 kämpften. Dort besiegten König Aethelfrid von Bernicia (im heutigen Northumberland) und König Aelle aus Deire (im heutigen Yorkshire) die Briten. Diese Demütigung ist das Thema des *Gododdin,* in welchem die Votadini mit den Kriegern aus Gwynedd kämpften. Da *Gododdin* den Krieger Cynan erwähnt, könnte dies darauf hindeuten, daß Powys ebenfalls an der Schlacht von Catraeth beteiligt war, da Cynan Garwyn offenbar zu dieser Zeit König von Powys war.

Im *Gododdin* stellt die Schlacht von Catraeth sowohl eine vernichtende Niederlage für die Briten als auch das Ende des Königreichs Rheged im Norden von England dar. Bevor sie sich den Norden sichern konnten, waren die Angelsachsen in eine letzte Schlacht verwickelt. Im Jahre 603, nach Beda, marschierte der irische König Aedan (der im südwestlichen Schottland regierte) gegen die Angelsachsen, verlor aber. Im folgenden Jahr zog Aethelfrid gegen Aelle selbst und besetzte die Hauptstadt Deira in York. Hier gründete er das riesige anglische Königreich Northumbria, das den Großteil des nördlichen England einnahm.

Nach einem Jahrzehnt der Festigung griff Aethelfrid um das Jahr 613 (nach den *Annales Cambriae*) Nordwales an und besiegte eine vereinigte Armee von Gwynedd und Powys bei Chester, wobei Cynans Sohn Selyf getötet wurde. Northumbria trieb damit einen Keil zwischen die britischen Streitkräfte des Nordens und Zentralbritanniens.

Nach ein paar Jahren begannen die Angeln wieder, untereinander zu kämpfen. Aelles Sohn im Exil, Edwin, zog mit der Armee von König Redwald von East Anglia gegen Aethelfrid und besiegte ihn. Die *Annales* berichten vom

Tod Aethelfrids um das Jahr 617, woraufhin Edwin König von Northumbria wurde und Aethelfrids Söhne nach Irland ins Exil wanderten. Edwin scheint die Expansionspolitik seiner Vorfahren fortgeführt zu haben und fiel während der 620er Jahre in Gwynedd ein. Doch die internen Streitigkeiten des Feindes scheinen den Briten eine Atempause gewährt zu haben. Nachdem sie 629 auf einer Insel besiegt worden waren, die die *Annales* Glannauc nennen (wahrscheinlich vor der Küste von Anglesey), schlug Cadwallon, der König von Gwynedd, zurück.

Cadwallon besiegte 633 in einer Allianz mit dem anglischen Prinzen Penda (der sein Königreich Mercia in den östlichen Midlands Edwins Einfluß entziehen konnte) Edwin, der in der Schlacht starb. Doch jede Hoffnung auf ein britisches Wiederaufleben wurde zwei Jahre später zerstört, als Aethelfrids Sohn Oswald aus dem Exil in Irland zurückkehrte und Cadwallon mit (nach Beda) einer sehr viel kleineren Armee besiegte. Gwynedd scheint daraufhin von Northumbria überrollt worden zu sein, da unabhängige irische Berichte den Brand von Bangor im Jahre 634 erwähnen, während Gododdin im Norden vier Jahre später erobert wurde.

Nachdem die Macht von Gwynedd gebrochen war, besiegte eine Allianz aus Mercia und Powys im Jahre 644 schließlich Oswald an einem Ort, der in den *Annales* Cogwy genannt wird (wahrscheinlich das heutige Oswestry). Nach wenigen Jahren blieb nur noch Powys als die letzte Bastion britischer Macht. Die *Annales* berichten von der ›Niederhämmerung von Dyfed‹ im Jahre 645 und dem ›Gemetzel von Gwent‹ im Jahre 649, wahrscheinlich sowohl von den Iren als auch den Westsachsen begangen.

Penda von Mercia und Aethelhere von East Anglia, die

letzten Verbündeten von Powys, wurden von Oswalds Bruder Oswy in einer Schlacht besiegt, die Beda um das Jahr 655 in der Nähe des Flusses Vinwed ansetzt – wahrscheinlich in der Gegend von Leeds. Nachdem er Penda und Aethelhere besiegt hatte, setzte Oswy Pendas Sohn Peada und Aethelheres Bruder Anna als Marionettenkönige in Mercia und East Anglia ein. Powys stand nun allein gegen Oswy.

Die letzten Tage von Powys werden in einer Sammlung früher walisischer Gedichte, den *Canu Llywarch Hen* (dem ›Lied von Llywarch dem Alten‹) beschrieben. Heute sind uns die Gedichte, die aus der Mitte des 9. Jahrhunderts stammen, im ›Roten Buch von Hergest‹ in der Oxford Bodleian Library überliefert. (Die Datierung gründet sich nicht nur auf Linguistik, sondern auch auf die Ähnlichkeit des Zyklus mit den *Juvencus Englynion,* drei Verse aus einem Sagengedicht aus dem 9. Jahrhundert, das in der Cambridge University liegt.) Obwohl das *Canu Llywarch Hen* um 850 niedergeschrieben worden zu sein scheint, deuten die Namen, Orte und Ereignisse aus der Mitte des 7. Jahrhunderts darauf hin, daß es Teil eines Epos war, welches dieser Zeit viel näher lag. Details im *Canu Llywarch Hen* können auch bei Beda, den *Annales Cambriae* und dem *Tribal Hidage* gefunden werden. Das *Canu Llywarch Hen* wird daher für ein genaues Porträt der Ereignisse im Powys des 7. Jahrhunderts gehalten.

Das *Canu Llywarch Hen* beschäftigt sich mit der Herrscherfamilie von Powys und dem vergeblichen Kampf ihres Königs Cynddylan gegen die eindringenden Angelsachsen. Die erste von Cynddylans Schlachten, die in den Gedichten beschrieben wird, ist die Schlacht von Maes Cogwy (Cogwy Field). Die *Annales Cambriae* nennen diese Schlacht ebenfalls, in welcher Penda Oswald im

Jahre 644 besiegte. Im *Canu Llywarch Hen* heißt das Gedicht:

Ich sah das Feld von Maes Cogwy
Armeen, und die Schreie der unterdrückten Männer
Cynddylan brachte ihnen Hilfe

Diese Beschreibung von Cynddylans engen Verbindungen zu Penda findet sich auch bei Beda, als er die Königin von Mercia Cynwise nennt und Pendas Tochter Cyneberga, woraus man schließen kann, daß die Familien der Königreiche von Cynddylan und Penda untereinander heirateten.

Das *Canu Llywarch Hen* bezieht sich auch auf den eventuell letzten Sieg von Cynddylan bei Caer Luitcoet (Wall, nahe Lichfield). Diese Schlacht muß nach Pendas Tod um 655 geschlagen worden sein, da beschrieben wird, daß die angelsächsische Armee von christlichen Priestern begleitet wurde. Laut Beda starb Penda als Heide, obwohl Peada sich unter Oswys Führung zum Christentum bekehrte.

In bezug auf diese Schlacht liefert uns der Dichter des *Canu Llywarch Hen* eine Zeile, in der er die Könige von Powys als Nachkommen von König Artus selbst bezeichnet. Cynddylan und seine Familie werden als ›Erben des großen Artus‹ beschrieben. Die Datierung von 850 bedeutet, daß das *Canu Llywarch Hen,* anders als das *Gododdin* und die *Historia Brittonum,* vielleicht die früheste erhaltene Erwähnung von Artus beinhaltet. Da das Gedicht Cynddylan ebenfalls als ›mit Purpur bekleidet‹ beschreibt, scheint es, daß die Könige von Powys um das Jahr 850, als das *Canu Llywarch Hen* niedergeschrieben wurde, immer noch als direkte Nachkommen von Artus und dem letzten römischen Kaiser angesehen wurden.

Anders als die späteren walisischen Gedichte, so wie

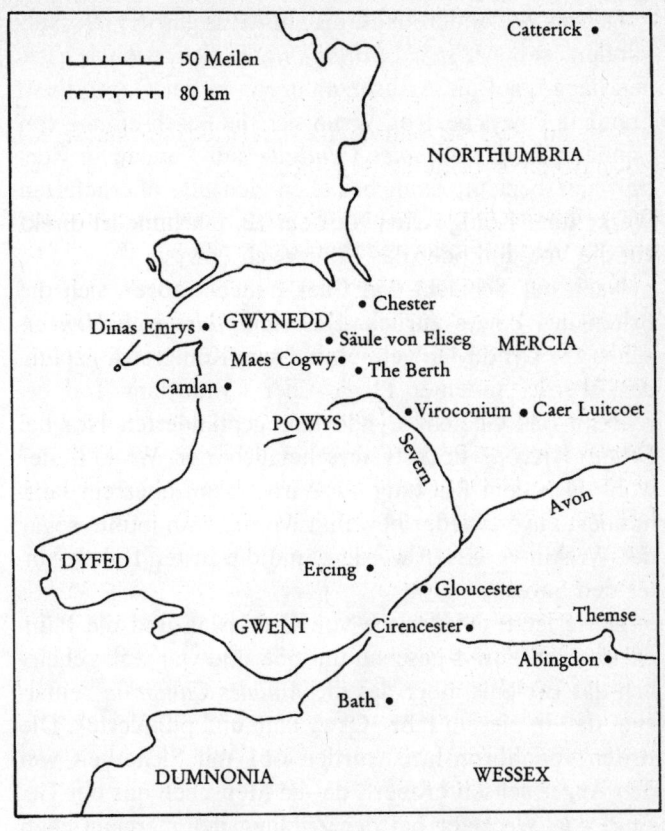

Westbritannien Mitte des 7. Jahrhunderts.

›Culhwch und Olwen‹ und die ›Beute von Annwn‹, die Artus in einen deutlich mystischen Kontext einbetten, sind das *Canu Llywarch Hen* und das *Gododdin* düstere Kriegsgedichte aus dem Dunklen Zeitalter, ohne Mythos oder Ausschmückungen. In beiden Werken stehen die Hinweise auf Artus vor einem Hintergrund bekannter historischer Ereignisse.

Der einzige andere Hinweis auf Artus aus dem 9. Jahrhundert ist die *Historia Brittonum*, die sich, wie wir gesehen haben, auf die Artuserzählungen in der Gegend von Ercing in Powys bezieht. Wenn sich die Beschreibung von Camlann in den *Annales Cambriae* auf Camlan in Zentralwales bezieht, dann beziehen sich *alle* überlieferten Werke über König Artus vor dem 12. Jahrhundert direkt auf die Votadini oder das Königreich Powys.

Nach der Schlacht von Caer Luitcoet zogen sich die Briten aus Powys zurück. Das *Canu Llywarch Hen* erzählt, wie Cynddylan getötet und sein Königreich geplündert wurde. In einer Elegie über Cynddylans Tod beschreibt das Gedicht Cynddylans geplünderten Hof bei *Dinlle Wrecon,* höchstwahrscheinlich der Wrekin, der wohl nach dem Rückzug aus Viroconium über ein Jahrhundert zuvor wieder bewohnt wurde. Nun mußte sogar der Wrekin verlassen werden, und die Briten flohen hinter den Severn.

Diese letzte Niederlage von Cynddylan und die Plünderung von Powys geschah um 658 und war wahrscheinlich das Ereignis, über das die *Annales Cambriae* bemerken, daß in diesem Jahr »Oswy kam und plünderte«. Die Briten von Shropshire wurden 661 mit Sicherheit von den Angelsachsen erobert, da die Menschen aus der Gegend von Wroxeter bei der Zählung der mercianischen Gebiete im *Tribal Hidage* als *Wrocensaetna* bezeichnet werden. Außerdem wird ein Fort über den Severn in der Nähe von Melverley, zehn Meilen westlich von Shrewsbury, als ›Wulfhere's Ford‹ bezeichnet und trägt damit den Namen von Wulfhere, dem mercianischen König und Nachfolger von Peada im Jahre 658.

Cynddylan muß wenige Jahre nach seinem alten Verbündeten Aethelher von East Anglia, der im Kampf gegen Oswy um 655 fiel, begraben worden sein. Die

Grabstätte der Könige von East Anglia wurde bei Sutton Hoo in der Nähe von Ipswich entdeckt. Tatsächlich ist Aethelher selbst wahrscheinlich der berühmte *Sutton Hoo Man,* dessen Grabhügel 1939 abgetragen wurde. Die Ausgrabungsstätte von Sutton Hoo stellte sich als eine der wertvollsten archäologischen Fundstellen in Europa heraus: die Überreste eines angelsächsischen Schiffes gemeinsam mit Schmuck, Kriegsgeräten und anderen Familienschätzen, die heute restauriert im British Museum ausgestellt werden. Kein britisches Äquivalent wurde bisher gefunden, doch das *Canu Llywarch Hen* könnte den Hinweis auf einen solchen Ort beinhalten.

Das *Canu Llywarch Hen* nennt die Könige von Powys nicht nur ›die Erben von Artus‹, sondern erwähnt auch die Grabstätte von Cynddylan und der herrschenden Dynastie von Powys. Daher könnte es auch den Schlüssel zum größten Geheimnis von allen liefern, nämlich zur Grabstätte von Owain Ddantgwyn: König Artus selbst.

In einem der Monologgedichte des *Canu Llywarch Hen,* dem *Canu Heledd* (dem ›Lied von Heledd‹), wird der Tod Cynddylans von seiner Schwester Heledd beklagt. Sie beschreibt, wie der Körper von Cynddylan nach der letzten Schlacht nach *Eglwyseu Bassa,* den ›Churches of Bassa‹ (Kirchen von Bassa), gebracht wird. Aus dem Gedicht wird deutlich, daß *Eglwyseu Bassa* schon lange Zeit eine heilige Grabstätte gewesen ist, denn Heledd nennt auch ›den Grabhügel von Gorwynnion‹ und andere ›grüne Gräber‹. Tatsächlich sagt einer aus Cynddylans Familie namens Llywarch (nach dem der Zyklus benannt ist) in einer zweiten Elegie über Cynddylans Tod, im *Canu Llywarch Hen*-Zyklus, daß er »den Tod von Cynddylan beklagen wird«, bis auch er »unter dem Hügel ruht«.

Historiker glauben, daß die *Eglwyseu Bassa* mit großer Wahrscheinlichkeit gleichbedeutend mit dem heutigen Dorf Baschurch sind, das ungefähr neun Meilen im Nordwesten von Shrewsbury liegt. Auf dem abgelegen Land am Rande des Dorfes liegt der Berth, ein alter befestigter Hügel, der von Marschland umgeben und durch einen Steindamm mit dem Hauptland verbunden ist. Der Berg ist vollkommen von Erde und Steintrümmern aus der Eisenzeit bedeckt und mit einer niedrig liegenden ovalen Einfassung durch einen zweiten Steindamm ungefähr 140 Meter nordöstlich verbunden. Der Berth, dessen Name sich aus dem sächsischen Wort *Burh* ableitet, was Burg oder Fort heißt, wurde auf jeden Fall während des 6. Jahrhunderts benutzt, da archäologische Ausgrabungen 1962–63 durch Peter Gelling von der Birmingham University Tonscherben entdeckt haben, die aus dieser Zeit stammen. Wenn der Held des Gedichtes, Cynddylan, in dem Berth begraben wurde, dann muß einer der Grashügel, die sich zwischen den Trümmern befinden, sein Grab gewesen sein. Eine Legende darüber, daß der Berth eine alte Grabstätte gewesen ist, wurde von der Archäologin Lilly Chitty 1925 nacherzählt. Ein Dorfschullehrer berichtet, daß ein Prinz nach einer großen Schlacht unter einem Hügel am südlichen Abhang begraben worden sei und daß seine Männer in einem längeren, schmalen Hügel in der Nähe lägen.

Da der Held von *Canu Heledd* für sein Begräbnis zu den Churches of Bassa gebracht wurde, scheint es, daß Bassa ein heiliger Ort gewesen ist. Es ist bisher unmöglich, den Rang des Heiligtums Berth zu schätzen, da die archäologischen Funde sich auf die von Peter Gelling begrenzen. Doch nach dem *Transcript of the Shropshire Archaeological & Historical Society* (Vol. XLIX 1937-38) deutet die Verwendung des Plurals *Churches* of Bassa auf eine ›keltische Gruppe kleiner Kirchen‹ hin. Eine solche

Gruppe von Kirchen, die man öfter in Irland gefunden hat, weist darauf hin, daß der Berth zu irgendeiner Zeit eine klösterliche oder religiöse Gemeinschaft beherbergte, was auch der Annahme, daß der Berth eine allgemeine Grabstelle der Könige von Powys war, Glaubwürdigkeit verleiht. Da Owain Ddantgwyn derselben herrschenden Dynastie wie Cynddylan entstammte, ist es durchaus möglich, daß der Berth ebenfalls seine Grabstätte ist.

Die Ausgrabungen von 1962-63 waren wegen der wenigen Funde sehr begrenzt. Bis zum heutigen Tag wurde der Hauptteil des Berth inklusive der Hügel nicht ausgehoben. Es ist deshalb möglich, daß einer der Hügel immer noch die Überreste von Owain Ddantgwyn enthält.

In Kapitel sechs haben wir die Liste von Artus' zwölf Schlachten untersucht, die uns Nennius in der *Historia Brittonum* nennt. Nachdem wir herausgefunden haben, daß der ›Artus‹ der Legende der historische Owain Ddantgwyn war, können wir Nennius' Liste in neuem Licht betrachten. Paßt irgendeine der Schlachten auf die Erkenntnisse über Gododdin, die Votadini oder Powys?

Die ersten fünf Schlachten auf der Liste scheinen sich darauf zu beziehen, wie ›Artus‹ gegen die Angeln in Lincolnshire kämpfte, und Badon wurde als eine Schlacht bei der Little Solsbury-Bergfestung in der Nähe von Bath identifiziert. Vier der übrigen sechs Plätze sind mit Bassas, Cat Coit Celidon, der City of the Legion und Agned benannt.

Die City of the Legion ist entweder Caerleon oder Chester. Die *Annales Cambriae* bezeichnen Chester tatsächlich als die ›City of the Legion‹. Dazu die Tatsache, daß Chester sehr gut innerhalb der Grenzen des nördlichen Powys im frühen 6. Jahrhundert liegen konnte, macht es zu einem interessanten Kandidaten.

Cat Coit Celidon, die Schlacht im kaledonischen Wald, fand wahrscheinlich in der waldigen Landschaft nördlich des Hadrianwalls statt, was geographisch zum Kampf von Owain Ddantgwyn in der Gegend seines Heimatlandes Gododdin paßt. Die Schlacht am Mount Agned wurde von Philologen mit Bremenium in Verbindung gebracht, der römischen Festung bei High Rochester in den Cheviots, was diese Schlacht an der Grenze von Gododdin lokalisiert.

Ein Kampfplatz ist bisher nicht identifiziert worden – die Schlacht, die ›am Fluß mit dem Namen *Bassas*‹ geschlagen wurde. Wenn man die linguistische Ähnlichkeit zwischen *Bassa* (›die Kirchen von‹) und *Bassas* (›der Fluß mit dem Namen‹) berücksichtigt, beziehen sich *Bassa* und *Bassas* dann auf denselben Ort? Das *Canu Heledd* sagt uns, daß Bassa der frühe britische Name für die Gegend war, die heute Baschurch heißt. Vielleicht wurde ein nah gelegener Fluß nach der Gegend benannt, woraus der Fluß Bassas entstand. Die Schlacht könnte daher in Zentralpowys geschlagen worden sein, also in der Gegend der möglichen Grabstätte der Könige von Powys. Dies würde auch heißen, daß Owain Ddantgwyn/›Artus‹ eine Schlacht in der Nähe des Platzes schlug, an dem er schließlich begraben wurde.

Diese erneute Betrachtung von Nennius ist sicherlich erhellend. Neben den sechs Schlachten, die Artus gegen die Sachsen schlug (fünf in East Anglia und eine in Bath) könnte die Schlacht bei der City of the Legion in Chester im nördlichen Powys stattgefunden haben; Agned und Cat Coit Celidon wurden wahrscheinlich im Heimatland der Votadini, Goddodin, ausgetragen; doch am fesselndsten von allem ist die Tatsache, daß die Schlacht von Bassas linguistisch und geographisch mit der Grabstätte von Owain Ddantgwyn bei dem Berth in Zentralpowys in Verbindung gebracht werden kann.

Nennius' Liste stammt, wie allgemein angenommen wird, aus einem walisischen Kriegsgedicht. Es ist daher verführerisch zu glauben, daß Nennius, der offenbar in Bangor im votadinischen Königreich Gwynedd lebte, seine Liste aus einem *votadinischen* Kriegsgedicht entnahm.

Das *Canu Llywarch Hen* nennt votadinische Krieger, ihre Schlachten und die Grabstätten der Könige von Powys, die *Churches of Bassa*. Wenn Nennius mit einem votadinischen Gedicht arbeitete, hatte es eventuell einen ähnlichen Aufbau und nannte den votadinischen Krieger ›Artus‹, führte die votadinischen Schlachten von ›Artus‹ auf, die auch die Schlacht am Fluß von *Bassas* einschloß. Die Orte passen durchaus mit den Feldzügen zusammen, die von Owain Ddyntgwyn hätten geführt werden können: Schlachten gegen die Angeln und die Sachsen plus Schlachten in seinem Heimatland Gododdin und in seinem Königreich Powys. Die Spekulationen, daß das Gedicht, das Nennius verwendete, ein votadinisches Kriegsgedicht sein könnte, werden durch die direkte linguistische Verbindung – *Bassa* und *Bassas* – zwischen dem votadinischen *Canu Heledd* und Nennius' Liste verstärkt.

Wir haben bereits festgestellt, daß sich vor dem 12. Jahrhundert alle überlieferten Werke mit Hinweisen auf ›Artus‹ (die Artuserzählungen in der Region von Erging in der *Historia Brittonum;* die Schlacht von *Camlann* in den *Annales Cambriae;* die Hinweise auf Artus in dem *Canu Llywarch Hen* und dem *Gododdin*) direkt auf die Votadini oder das Königreich Powys beziehen. Wenn die Spekulationen über die Kampfplätze stimmen, bezieht sich Nennius' Liste in der *Historia Brittonum* ebenfalls auf die Votadini und das Königreich von Powys, zusätzlich zu den Schlachten, die in Owain Ddantgwyns Heimatland Gododdin geschlagen wurden.

Wenn wir schließen, daß der legendäre ›König Artus‹

Owain Ddantgwyn war, haben wir Nennius' Schlacht ›am Fluß mit dem Namen Bassas‹ nicht in die Argumentation mit aufgenommen. Aber wenn wir den Namen von Owain Ddantgwyns möglicher Grabstätte bedenken, müssen wir feststellen, daß er beinahe genau zum Namen einer von König ›Artus'‹ Schlachten paßt, die uns von Nennius genannt werden.

Der Berth, ein vereinzelter, stiller und unheimlicher Ort, könnte kaum eine passendere letzte Ruhestätte für den Mann sein, der Artus war. In der Vergangenheit, bevor die Gegend für die Landwirtschaft trockengelegt wurde, wurde das Marschland um den Berg nach heftigem Regen zu einem flachen See. Vor Jahrhunderten könnte der Berth fast wie eine Insel über dem überschwemmten Boden gewirkt haben. An diesem stimmungsvollen Ort ist vielleicht eine der wenigen Artuslegenden mit historischem Ursprung entstanden: die Legende von Excalibur. Wir haben gesehen, wie die Rückkehr von Excalibur zur Lady of the Lake sich auf die authentische keltische Tradition der Opfergaben zurückführen läßt. Opfergaben scheinen auch bei Begräbnisriten üblich gewesen zu sein, da solche Artefakte oft in Seen in der Nähe von keltischen Grabstätten gefunden wurden. Falls dieses Ritual bei ›Artus‹ Tod stattfand, könnte das Schwert von Owain Ddantgwyn in den Berth Pool am Fuße der Hügel geworfen worden sein.

Es gibt bereits Belege dafür, daß der Berth Pool Opfergaben birgt. 1906 entdeckte ein Arbeiter, der am Rande des Flusses Torf stach, einen bronzenen Kessel, ungefähr 45 cm hoch und 30 cm breit. Das Stück wurde dem British Museum übergeben, wo man es auf das frühe 1. Jahrhundert datierte. Der Kessel lag dort, wo der Fluß durch den südlichen Steindamm fließt, ungefähr 90 Meter vom See entfernt. Man nimmt an, daß er vom

POWYS	MERCIA	NORTHUMBRIA
480		
490 Owain Ddantgwyn (ca. 488 – ca. 520)		
500		
510		
520 Cuneglasus (ca. 520 – ca. 550)		
530		
540		
550 Brochfael Ysgithrog (ca. 550 – ca. 580)		
560		
570		
580 Cynan Garwyn (ca. 580 – ca. 598)		
590		
600 Selyf (ca. 598 – ca. 613)		Aethelfrid (604-617)
610 Cyndrwyn (ca. 613 – ca. 630)		Edwin (617-633)
620		
630 Cynddylan (ca. 630 – ca. 656)	Penda (633-655)	Oswald (635-644)
640		Oswy (644-670)
650		
	Peada (655-658)	
660	Wulfhere (658-675)	
670		

Der Kampf um die Midlands: 480–670.
Britische und anglische Anführer.

Berth Pool selbst stammt, was darauf hindeutet, daß der Kessel ursprünglich als Opfergabe in den See geworfen wurde. Wurde Owain Ddantgwyns Schwert ebenfalls in den Berth Pool geworfen, vielleicht während oder nach seinem Begräbnis? Nur zukünftige archäologische Untersuchungen des Areals können diese Frage beantworten.

Nach der Invasion von Shropshire in den späten 650er Jahren fiel alles, was heute England ist, den Angelsachsen in die Hände. Die Nachkommen von Owain Ddantgwyn jedoch, regierten weiterhin das kleinere walisische Königreich Powys bis um 854, das Jahr, in dem die *Annales* den Tod von König Cyngen während einer Pilgerreise nach Rom berichten. Nach dessen Tod wurde der König von Gwynedd, Rhodri Mawr, der König von Powys. Faszinierenderweise war es Cyngen, der die Säule von Eliseg errichtete und damit seine Abstammung von Vortigern pries. Dies könnte gut bedeuten, daß es zu irgendeinem Zeitpunkt innerhalb der vorangegangenen drei Jahrhunderte eine Hochzeit unter den Vortigernfamilien von Dyfed (den Nachkommen von Vortipor) und der Königsfamilie von Powys gegeben hat. Leider waren manche Namen auf der Säule zu der Zeit, als Edward Lhuyd die Inschriften 1696 abschrieb, nicht mehr lesbar. Die Säule von Eliseg hätte uns vielleicht mehr über Owain Ddantgwyn sagen können.

Wir haben unsere Untersuchung mit einem kurzen Abriß der Artuslegende begonnen. Wir schließen daher mit einer Zusammenfassung der Ereignisse, die nach unserer Meinung das Leben des historischen ›König Artus‹, Owain Ddantgwyn, ausmachen.

Um 460, als das östliche Britannien von den Angelsachsen überrannt wurde, trugen die Briten selbst einen Bürgerkrieg aus. Ambrosius Aurelianus marschierte von seinem Herrschaftssitz hoch in den Bergen von Gwynedd auf das zentrale Königreich Powys und besiegte den letzten der Vortigernkönige. Mit seiner Armee aus votadinischen Kriegern besetzte Ambrosius die Hauptstadt Viroconium und gewann das Kommando über die britischen Streitkräfte. Von seiner Festung aus begann Ambrosius die Briten umzuorganisieren, um den ausländischen Invasionen standzuhalten.

Sehr wahrscheinlich wurde Owain Ddantgwyn um diese Zeit herum geboren. Owain war der Sohn des votadinischen Königs Enniaun Girt, der das Königreich von Gwynedd regierte, während Ambrosius seinen Kampf gegen die Angelsachsen fortführte. Während Owain aufwuchs, tobte der Krieg, und dies blieb so für mehr als 20 Jahre. Schließlich kämpfte Owain gemeinsam mit Ambrosius, wobei er sich als außergewöhnlicher Krieger und Stratege erwies. Bald erhielt Owain das Kommando über die britischen Streitkräfte im Osten von England, wo er die Angeln bei einer Reihe entscheidender Schlachten in Lincolnshire und um den Wash besiegte.

Als die Angeln sich zurückzogen, entsandte der sächsische König Hengist seinen Sohn Octha in den Norden, um eine Allianz mit den Pikten einzugehen. Dort, nördlich des Hadrianwalls, könnte Owain seinen härtesten Kampf geschlagen haben. 488 starb Hengist, und Octha kehrte nach Süden zurück, um König von Kent zu werden. Da die Bedrohung der Pikten vorüber war, kehrte auch Owain nach Süden zurück, wo Ambrosius nicht länger herrschte. Doch Owains Nachfolge als Anführer der Briten scheint nicht kampflos stattgefunden zu haben. Er geriet offenbar in einen Konflikt in Südwales, vielleicht gegen die Vortigern-Familie, die versuchte, aus ihrer verbliebenen Machtbasis in Dyfed Autorität zurückzugewin-

nen. Owains letztlicher Triumph machte ihn zum unbe-
strittenen Anführer der britischen Königsallianzen. Um
seinen Entschluß, die Nation zu vereinen, zu demonstrieren, übernahm er – oder erhielt – den Schlachtnamen
›Der Bär‹ – Artus.

Da der Bürgerkrieg ihre Position geschwächt hatte, erlitten die Briten im Süden 491 eine schwere Niederlage,
als die Festung Anderida vom sächsischen Krieger Aelle
überrannt wurde. Nachdem er die Kontrolle über ganz
Sussex erlangt hatte, vereinigte Aelle seine Streitkräfte
mit Octha und den Sachsen und begann seinen Marsch
in das westliche Britannien. Um 493, als die Sachsen
auf die Stadt Bath marschierten und drohten, die britische Nation in zwei Teile zu teilen, versammelte Artus
seine Heere, um sich bei Little Solsbury Hill (Badon) zu
verteidigen. Hier, bei der neubefestigten Bergfestung,
wurden die Briten von übermächtigen Streitkräften drei
Tage belagert, bis ein Gegenangriff von Artus schließlich
die Sachsen besiegte. Als die feindlichen Streitmächte
vertrieben waren, besetzten die Briten wieder Sussex
und trieben die restlichen Sachsen zurück in den Südosten.

Da der Großteil Britanniens nun befreit war, setzte
Artus seinen Verwandten Cunomorus ein, um im entfernten Dumnonia zu regieren – wahrscheinlich, um die
südliche Küste vor weiteren Invasionen zu schützen. Cunomorus jedoch verbündete sich bald mit einem neuen
sächsischen Anführer, Cerdic, der 508 die Kontrolle über
Hampshire gewann, nachdem er den britischen König
Natanleod besiegt hatte. In den nächsten zehn Jahren
weiteten Cerdic und Cunomorus ihren Einfluß an der
Südküste aus. Dann wurde Artus, nachdem er über 20
Jahre lang von Viroconium aus regiert hatte, genötigt,
gegen die Allianz von Wessex und Dumnonia zu zie-

hen, die zu dieser Zeit eine ernstzunehmende Bedrohung darstellte.

Obwohl der älter werdende Artus einen erfolgreichen Feldzug führte, Cunomorus besiegte und einen Keil zwischen die feindlichen Streitkräfte trieb, war er nach der Schlacht von Certicesford geschwächt. Bald danach, vielleicht nach seiner Rückkehr in den Norden, wurde er von seinem eigenen Neffen Maglocunus bei der Schlacht von Camlann im westlichen Zentralwales getötet. Artus' Sohn Cuneglasus erlangte die Herrschaft in Powys, während Maglocunus den Thron von Gwynedd bestieg und ein großer Bürgerkrieg das Land bedrohte.

Als Artus tot war und die britische Einheit zerbrochen, mußte Cuneglasus Viroconium, die letzte Stadt Britanniens, verlassen. Das Dunkle Zeitalter kam über das Land, und die letzte Hoffnung auf ein keltisches Britannien war zerstört.

Die unruhigen Jahre des frühen 6. Jahrhunderts waren das Ende von Owain Ddantgwyn, doch auch der Beginn der berühmtesten Legende der britischen Geschichte. Die Legende wird ohne Zweifel weiterhin blühen, denn die Romane des Mittelalters und die mittelalterlichen Volkserzählungen sind für sich genommen schon ein faszinierendes Gebiet. Wir haben uns ernsthaft mit der Legendenbildung beschäftigt und haben versucht, sie auf der Suche nach der wahren Geschichte mit historischen und archäologischen Hinweisen in Einklang zu bringen. Es erscheint wie die reine Ironie, daß ein Mann, dessen wahren Namen die Geschichte vergessen hat, die ungewollte Inspiration für die berühmteste Legende von allen geworden ist.

Nach weiteren archäologischen Ausgrabungen in Viroconium und Berth könnte die Welt mehr über den historischen ›König Artus‹ erfahren: mehr über sein Leben, seinen Glauben und seine Landsleute. Vielleicht würde man dann Owain Ddantgwyn gemeinsam mit seiner heute legendären Persönlichkeit auf das Podium der Geschichte heben.

Zusammenfassung

Nachdem wir das Schicksal von Owain Ddantgwyns Nachfolgern untersucht haben, betrachten wir die Hinweise auf die Grabstätte der Könige von Powys und der letzten Ruhestätte des historischen ›König Artus‹.

1 Um 577, nach der britischen Niederlage bei der Schlacht von Dyrham, wurden die Städte Gloucester, Cirencester und Bath von den Sachsen besetzt. Obwohl der *Anglo-Saxon Chronicle* die britischen Anführer nicht nennt, regierte zu dieser Zeit wahrscheinlich Brochfael Ysgithrog in Powys.

2 Brochfaels Sohn Cynan Garwyn scheint, obwohl er die Sachsen im Süden aufhalten konnte, bei Catterick um 598 geschlagen worden zu sein. Nach der Schlacht (dem Thema des Gedichtes *Gododdin*), fiel der Großteil des nördlichen England an den anglischen König Aethelfrid, der das Königreich von Northumbria gründete.

3 Den *Annales Cambriae* zufolge griff Aethelfrid um 613 Nordwales an und besiegte eine vereinigte Armee von Gwynedd und Powys in Chester, wobei Cynans Sohn Selyf getötet wurde. Die Angelsachsen trieben so einen Keil zwischen die britischen Streitkräfte Nord- und Zentralbritanniens.

4   Nachdem die Macht von Gwynedd gebrochen war, besiegte eine Allianz zwischen Cynddylan und dem anglischen Königreich Mercia 644 schließlich die Bewohner Northumbrias bei Maes Cogwy in Oswestry. Nach wenigen Jahren hielt sich nur noch Powys als letzte Bastion britischer Macht, da die *Annales* die ›Niederhämmerung von Dyfed‹ im Jahre 645 und das ›Gemetzel von Gwent‹ im Jahre 649 nennen, wahrscheinlich sowohl von den Iren als auch den Westsachsen begangen.

5   Die letzten Tage des mächtigen Powys werden in einer Sammlung walisischer Gedichte mit dem Titel *Canu Llywarch Hen* (das ›Lied von Llywarch dem Alten‹) umrissen, die heute im ›Roten Buch von Hergest‹ in der Oxford Bodleian Library steht. In den Gedichten heißt es, daß Cynddylan und die Könige von Powys von König Artus selbst abstammen.

6   Die endgültige Niederlage von Cynddylan und die Vertreibung aus Powys geschah wahrscheinlich um 658. Die Briten von Shropshire wurden auf jeden Fall 661 von den Angelsachsen besiegt, da die Einwohner von Wroxeter bei der Zählung der mercianischen Gebiete in den *Tribal Hidage* als *Wrocensaetna* aufgeführt werden. Außerdem wird ein Fort über dem Severn nahe Melverley, zehn Meilen westlich von Shrewsbury, als ›Wulfhere's Ford‹ bezeichnet. Es trug also den Namen von Wulfhere, dem mercianischen König von 658.

7   Ein Gedicht des *Canu Llywarch Hen*-Zyklus, das um 850 verfaßt wurde, nennt die Grabstätte der Könige von Powys im 7. Jahrhundert. Es heißt *Canu Heledd* (das ›Lied von Heledd‹) und identifiziert die Grabstätte als Eglwyseu Bassa, die ›Kirchen von Bassa‹. Eglwyseu Bassa

281

ist mit großer Wahrscheinlichkeit das Dorf Baschurch in Shropshire. Außerhalb des Dorfes liegt der Berth, ein alter befestigter Hügel. Archäologische Ausgrabungen haben gezeigt, daß der Berth im frühen 6. Jahrhundert bewohnt war, doch bis heute wurde der Hügel selbst nicht untersucht. Einer von ihnen könnte immer noch die Überreste des historischen König Artus, Owain Ddantgwyn, enthalten.

8 Da die keltische Tradition der Opfergaben (aus der sich die Legenden über Excalibur und der Lady of the Lake entwickelt haben könnten) offenbar auch bei Begräbniszeremonien angewandt wurden, könnte das Schwert von Owain Ddantgwyn in den Berth Pool, dem See unter dem Berth, geworfen worden sein. Es gibt Belege dafür, daß der Berth Pool Opfergaben birgt. 1906 entdeckte ein Arbeiter, der am Ufer eines Flusses, der aus dem Berth Pool fließt, Torf stach, einen bronzenen Kessel aus dem 1. Jahrhundert. Da der Kessel dort aufgefunden wurde, wo der Fluß den südlichen Steindamm kreuzt, ungefähr 90 Meter vom See entfernt, nimmt man an, daß er aus dem Berth Pool selbst dorthin getragen wurde, was zu der archäologischen Schlußfolgerung führt, daß man den Kessel ursprünglich als Opfergabe in den See warf. Wenn Owain Ddantgwyns Schwert während seines Begräbnisses in den Berth Pool geworfen wurde, könnte es dort immer noch auf seine Entdeckung warten.

Bath – Die Schlacht von Badon

1993 jährte sich die Schlacht von Badon, bei der Artus die Sachsen 493 besiegte, zum 1500. Mal. Die Theorie in Kapitel neun, daß die Schlacht in der Umgebung von Bath ausgetragen wurde, ist eine Schlußfolgerung, die auch von Tim und Annette Burkitt gezogen und in dem Werk ›Proceedings of the Somerset Archaeological and Natural History Society‹, Band 134 von 1990 veröffentlicht wurde.

Zunächst einmal liefern die Burkitts Hinweise, die die Theorie unterstützen, daß Bath einstmals Bathon hieß, die ursprüngliche Aussprache des Namens Badon. Nach der Untersuchung der Schreibweise von Bath als Baðon in den *Burghal Hidage* (die ursprünglich im 10. Jahrhundert zusammengestellt wurden) und einer Urkunde des mercianischen Königs Ecgfrith von 796, die die Stadt Baðun nennt, zeigen sie auf, daß in beiden Fällen das ð (genannt ›thorn‹, also der ›Dorn‹) des altenglischen Alphabets verwendet wurde – ein Symbol, daß wie ›th‹ ausgesprochen wird. Außerdem zeigen sie, daß das *Domesday Book* (für William den Eroberer 1086 zusammengestellt) Bath als Bathoniensis erwähnt. Die Burkitt-Untersuchung entdeckt weiterhin, daß das *Burghal Hidage* und das *Domesday Book* weitere Namen für Bath liefern, wie Badaran und Bada, und demonstrieren damit die austauschbaren Präfixe ›Bad‹ und ›Bath‹ im Namen der Stadt während des Mittelalters.

Sie liefern uns auch eine überzeugende Theorie für den Ursprung des Namens Bath selbst, indem sie zeigen, daß die Stadt nicht nur vor der sächsischen Zeit so hieß, sondern daß die Briten selbst die Stadt Baddon nannten. Der ursprüngliche lateinische Name war *Aquae Sulis* – die ›Wasser von Sul‹ – nach den heißen Quellen, die die römischen Bäder speisten. Die Burkitts nehmen an, daß der Namensteil *Sulis* von den Römern weggelassen wurde, nachdem sie sich zum Christentum bekannt hatten, denn Sul war der Name eines heidnischen Gottes. Daher wurde die Stadt in den späteren Tages des Reichs einfach *Aquae* genannt – ›Wasser‹. Die Burkitts legen dar, daß der Name Bath aus dieser Bezeichnung entstammt:

»Die einheimische Bevölkerung benutzte wahrscheinlich weiterhin ihren eigenen walisischen Namen für ein Bad, was – wenn es dasselbe Wort wie im heutigen Walisisch war – *baddon* hieß, ausgesprochen bathon.«

Schließlich liefern sie uns weitere Hinweise darauf, daß die ›Bäder von Badon‹ in der Stadt Bath lagen, wie auch in Kapitel neun nach der Untersuchung des Hinweises aus der *Historia Brittonum* auf den »heißen See, wo die Bäder von Badon sind, im Land der Hwicce« besprochen. Die Burkitts zeigen auf, daß Osric, ein König von Hwicce, der Abtei von Bath im Jahre 675 Land zusprach – ein weiterer Hinweis darauf, daß Bath zu der Zeit, als Nennius seine *Historia Brittonum* um das Jahr 830 schrieb, in das Land Hwicce fiel. Die Burkitts schließen:

»Bath lag natürlich im Land von Hwicce, und es besitzt die heißen Bäder. Nennius beschreibt hier ohne Zweifel Bath, so daß man ernsthaft in Erwägung ziehen muß, daß sein Badon der heißen Quellen und die Schlacht von Badon, die er erwähnt, wenn er von den Feldzügen von Artus spricht, ein und derselbe Ort sind.«

Warwick Castle – Der Bär und der Stab

Das Symbol des Bären, das bis heute im Emblem der Lords von Warwick enthalten ist, könnte das überlieferte Relikt aus Owain Ddantgwyns Kampfnamen Artus, der Bär, sein. Zudem könnte Burg Warwick der Ort des legendären Camelot gewesen sein.

Obwohl der Bau des heutigen Warwick Castle nicht vor dem 11. oder 12. Jahrhundert begann, scheint die ursprüngliche Befestigung des Ortes um 914 angefangen zu haben. Laut *Anglo-Saxon Chronicle* befestigte die Tochter Alfred des Großen, Ethelfleda, in diesem Jahr Warwick gegen die eindringenden Dänen. Der Hügel, auf dem das erste Fort gestanden haben soll, ist in der Umgebung als Ethelfledas Mound bekannt und liegt immer noch unter den Mauern von Warwick Castle. Ethelfleda, eine der wenigen Kriegsköniginnen in der britischen Geschichte, war die Frau von Ethelred, dem Graf von Mercia. Wie wir in Kapitel siebzehn gesehen haben, liefert uns Beda Hinweise auf eine Heirat unter den britischen Königsfamilien von Powys und den sächsischen Königsfamilien von Mercia. Weitere Hinweise darauf erscheinen in den verschiedenen sächsischen Genealogien, die das Affix ›Cyn‹ in den Namen mercianischer Herrscher aufzeigen, wie zum Beispiel bei Cynreow und Cynewald. Im 10. Jahrhundert jedoch wurde Mercia von den Wessexsachsen annektiert, und seine Könige erhielten nun den weniger königlichen Namen ›Graf‹. Daher scheinen die ersten Kriegsherren von Warwick der Familie von Owain Ddantgwyn, dem historischen Artus, zu entstammen.

Nach dieser Erkenntnis fasziniert es, daß das Emblem der mittelalterlichen Lords von Warwick (wie es auch heute im Grafschaftsemblem von Warwickshire enthalten ist) das Symbol eines Bären verwendet – ein Bär, der eine lange Stange hält. Sein Ursprung liegt im dunkeln, aber der Bär wird allgemein für das Symbol der sächsischen Mercianer gehalten. Könnte es deshalb ein Erbe aus der Artuszeit sein? Genau wie der walisische Drache ein Erbe des Stammesemblems der Könige von Gwynedd ist, die schließlich ihren Einfluß über Wales verbreiteten, könnte das Emblem des Bären von den mercianischen Königen übernommen worden sein, die dort regierten, wo einmal Artus' Königreich Powys gelegen hatte, denn Mercia ist der angelsächsische Name für die einstmals größere Gegend von Powys. Tatsächlich bestätigen die frühesten Erwähnungen des Ursprungs des Warwick-Emblems genau dies.

Nach John Rous, einem Priester von Warwick aus dem 15. Jahrhundert, der in Oxford studierte, wurde das Symbol des Bären zuerst von einem Lord von Warwick übernommen, der ein Ritter von König Artus' Tafelrunde war. Obwohl dies deutlich Legende ist, könnte Rous' Bericht einen Kern Wahrheit beinhalten, der die Verbindung des Bären aus Warwick mit dem historischen Artus bestätigt.

In seinem Buch *Rous Rol* (heute in der British Library), das um 1480 geschrieben wurde, nimmt Rous an, daß der Bär ursprünglich das Emblem eines gewissen Arthgallus gewesen ist, einem frühen Lord von Warwick und »einem Ritter der Tafelrunde zu Artus' Zeiten, ein Lord von königlichem Geblüt und schlau in allen seinen Taten«. Rous fährt fort, daß *arth* das walisische Wort für

›Bär‹ sei und daher der Grund für das Emblem. Rous erklärt jedoch nicht, daß das walisische Wort *gallus* ›mächtig‹ bedeutet. Mit anderen Worten: Rous scheint herausgefunden zu haben, daß das Emblem aus Warwick sich auf jemanden mit dem Titel ›Mächtiger Bär‹ bezog, der königlichen Geblüts war und eng mit Artus verbunden. Obwohl Arthgallus, wie Rous beschreibt, von Geoffrey of Monmouth nur nebenbei erwähnt wird und es in einer Liste der Artusritter in der Chronik von John Hardyng (1378–1465) keinen zeitgenössischen historischen Beleg für Arthgallus gibt.

Geoffrey jedoch liefert uns einen Hinweis auf Arthgallus' Identität. Obwohl Geoffrey unsicher scheint, wann und wo genau jener regierte, beschreibt er Arthgallus jedoch als König, der gemeinsam mit seinem Bruder Owain regiert haben könnte. Wie wir bei anderen historischen Figuren in Geoffreys *Historia* gesehen haben, ist es sehr gut möglich, daß Owain, der ›Mächtige Bär‹, mit zwei verschiedenen Personen verwechselt wurde, die zur selben Zeit regierten. Sie könnten sehr gut ein und dieselbe Person sein – der historische Artus. Der Name Artus wurde von Bär abgeleitet, und wie wir gesehen haben, war Owain Ddantgwyn tatsächlich der mächtige Bär.

Es ist daher möglich, daß der ›Mächtige Bär‹ sich auf Artus selbst bezieht und der Titel Arthgallus fälschlicherweise in den späteren Legenden als weitere Person angesehen wurde. Rous könnte gelesen haben, daß das Warwick-Emblem ursprünglich das Emblem des ›Mächtigen Bären‹ war und wie Geoffrey und Hardyng daraus geschlossen haben, daß die walisische Form *Arth Gallus* der Eigenname des Kriegers war.

Es würde die Theorie des Artus-Warwick-Bären bereits unterstützen, wenn Rous einfach nur geschrieben hätte, daß das Emblem sich auf eine Figur namens Arthgallus bezieht, doch seine Verbindung von Arthgallus zu König Artus macht die Argumentation noch zwingender. Außerdem unterstützt das Quellenmaterial von Rous diesen Fall, denn er bezieht sich auf eine walisische Chronik aus dem Land Powys, dem Königreich des historischen König Artus. Obwohl Rous das Manuskript nicht erwähnt, gibt es keinen Zweifel an seiner Existenz, da zwei weitere Quellen, die er nennt – Geoffrey und Hardyng –, nicht nur existieren, sondern auch Arthgallus erwähnen. Es scheint daher, daß Rous sowohl die Verbindung von Arthgallus zu Warwick und den Ursprung des Bärenemblems aus der walisischen Chronik von Powys entnahm.

Rous erzählt auch andere Artuslegenden bezüglich Warwick, die er in dem Manuskript aus Powys entdeckt hat. Er sagt nicht nur, daß der Stab, der von dem Bären im Warwick-Emblem gehalten wird, das Symbol von Artus' Cousin Gwayr war (der sowohl in der frühen walisischen Literatur als auch in den Romanen erwähnt wird), sondern auch, daß Warwick selbst der Ort Caerleon – die City of the Legion – war, wo Artus nach Geoffrey of Monmouth hofhielt.

Dies liefert uns eine weitere fesselnde Verbindung zu Warwick Castle. Wenn er die Stadt als Ort von Artus' Hof beschreibt, impliziert Rous damit, daß die Burg Camelot selbst war. Rous' Buch wurde um dieselbe Zeit wie Malorys *Le Morte Darthur* geschrieben, in dem dieser Winchester als Camelot bezeichnet. Aus dem Kontext wissen wir, daß *Rous Rol* zwischen dem Tod des Herzogs von Clarence 1477 und dem Tod Richards III. 1485 geschrieben wurde, während Malorys *Le Morte Darthur* im neunten Regierungsjahr von Edward IV. (ein Ereignis, das Malory erwähnt) – von März 1469 bis März 1470 – geschrieben und von William Caxton 1485 gedruckt wurde. Könnte Warwick Castle deshalb der Ort des legendären (allerdings nicht des historischen) Camelot gewesen sein, bis es Winchester wurde? Da Thomas Malory aus Newbold Revel kam, nur einige Meilen von Warwick entfernt, und er zur selben Zeit wie Rous lebte, könnte er diese Artuslegenden von Warwick sehr wohl gekannt haben.

Es ist verführerisch anzunehmen, daß Thomas Malory sein Camelot eigentlich in Warwick Castle ansetzte, und die Verbindung zu Winchester ein nachfolgender Versuch war, sich der Beliebtheit des berühmten ›Runden Tisches‹ von Winchester anzugleichen. Tatsächlich erwähnt Malorys Verleger William Caxton in seinem Vorwort zu *Le Morte Darthur* den ›Runden Tisch‹ und fügt hinzu, daß seiner Meinung nach Winchester nicht der Ort von Camelot war. Bis zum heutigen Tag bleibt es ein Geheimnis, warum Caxton diese Äußerung machte. Vielleicht hatte er sich mit Malory gestritten, der Winchester gegen Warwick eingetauscht hatte.

Die Ausbreitung der Artuslegenden, die sich während des 15. Jahrhunderts um Warwick Castle rankten, ist nicht bekannt. Doch die Möglichkeit, daß die ersten Lords von Warwick sich selbst als Erben von Artus bezeichneten, könnte die Überlieferung des Bärenmotivs erklären sowie die Behauptung, daß die Burg der Sitz von Artus war. Zudem würde die Entdeckung weiterer Artuslegenden in und um Warwick Castle eine bessere Einsicht über den historischen Artus erlauben, da die Legende des Bärenemblems sich auf historische Fakten zu gründen scheint.

Der ›Traum von Rhonabwy‹ –
Die wahre Geschichte über König Artus?

Im Licht unserer Entdeckungen könnte eine Untersuchung der mittelalterlichen walisischen Geschichte, der ›Traum von Rhonabwy‹ Hinweise auf ein Kriegsgedicht aus dem Dunklen Zeitalter geben, das die wahre Geschichte über den historischen König Artus, Owain Ddantgwyn, erzählt.

Der ›Traum von Rhonabwy‹ (aus dem ›Roten Buch von Hergest‹) wurde, wie allgemein angenommen wird, um 1150 in Powys verfaßt. Sie ist Madog ap Maredudd gewidmet, einer historischen Figur, die das Königreich Mitte des 12. Jahrhunderts regierte. 1149 besetzte Madog einen Teil von Shropshire, doch während seine Armee fort war, nutzte Owain ap Gruffudd, der König von Gwynedd, die Gelegenheit und marschierte ins nördliche Powys. Der ›Traum von Rhonabwy‹ scheint zwischen diesem Datum und Madogs Tod um 1159 geschrieben worden zu sein, und zwar als eine ermahnende Geschichte, die seine übereilten Feldzüge mit König Artus' schicksalshaftem Tod bei der Schlacht von Camlann einige Jahrhunderte zuvor vergleicht.

Dies ist, in Umrissen, der ›Traum von Rhonabwy‹:

Während der Krieger Rhonabwy auf einer Mission für Madog ap Maredudd ist, schläft er ein und wird in die Zeit von Artus versetzt. Hier trifft er einen geheimnisvollen Führer namens Iddawg, der von sich behauptet, ein königlicher Kurier in Artus' letzter Schlacht in Camlann gewesen zu sein.

Iddawg nimmt Rhonabwy mit zu Artus' Feldlager im Severntal, wo es »an jeder Seite des Weges Zelte und Pavillons und viele Menschen« gab. Eine Meile von der

Straße entfernt, an einem Ort namens Rhyd y Groes –
›die Furt des Kreuzes‹ – finden sie Artus, wie er sich mit
seinen zwei Beratern unterhält: Bischof Bidwini auf der
einen Seite, Gwarthegwydd auf der anderen.

Bald drängt Caradawg Strong Arm seinen Cousin
Artus, sich auf die Schlacht von Badon vorzubereiten, wo
er den Krieger Osla Big Knife besiegen muß.

Als Soldaten aus ganz Britannien eintreffen und sich
der Armee anschließen, kommt auch Cadwr of Cornwall
und bringt Artus' Schwert, welches eine »Verzierung aus
zwei Schlangen an dem goldenen Heft« hat. Ein Diener
erscheint mit einem weißen Umhang, den er auf dem
Boden ausbreitet und auf den er einen großen goldenen
Thron stellt. Für den Rest der Geschichte sitzt Artus auf
dem Thron und spielt mit einem anderen Häuptling namens Owain ap Urien das Spiel *gwyddbwyll* (wahrscheinlich ein frühes Brettspiel, ähnlich wie Schach). Obwohl
Artus als Herrscher beschrieben wird, scheinen beide
Männer den gleichen Rang innezuhaben, und Artus kann
Owains Gedanken lesen.

Während des Spiels kommen verschiedene Personen
mit Nachrichten. Zunächst tritt ein Krieger namens Selyf
of Powys aus einem mit einer Schlange verzierten Zelt,
um Owain darüber zu informieren, daß Artus' Männer
Owains Raben quälen. Obwohl Owain Artus bittet, seine
Männer zurückzurufen, ignoriert Artus die Bitte und
spielt weiter.

Ein zweiter Krieger namens Gwgawn Red Sword tritt
aus einem mit einem Löwen verzierten Zelt und berichtet
Owain, daß Artus' Männer seine Raben töten. Wieder
bittet Owain Artus, dem Töten ein Ende zu machen, aber
wieder fährt Artus einfach mit dem Spiel fort.

Schließlich tritt ein Krieger mit dem Namen Gwres of
Rheged aus einem mit einem Adler verzierten Zelt und

berichtet Owain wütend, daß seine edelsten Raben nun tot sind. Artus entgegnet Owains Protesten mit der schroffen Bemerkung: »Spielt weiter.« Owain nimmt nun die Angelegenheit selbst in die Hand und befiehlt Gwres, dort eine Fahne aufzuziehen, wo der Kampf am heftigsten ist. Gwres gehorcht, und die Raben schlagen mit neuem Mut zurück und besiegen ihre Gegner.

Zurück beim *gwyddbwyll*-Spiel erscheint ein Reiter mit einem Leopardenemblem auf seinem Helm. Dieser Krieger, Blathaon ap Mwrheth, informiert Artus, daß Owains Raben nun Artus' Männer töten. Nun sagt Artus zu Owain, er solle seine Raben zurückrufen, aber Owain antwortet nur: »Euer Zug.«

Ein zweiter Reiter, Rhuvawn the Radiant, der das Emblem eines Löwen am Helm trägt, erscheint und sagt Artus, daß seine Edlen getötet werden. »Owain, ruft Eure Raben zurück«, befiehlt Artus. »Euer Zug«, antwortet Owain.

Der letzte Reiter, Heveydd One Cloak, mit einem Greifemblem am Helm, erscheint und sagt Artus, daß Owains Raben Artus' Edelmänner getötet haben. Dies ist zuviel für Artus, und er zermalmt die Spielsteine zu Staub. Owain befiehlt Gwres, das Banner zu senken, worauf ›Friede auf beiden Seiten‹ herrscht. Zu diesem Zeitpunkt kommen Oslas Männer, um einen Waffenstillstand zu schließen.

Artus holt sich schließlich Rat bei Rhun, dem Sohn von Maelgwyn of Gwynedd, und führt daraufhin seine Männer nach Cornwall. Der Traum endet abrupt und »bei dem großen Tumult, der folgte, wachte Rhonabwy auf«.

Bei genauerer Betrachtung scheint es möglich, daß die Traumsequenz eine direkte Adaption eines Kriegsgedichtes aus dem Dunklen Zeitalter ist, das die wahre Geschichte über Artus' Herrschaft allegorisiert. Nachdem wir Artus als Owain Ddantgwyn, einen König von Powys aus dem 5. Jahrhundert, identifiziert haben, ist es zum erstenmal möglich, eine plausible Interpretation der geheimnisvollen Symbole in Rhonabwys Traum zu geben.

Bezeichnenderweise ist der Ort von Artus' Feldlager ein wirklicher geographischer Ort in der Gegend von Forden, und zwar an der römischen Straße, ungefähr 15 Meilen südwestlich von Viroconium. Hier heißt der Flußübergang immer noch *Rhyd-y-Groes,* genau wie der ›Traum von Rhonabwy‹ beschreibt. Der ›Traum von Rhonabwy‹ ist auch geographisch korrekt, wenn es heißt, daß *Rhyd-y-Groes* eine Meile von der Straße entfernt liegt: *Rhyd-y-Groes* liegt tatsächlich eine Meile von der römischen Straße entfernt, die neben Offa's Dyke nach Westen verläuft. Im 5. Jahrhundert verband diese Straße Viroconium mit Zentralwales. Außerdem ist es durchaus denkbar, daß eine Armee bei Forden lagerte, denn dies ist die Stelle von Lavrobrinta, einem wichtigen römischen Fort an der heutigen Grenze von Wales (siehe Kapitel vierzehn). Außerdem ist Artus' Lager bei einer Festung, die den Weg nach Viroconium bewacht, genau der Ort, wo wir den historischen Owain Ddantgwyn erwarten würden – im Herzen von Powys, nur 15 Meilen von seiner Hauptstadt entfernt.

Da Rhonabwys Führer Iddawg ein Bote bei Camlann ist, scheint es, daß die Armee sich auf diese Schlacht vorbereitet. Und da Artus später den Rat erhält, sich auf Badon vorzubereiten, eine Schlacht, die lange vor Camlann stattfand, scheint es, daß das Folgende eine Allegorie der Ereignisse ist, die zu Camlann führten. Mit anderen Worten: die Geschichte von Artus' Herrschaft.

Ein Vergleich des Traumes mit der unterstellten Herrschaft von Owain Ddantgwyn (in Kapitel sechzehn) bringt bemerkenswerte Ähnlichkeiten zutage.

Als Artus zum erstenmal auftaucht, sitzen zwei Ratgeber neben ihm, nämlich Bischof Bidwini und Gwarthegwydd. Diese könnten die beiden britischen Fraktionen darstellen, die Owain, der historische Artus, zu vereinen versuchte (siehe Kapitel dreizehn); der Bischof repräsentiert die katholisch-imperialistische Fraktion, Gwarthegwydd die pelagianisch-nationalistische. Da der walisische Name Gwarthegwydd die Bedeutung ›unehrenhafte Lehre‹ (*gwarth* – Unehre, *egwyddori* – lehren) hat, ist die Interpretation noch schlüssiger. Der Pelagianismus wurde für eine unehrenhafte Philosophie gehalten.

Das erste Ereignis, bei dem Caradawg Artus drängt, sich auf die Schlacht von Badon vorzubereiten, könnte ein Hinweis auf die nachfolgende Erzählung sein, nämlich die erforderliche Vereinigung, bevor die Sachsen besiegt werden konnten. Interessanterweise ist Artus' Gegner bei Badon ein Mann namens Osla – sehr wahrscheinlich eine britische Umwandlung des Namens von Artus' wahrscheinlichstem sächsischen Gegner bei der historischen Schlacht von Badon, Octha (siehe Kapitel neun).

Artus erhält dann sein Schwert, das Stammessymbol der Autorität über eine Allianz zwischen den Königreichen (siehe Kapitel fünf). Daß Artus sich dann auf einen Thron setzt, könnte daher auf seinen Rang als König hinweisen und den Beginn seiner Herrschaft als britischer Schlachtenführer.

Das Spiel *gwyddbwyll* könnte die Strategie von Artus bei der Vereinigung der Briten darstellen, während sein Gegner offenbar ein Krieger aus dem späten 6. Jahrhundert ist, der fälschlicherweise in die Geschichte eingewoben wurde. Da Owain ap Urien ein historischer Häuptling von Rheged war, der beinahe ein Jahrhundert nach Artus' Zeit lebte, könnte Artus' Gegner im ersten Teil der Geschichte auch Artus' Alter ego darstellen, vielleicht seine Persönlichkeit, die sich durch sich widersprechende Loyalität für die beiden gegnerischen Fraktionen aufspaltete. Der Gegner hat nicht nur den gleichen Rang, sondern Artus kann auch seine Gedanken lesen. Der Gegner könnte ursprünglich einfach Owain geheißen haben (Artus' richtiger Name, Owain Ddantgwyn), und wurde dann später eventuell durch einen Feldherren aus einer späteren Zeit mit demselben Vornamen ersetzt.

Der Kampf zwischen Artus' Männern und Owains Raben scheint die streitenden britischen Königreiche zu repräsentieren. Es werden nicht nur zwei von ihnen genannt (Rheged und Powys), sondern jeder Bote besitzt ein Stammesemblem. Tatsächlich werden der Löwe und der Leopard von Gildas erwähnt (siehe Kapitel dreizehn). Erst nachdem die beiden Seiten zusammengebracht worden sind, bitten Oslas Männer um Waffenstillstand – ein klares Sinnbild dafür, daß nach der Vereinigung der Stämme die Schlacht von Badon geschlagen und gewonnen wurde.

Die letzte Szene könnte sehr gut den letzten Feldzug von Artus darstellen. Der Tumult, von dem Rhonabwy aufwacht, scheint die Schlacht von Camlann zu sein. Ihr geht nicht nur Artus' Marsch nach Cornwall voraus – vielleicht gegen Cunomorus und seine Rebellion in Dumnonia, wie in Kapitel fünfzehn besprochen –, sondern Artus erhält den Rat von dem Sohn Maelgwn of Gwynedd, dem historischen Maglocunus, Owain Ddantgwyns verräterischem Neffen. Wie in Kapitel sechzehn gezeigt, überwältigt Maglocunus Owain Ddantgwyn bei Camlann, nachdem dieser beim Feldzug in Dumnonia geschwächt worden ist. Bemerkenswerterweise nennen die letzten Zeilen des ›Traums von Rhonabwy‹ genau die Person, die mit dem Sturz von Owain Ddantgwyn verbunden ist.

Dies könnte daher eine Darstellung der wirklichen Ereignisse sein, die Artus dazu veranlassten, eine unkluge Entscheidung bezüglich der Rückeroberung des Südens zu treffen. Dazu könnte ihm die Familie von Maglocunus geraten haben, die dann die Gelegenheit nutzte, Artus während seiner Abwesenheit abzusetzen. Dies ist genau derselbe Fehler, den Madog up Maredudd im Jahre 1149 beging, als der König von Gwynedd Vorteil aus Madogs Abwesenheit zog und die Kontrolle über das nördliche Powys erlangte. Offenbar ist dies die Moral des ›Traums von Rhonabwy‹: die Parallele zwischen den historischen Eroberungen von Powys durch Kriegsherren aus Gwynedd sowohl im 6. als auch im 12. Jahrhundert.

Wenn die Verbindung mit Owain Ddantgwyns Tod korrekt ist, dann ist Artus' Feldlager bei Forden strategisch und historisch denkbar. Owain könnte seine Armeen in der Severnebene gemustert haben, um sie für den Marsch auf Gwynedd und die schließliche Niederlage bei Camlann nahe Dolgellau vorzubereiten. Doch der ›Traum von Rhonabwy‹ könnte auch einen alternativen Ort für Camlann bieten. Die Schlacht könnte nicht in Zentralwales, sondern bei Forden selbst stattgefunden haben. Der Fluß neben Rhyd-y-Groes heißt Camlad – vielleicht ursprünglich Camlann? Wenn Camlann hier ausgetragen wurde, deutet dies darauf hin, daß Maglocunus in Owain Ddantgwyns Abwesenheit die Macht über Viroconium selbst erlangte, da Artus an einem Platz lagerte, der ideal für die Rückeroberung der Hauptstadt war.

Wenn der ›Traum von Rhonabwy‹ vor den Romanen um 1150 geschrieben wurde, wäre er gemeinsam mit Geoffrey of Monmouth der früheste detaillierte Bericht über Artus' Leben. Doch anders als Geoffreys anachronistische Orte, wie zum Beispiel die Burg Tintagel aus dem 12. Jahrhundert, ist Forden historisch denkbar als ein militärischer Schauplatz in der authentischen Artuszeit des späten 5. und frühen 6. Jahrhunderts. Außerdem nennt der ›Traum von Rhonabwy‹ nicht nur eine historische Figur, die zur gleichen Zeit wie Owain Ddantgwyn lebte und mit ihm in Verbindung stand, nämlich Maglocunus; er erwähnt auch den Anführer von Badon als Osla, eine mögliche Ableitung des sächsischen Octha. Er allegorisiert genau das Britannien des 5. Jahrhunderts und umreißt die Ereignisse des historischen Lebens von Artus in der richtigen chronologischen Reihenfolge.

Zusammenfassend bietet die Geschichte eine authentische geographische Lokalisierung, nennt historische Personen und allegorisiert die wahren historischen Ereignisse. Zudem wurde die Geschichte verfaßt und spielt im Königreich von Powys, dem Königreich Owain Ddantgwyns. Der ›Traum von Rhonabwy‹ beweist damit nicht nur die Existenz eines frühen Kriegsgedichtes, sondern könnte, betrachtet man ihn allein, sehr wohl bestätigen, daß Owain Ddantgwyn Artus war.

Excalibur – Das Schwert

Nachdem wir den historischen Artus gefunden haben, ist es endlich möglich, sinnvoll über das Bild des historischen ›Excalibur‹ zu spekulieren.

Wie in Kapitel eins beschrieben, muß das Schwert eines britischen Kriegers aus dem 5. Jahrhundert dem römischen *spatha*-Typ geglichen haben – ein römischer Säbel, ungefähr 70 Zentimeter lang, mit einem verkümmerten Stichblatt – nicht dem großen Breitschwert aus dem Mittelalter.

Eine Beschreibung der Verzierung von Artus' Schwert ist im ›Traum von Rhonabwy‹ enthalten, wo es »eine Verzierung aus zwei Schlangen auf dem goldenen Heft« trägt. Da Geoffrey of Monmouth Caliburn (sein Name für Artus' Schwert) nicht beschreibt und der ›Traum von Rhonabwy‹ bereits 1150 geschrieben sein könnte (vor den ersten Romanen), ist er wahrscheinlich die älteste Beschreibung von Artus' Schwert.

In der *Notitia Dignitatum,* einem späten römischen Dokument über die westliche Verwaltung, die auch militärische Insignien enthält (circa um 420), trägt ein Schild die Insignien von zwei gekreuzten Schlangen. Das Zeichen ist das Emblem der *Segontienses Auxilium Palatinium*-Einheit, die man allgemein für die ehemalige Garnison von Segontium in Gwynedd hält (Caernarvon, die römische Hauptgarnison von Nordwestwales), dem Heimatland des historischen Artus.

Wenn Artus ein Amtsschwert von seinen Vorgängern erbte, also den prorömischen Herrschern von Gwynedd (Enniaun Girt, Cunedda und Ambrosius), ist es historisch denkbar, daß ein solches Schwert das Motiv der Doppelschlange trug, die Insignien der ehemals römischen Verwaltung dieser Gegend. Gwynedd war nicht nur das Herz der imperialistischen Fraktion im Britannien des späten 5. Jahrhunderts (siehe Kapitel elf), sondern der Drache, auch die Schlange, war das Stammesemblem (siehe Kapitel zwölf), und Zwillingsdrachen werden in Nennius' *Historia Brittonum* mit Ambrosius in Beziehung gebracht (siehe Kapitel elf).

Dieser Beleg, gemeinsam mit der offenbaren Genauigkeit im ›Traum von Rhonabwy‹ macht es sehr wahrscheinlich, daß Artus' Schwert tatsächlich »eine Verzierung aus zwei Schlangen« an seinem Heft trug.

Anno Domini

43–47	Britannien wird von Kaiser Claudius erobert und zu einer Inselprovinz des Römischen Reichs.
78	Das westliche Kommando über Britannien wird nach Chester verlegt, und Viroconium wird zu einer blühenden Stadt.
122	Kaiser Hadrian ordnet den Bau des Hadrianwalls zwischen Newcastle und Solway Firth an.
200	Der Antoninuswall wird verlassen, und der Hadrianswall wird zur Nordgrenze des Reichs.
380	Pelagius reist von Britannien nach Rom und gerät in Konflikt mit der Kirche.
383	Magnus Maximus wird von den britischen Legionen zum Kaiser erklärt. Er dringt in Gallien und Italien ein und wird von Theodosius I. besiegt.
401	Alarich, der König der Westgoten, dringt in Norditalien ein.
407	Constantius III. wird von den britischen Legionen zum Kaiser erklärt und fällt in Gallien ein.
408	Alarich belagert Rom, und Kaiser Honorius wird gezwungen, Truppen aus Britannien abzuziehen.

409	Pikten und Iren fallen in Nordwestbritannien und Westwales ein.
410	Alarich überfällt Rom. Honorius kann der britischen Bitte um Verstärkung nicht nachkommen. Die letzten römischen Legionen verlassen Britannien.
411	Constantius III. wird in Arles besiegt und später von Honorius hingerichtet.
412	Honorius schickt den *Comes Britanniarum* an der Spitze einer Hilfsarmee nach Britannien.
416	Die römische Kirche läßt verkünden, daß die Lehre von Pelagius Ketzerei sei.
418	Der *Comes Britanniarum* wird zusammen mit dem restlichen Militär aus Britannien abgezogen.
420	Das Königreich Powys wird gegründet. Es findet eine vollkommene Umgestaltung von Viroconium statt.
425	Vortigern erlangt die Kontrolle über Zentral- und Südbritannien.
429	Germanus, der Bischof von Auxerre, besucht Britannien als Abgesandter der katholischen Kirche.
445	Die Pest erreicht Britannien und schwächt Vortigerns Regentschaft erheblich.
446	Übergriffe der Pikten in Nordbritannien beginnen wieder. Weitere irische Invasionen in Westwales finden statt.
447	Germanus besucht Britannien zum zweiten Mal. Vortigern stirbt, und sein Sohn Vortigern II. (wahrscheinlich Britu) folgt ihm auf den Thron.
448	Die Briten bitten erfolglos beim römischen

	Konsul Aetius in Gallien um militärische Unterstützung.
449	Vortigern II. lädt angelsächsische Söldner nach Britannien, um gegen die Pikten und Iren zu kämpfen.
451	Attila der Hunne wird bei Châlons-sur-Marne besiegt.
455	Eine sächsische Revolte wird von Hengist und Horsa initiiert. Die Schlacht von Egelesprep (Aylesford) findet statt, in welcher Horsa und Cateyrn sterben. Hengist gründet das Königreich Kent. Die britischen Streitkräfte werden besiegt.
455-60	Die Angelsachsen übernehmen die Herrschaft in Ostbritannien. Vortigern II. wird abgesetzt.
459	Die Schlacht von Guoloph wird geschlagen, bei der Ambrosius gegen Vitalinus kämpft (wahrscheinlich um die Herrschaft in Powys).
460	Ambrosius wird Anführer der britischen Armeen. Die britische Verteidigung wird umorganisiert. Cunedda und die Votadini werden nach Nordwales eingeladen, um die Iren zu vertreiben. Es gibt ein Wiederaufleben des (römischen) Imperialismus in Britannien.
470	Ein britisches Kontingent kämpft für Kaiser Anthemius in Nordfrankreich.
476	Odoaker besiegt Kaiser Romulus Augustulus und ernennt sich selbst zum König von Italien. Das westliche Römische Reich bricht zusammen.
477	Der sächsische Anführer Aelle landet in Sussex.

480	Zwischen den Briten und Sachsen im Süden Englands herrscht eine Pattsituation. Die Angeln müssen im Norden eine Niederlage hinnehmen. Cunorix wird in Viroconium begraben.
485	Aelle besiegt die Briten bei Mearcredes-burna.
485–88	Artus kämpft für Ambrosius gegen die Angeln.
488	Hengist stirbt, und Octha wird sein Nachfolger. Artus löst Ambrosius ab.
488–93	Die Artusfeldzüge.
491	Aelle belagert das Fort bei Anderida (Pevensey) und gründet das Königreich Sussex.
493	Artus besiegt Aelle und Octha bei der Schlacht von Badon. Die Angelsachsen ziehen sich nach Südostengland zurück.
495	Cerdic landet in Hampshire, wahrscheinlich als Söldner.
508	Cerdic siegt über einen britischen König namens Natanleod und erlangt die Herrschaft über eine Gegend von der Größe des heutigen Hampshire. Cerdic und Cunomorus gründen eine Allianz.
512	Oisc wird König von Kent.
519	Die Schlacht von Certicesford. Die Schlacht von Camlann. **Der Tod von Artus.** Maglocunus wird König von Gwynedd. Cuneglasus wird König von Powys.
520	Viroconium wird verlassen.
522	Oisc stirbt.
530	Dem byzantinischen Kaiser Justinian I. ge-

lingt es nicht, das westliche Reich zurückzuerobern.

534	Cynric wird König von Wessex.
540-45	Gildas schreibt das *De Excidio Conquestu Britanniae*.
549	Maglocunus stirbt.
550	Der Stein von Drustanus wird errichtet.
552	Cynric besiegt die Briten bei Old Sarum.
555	Buckinghamshire wird von den Sachsen überwältigt.
556	Die Schlacht von Beranburh (nahe Swindon).
560	Tod von Cynric.
571	Cuthwulf vertreibt die Midlandbriten in Bedfordshire.
575	Die Schlacht von Arfderydd, nach der Myrddin den Verstand verliert (laut *Annales Cambriae*).
577	Die Briten werden bei der Schlacht von Dyrham besiegt; Bath, Cirencester und Gloucester fallen an die Sachsen.
598	Die anglischen Könige Aethelfrid und Aelle besiegen die Briten bei Catraeth (Catterick in Yorkshire).
603	Der irische König Aedan wird von Aethelfrid in Nordengland besiegt.
604	Aethelfrid zieht gegen Aelle, besetzt York und gründet das Königreich Northumbria.
610	Das Gedicht *Gododdin* wird verfaßt.
613	Aethelfrid besiegt eine vereinigte Armee aus Gwynedd und Powys bei Chester, wobei der König von Powys, Selyf, getötet wird.
614	Die Wessexsachsen ziehen nach Devon.

617	Tod von Aethelfrid. Edwin wird König von Northumbria.
626	Penda bricht mit Northumbria und gründet das Königreich Mercia in den östlichen Midlands.
629	Cadwallon of Gwynedd wird von Edwin in Nordwales belagert.
633	Edwin wird von Cadwallon und Penda besiegt.
634	Die *Irish Annales* nennen den Brand von Bangor.
635	Cadwallon wird von Oswald aus Northumbria besiegt.
638	Gododdin wird von den Angeln überrannt.
644	Penda von Mercia besiegt in einer Allianz mit Cynddylan von Powys Oswald von Northumbria bei der Schlacht von Maes Cogwy (Oswestry).
645	Die ›Hämmerung von Dyfed‹ (vielleicht durch die Iren) findet laut *Annales Cambriae* statt.
649	Das ›Gemetzel von Gwent‹ (vielleicht durch die Sachsen) findet laut *Annales Cambriae* statt.
655	Penda wird gemeinsam mit Aethelhere aus East Anglia von Oswy besiegt. Peada wird König von Mercia. Anna wird König von East Anglia. Mercia und East Anglia ordnen sich Northumbria unter.
656	Cynddylan besiegt die Mercianer bei Caer Luitcoet (nahe Lichfield).
658	Oswy überwältigt Powys. Tod von Cynddylan. Die Briten verlieren Staffordshire und Shropshire. Die Mercianer beset-

	zen das westliche Powys. Wulfhere wird König von Mercia.
661	Das *Tribal Hidage* wird zusammengestellt.
682	Die Wessexsachsen festigen ihre Macht in der gesamten südwestlichen Insel, mit Ausnahme von Cornwall.
731	Beda schreibt die *Historia Ecclesiastica Gentis Anglorum*.
800	Der Papst krönt Karl den Großen zum Kaiser des Heiligen Römischen Reiches.
830	Nennius schreibt die *Historia Brittonum*.
850	Das *Gododdin* wird niedergeschrieben. *Canu Llywarch Hen* und *Canu Heledd* werden verfaßt. Cyngen, der König von Powys, errichtet die Säule von Eliseg.
854	Cyngen stirbt während einer Pilgerreise nach Rom. Rhodri Mwar aus Gwynedd wird König von Powys.
871-99	Der *Anglo-Saxon Chronicle* wird nach frühen klösterlichen Berichten unter der Leitung von Alfred dem Großen zusammengestellt.
926	Cornwall fällt an die Engländer.
927	Aethelstan vereinigt die Angelsachsen und wird der erste König über ganz England.
955	Die *Annales Cambriae* werden zusammengestellt.
990	›Culhwch und Olwen‹ wird verfaßt.
1100	Der *Chronicle of Mont Saint Michel* wird zusammengestellt, in dem Artus als König von Britannien genannt wird.
1120	Ein überliefertes Manuskript, das die *Historia Brittonum* und die *Annales Cambriae* enthält, wird zusammengestellt.

1125	William of Malmesbury schreibt die *Gesta Regum Anglorum,* in der er sich auf König Artus bezieht.
1120–40	Der Modena-Archivolt am nördlichen Portal der Kathedrale von Modena wird mit einer Artusszene verziert.
1130	William of Malmesbury schreibt *De Antiquitate Glastoniensis Ecclesiae.*
1130	Geoffrey of Monmouth schreibt die *Prophetiae Merlini,* während er an seiner *Historia* arbeitet.
1135	Die *Historia Regum Britanniae* wird von Geoffrey of Monmouth fertiggestellt.
1135	Henry of Huntingdon schreibt die *Historia Anglorum,* in der er Nennius' Liste von Artus' Schlachten übernimmt.
1130–40	Hermann von Tournai beschreibt den Besuch der Abgesandten der Laon-Kathedrale in England, bei dem ihnen die Artuslegenden Cornwalls berichtet werden.
1140	Caradoc of Llancarfan bezieht Artus in seinem ›Leben von Gildas‹ in das Leben des Mönchs ein.
1150	Geoffrey of Monmouths *Vita Merlini* wird geschrieben.
1155	Wace stellt sein Gedicht *Roman de Brut* fertig, das sich auf Geoffreys Werk gründet, und führt die Tafelrunde in die Artusgeschichte ein.
1160	Der ›Traum von Rhonabwy‹ wird verfaßt.
1160–80	Chrétien de Troyes schreibt seine fünf Artusgedichte, die hauptsächlich dafür verantwortlich sind, daß König Artus zu einem beliebten Motiv der romantischen Literatur

wird. Er führt viele der Artusritter und den Namen Camelot ein.

1190 Die Mönche der Glastonbury-Abtei behaupten, das Grab von König Artus und Guinevere gefunden zu haben.

1195–1200 Robert de Boron schreibt eine Trilogie von Artusgedichten. Er führt das Motiv des Heiligen Grals als das Gefäß ein, das von Christus beim letzten Abendmahl verwendet wurde, sowie das Motiv des Schwerts, das im Stein steckt.

1200 Der englische Priester Layamon ist der erste, der die Artussage ins Englische überträgt. Sein Werk *Brut* ist eine Adaption von Waces *Roman de Brut.*

1200 Die Artusgeschichte kommt in Form von zwei Gedichten, *Erec* und *Iwein,* von dem Dichter Hartmann von Aue nach Deutschland.

1205 Wolfram von Eschenbach schreibt seine epische Artusgeschichte *Parzival,* in welcher er den Gral als einen Zauberstein darstellt.

1215–35 Eine große Anzahl zusammenhangloser Artusgeschichten, die allgemein als der *Vulgate Cycle* bekannt sind, werden zusammengestellt. Der Zyklus, der anonym verfaßt wurde, ist hauptsächlich für viele der Ausschmückungen innerhalb der Artusgeschichte verantwortlich.

1247 Die Abtei von Glastonbury gibt eine überarbeitete Auflage von William of Malmesburys *De Antiquitate Glastoniensis Ecclesiae* heraus.

1250 Das ›Schwarze Buch von Carmarthen‹, das

älteste überlieferte Manuskript mit walisischen Gedichten über Artus, wird geschrieben.

1265   Das ›Buch von Aneirin‹, das das erhaltene Exemplar des *Gododdin* enthält, entsteht.

1275   Das ›Buch von Taliesin‹, das die ›Spoils of Annwn‹ enthält, wird verfaßt.

1325   Das ›Weiße Buch von Rhydderch‹, das den ersten Teil von ›Culhwch und Olwen‹ enthält, wird verfaßt.

1400   *Sir Gawain and the Green Knight* wird von einem anonymen Autor aus den nordwestlichen Midlands geschrieben.

1400   Das ›Rote Buch von Hergest‹ wird verfaßt. Es enthält den ›Traum von Rhonabwy‹, die Geschichte von ›Culhwch und Olwen‹ sowie die überlieferte Version von *Canu Heledd* und dem *Canu Llywarch Hen.*

1470   Sir Thomas Malory beendet *Le Morte Darthur,* den berühmtesten Artusroman.

BIBLIOGRAPHIE

Quellenmaterial im Original und in Übersetzung

Anglo-Saxon Chronicle: Auf engl.: *The Anglo-Saxon Chronicle,* übers.
v. G. N. Garmonsway, Everyman's Library, London 1967

Annales Cambriae: Auf engl.: *The Welsh Annals,* übers. v. John Morris,
in: *History from the Sources Bd. 8,* Phillimore, Chichester 1980

Beda Venerabilis, Historia Ecclesiastica Gentis Anglorum: Auf engl.:
The Ecclesiastical History of the English Nation, übers. v. J. A. Giles,
Everyman's Library, London 1970; [Auf dt.: *Auszüge aus der Kirchen-
geschichte des Beda Venerabilis,* übers. v. David Coste, Dycksche
Buchhandlung, Leipzig 1909]

Chrétien de Troyes: Auf engl.: L. T. Topsfield: *Chrétien de Troyes: A
Study of the Arthurian Romances,* Cambridge University Press, Cambridge 1981; [Auf altfranz. und dt.: *Erec und Enide,* übers. und eingel.
v. Ingrid Kasten, Fink, München 1979; *Yvain,* übers. und eingel.
v. Ilse Nolting-Hauff, Fink, München 1983; *Lancelot,* übers. und eingel. v. H. Jauß-Meyer, Fink, München 1974; *Le Roman de Perceval /
Der Percevalroman,* übers. und hrsg. v. Felicitas Olef-Krafft, Reclam,
Stuttgart 1991]

Geoffrey of Monmouth, Historia Regum Britanniae: Auf engl.: *History
of the Kings of Britain,* übers. v. Lewis Thorpe, Penguin, London
1966; [Auf dt. in Auszügen bei Walter F. Schirmer, *Die frühen Darstellungen des Arthurstoffes,* Westdeutscher Verlag, Köln/Opladen
1958; *König Artus und seine Tafelrunde: Europäische Dichtung des
Mittelalters,* neuhochdeutsch hrsg. v. Karl Langosch, Reclam, Stuttgart 1980; *Das Leben des Zauberers Merlin / Vita Merlini,* erstmals
in dt. Übertr. mit anderen Überlieferungen hrsg. v. Inge Vielhauer,
Castrum Peregrini Press, Amsterdam 1964]

Gildas, De Excidio Britanniae: Auf lat. und ins Engl. übers. von Michael
Winterbottom, in: *History from the Sources Bd. 7,* Phillimore, Chichester 1978

Gododdin: Auf engl.: *The Gododdin,* Edinburgh University Press, Edinburgh 1969

Layamon, Brut: Auf engl.: *Arthurian Chronicles,* übers. v. Eugene Mason, Dent, London 1912

Sir Thomas Malory, Le Morte Darthur: Im engl. Original erschienen in 2 Bdn., Dent, London 1972; [Auf dt.: *Die Geschichten von König Artus und den Rittern seiner Tafelrunde,* 3 Bde., übers. v. Helmut Findeisen, Insel Verlag, Frankfurt 1977]

Nennius, Historia Brittonum: Auf lat. und ins Engl. übers. v. John Morris, in: *History from the Sources Bd. 8,* Phillimore, Chichester 1980

Vulgate Cycle: Auf engl.: *Arthurian Fictions: Re-reading the Vulgate Cycle,* Jane E. Burns, Ohio State University Press, Columbus 1985

Wace, Le Roman de Brut: Auf engl.: *Arthurian Chronicles,* übers. v. Eugene Mason, Dent, London 1912; [Auf dt. in Auszügen bei: *König Artus und seine Tafelrunde: Europäische Dichtung des Mittelalters,* neuhochdeutsch hrsg. v. Karl Langosch, Reclam, Stuttgart 1980]

William of Malmesbury, Gesta Regum Anglorum: Auf engl.: *Chronicle of the Kings of England,* Bell and Daldy, London 1866

Wolfram von Eschenbach, Parzival: Auf engl.: Hugh D. Sacker, *An Introduction to Wolfram's ›Parzival‹,* Cambridge University Press, Cambridge 1963; [Auf mittelhochdeutsch und neuhochdeutsch, übers. v. Wolfgang Spiewok, Reclam, Stuttgart 1981 oder in Prosa übertr. v. Wilhelm Stapel, Langen Müller Verlag, München/Wien 1992]

Walisische Literatur

Canu Llywarch Hen, hrsg. v. Ifor Williams, University of Wales Press, Cardiff 1935
The Earliest Welsh Poetry, Joseph Clancy, Macmillan, London 1970
A Guide to Welsh Literature, hrsg. v. A. O. H. Jarman und Gwilym Rees Hughes, Christopher Davies, Swansea 1976
A History of Welsh Literature, Thomas Parry, ins Engl. übers. v. H. Idris Bell, Oxford University Press, Oxford 1955
The Mabinogi and Other Medieval Welsh Tales, hrsg. v. Patrick K. Ford, University of California Press, Los Angeles 1977
The Oxford Companion to the Literature of Wales, hrsg. v. Meic Stephens, Oxford University Press, Oxford 1987
The Penguin Book of Welsh Verse, Anthony Conran, Penguin, Harmondsworth 1967

Auswahlbibliographie englischer Forschungsliteratur

Alcock, Leslie, *Arthur's Britain: History and Archaeology A. D. 376–634,* Penguin, London 1971

Ashe, Geoffrey, *The Quest for Arthur's Britain,* Pall Mall Press, London 1968

Ashe, Geoffrey, *Camelot and the Vision of Albion,* Heinemann, London 1971

Ashe, Geoffrey, *A Guidebook to Arthurian Britain,* Aquarian, Wellingborough 1983

Ashe, Geoffrey, *Avalonian Quest,* Fontana, London 1984

Ashe, Geoffrey, *The Discovery of King Arthur,* Debrett's Peerage, London 1985; [dt.: *König Arthur. Die Entdeckung Avalons,* Econ, Düsseldorf 1995]

Barber, Richard, *King Arthur in Legend and History,* Cardinal Books, London 1973

Cavendish, Richard, *King Arthur and the Grail,* Weidenfeld and Nicolson, London 1987

Copley, Gordon K., *The Conquest of Wessex in the Sixth Century,* Phoenix House, London 1954

Chadwick, Nora K., *Celtic Britain,* Praeger, New York 1963

Chadwick, Nora K., *The Age of the Saints in the Early Celtic Church,* Oxford University Press, London 1981

Chadwick, Nora K., *The Celts,* Penguin, Harmondsworth 1970

Clancy, Joseph, *Pendragon: Arthur and his Britain,* Macmillan, London 1971

Comfort, W. W., *Arthurian Romances,* Dutton, New York 1914

Crossley-Holland, Kevin, *British Folk Tales,* Orchard Books, London 1987

Davidson, H. E., *Gods and Myths in Northern Europe,* Penguin, Harmondsworth 1964

Delaney, Frank, *Legends of the Celts,* Hodder & Stoughton, London 1989; [dt.: *Tristan und Isolde und andere keltische Legenden,* aus dem Engl. v. Reinhard Ulrich, Aufbau, Berlin 1992]

Dillon, Myles / Chadwick, Nora K., *The Celtic Realms,* New American Library, New York 1967 [dt.: *Die Kelten,* dtv, München 1983]

Dunning, Robert, *Arthur – King in the West,* Alan Sutton, Gloucester 1988

Fife, Graham, *Arthur the King,* BBC Enterprises, London 1990

Frere, S., *Britannia,* Routledge and Kegan Paul, London 1967

Goetinck, Glenys, *Peredur: A Study of Welsh Tradition in the Grail Legends,* University of Wales Press, Cardiff 1975

Goodrich, Norma, *Merlin,* Franklin Watts, New York 1987

Goodrich, Norma, *Arthur,* Franklin Watts, New York 1989; [dt.: *Die Ritter von Camelot. König Artus, der Gral und die Entschlüsselung einer Legende,* Verlag C. H. Beck, München 1994]

Green, Miranda, *The Gods of the Celts,* Alan Sutton, Gloucester 1986

Gurney, Robert, *Celtic Heritage,* Chatto and Windus, London 1969

Hodgkin, R. H., *A History of the Anglo-Saxons,* 2 Bde., Oxford University Press, Oxford 1952

Jarman, A. O. H., *The Legend of Merlin,* University of Wales Press, Cardiff 1960

Jarman, A. O. H. / Hughes, Gwilym Rees, *A Guide to Welsh Literature,* Davis, Swansea 1976

Jones, A. M. H., *The Decline of the Ancient World,* Longman, London 1966

Lacy, Norris (Hrsg.), *The Arthurian Encyclopedia,* Boydell, London 1988

Loomis, Roger Sherman (Hrsg.), *Arthurian Literature in the Middle Ages,* Clarendon Press, Oxford 1959

Loomis, Roger Sherman, *Celtic Myth and the Arthurian Romance,* Columbia University Press 1927

Loomis, Roger Sherman, *Wales and the Arthurian Legend,* University of Wales Press, Cardiff 1966

Markale, Jean, *King Arthur: King of Kings,* Gordon and Cremonesi, London 1977

Morris, John (Hrsg.), *The Age of Arthur,* 3 Bde., Phillimore, Chichester 1977

Owen, D. D. R., *The Evolution of the Grail Legend,* Oliver and Boyd, London 1968

Pollard, Alfred, *The Romance of King Arthur,* Macmillan, London 1979

Salway, Peter, *The Frontier People of Roman Britain,* Cambridge University Press, Cambridge 1965

Stephens, Meic (Hrsg.), *The Oxford Companion to the Literature of Wales,* Oxford University Press, Oxford 1986

Thomas, Charles, *Britain and Ireland in Early Christian Times,* Thames and Hudson, London 1971

Thomson, E. A., *A History of Attila and the Huns,* Clarendon Press, Oxford 1948

Treharne, R. F., *The Glastonbury Legends,* Cresset, London 1967

Williams, A. H., *An Introduction to the History of Wales,* University of Wales Press, Cardiff 1962

Westwood, Jennifer, *Albion: A Guide to Legendary Britain,* Paladin, London 1987

Whitelock, Dorothy (Hrsg.), *English Historical Documents: 500–1042,* Eyre and Spottiswoode, London 1955

Auswahlbibliographie deutschsprachiger Forschungsliteratur

Ashe, Geoffrey, *Kelten, Druiden und König Artus: Mythologie der Britischen Inseln,* Walter Verlag, Solothurn u. a. 1993

Baumer, Franz, *König Artus und sein Zauberreich: Eine Reise zu den Ursprüngen,* Langen Müller Verlag, München 1991

Benning, Marie Christiane, *König Artus und Merlin: Nach alten Quellen neu erzählt,* Mellinger, Stuttgart 1991

Botheroyd, Paul und Sylvia, *Schottland, Wales, Cornwall. Auf den Spuren von König Artus,* Knaur, München 1988

Botheroyd, Paul und Sylvia, *Das Lexikon der keltischen Mythologie,* Diederichs, München 1991

Brogsitter, Karl Otto, *Artusepik,* Metzler, Stuttgart 1971

Das Buch Camelot. Sagen, Lieder und Geschichten von König Artus und den Rittern seiner Tafelrunde, hrsg. von Bertram Wallrath, Knaur, München 1989

Burdach, Konrad, *Der Gral: Forschungen über seinen Ursprung und seinen Zusammenhang mit der Longinuslegende,* Wissenschaftliche Buchgesellschaft, Darmstadt 1974

Chant, Joy, *Könige der Nebelinsel: Das Buch der keltischen Königssagen,* Lübbe, Bergisch-Gladbach 1994

Clarus, Ingeborg, *Keltische Mythen: Der Mensch und seine Anderswelt,* Walter Verlag, Freiburg 1991

Cunliffe, Barry, *Die Kelten und ihre Geschichte,* Bastei-Lübbe, Bergisch-Gladbach 1992

Gerstmann, Eberhard, *Die Suche nach dem Gral,* Esoter. Gem. d. Rosenkreuzer-Sivas, Köln 1990

Godwin, Malcolm, *Der heilige Gral,* Heyne, München 1994

Göller, Karl H., *König Arthur in der englischen Literatur des Spätmittelalters,* Vandenhoeck und Ruprecht, Göttingen 1963

Green, Miranda, *Keltische Mythen,* Reclam, Stuttgart 1994

Herm, Gerhard, *Die Kelten: Das Volk, das aus dem Dunkeln kam,* Econ, Düsseldorf/Wien 1975

Hetmann, Frederik (Hrsg.), *Märchen aus Wales,* Fischer, Frankfurt 1989

Hope, Murry, *Magie und Mythologie der Kelten,* Heyne, München 1990

Hulpach, Vladimir, *König Artus und seine Ritter: Geschichten der Tafelrunde,* G. Lentz Verlag, München 1988

Im Lande Merlins − Cornwall, Photographien von Martin Thomas, Bucher, München u. a. 1986

Der keltische Kessel. Wandlung und Wiedergeburt in der keltischen Mythologie: Irische, walisische und arthurianische Erzählungen und Texte, ausgew. und übers. v. Fritz Lautenbach, Urachhaus, Stuttgart 1991

Keltische Sagen, Nachw. und hrsg. von Renate Brendel, übers. von Rudolf Thurneysen, Insel, Frankfurt 1991

Kluge, Manfred (Hrsg.), *Das Buch Avalon: Die Mythen und Legenden von König Artus und den Rittern seiner Tafelrunde,* Heyne, München 1980

Köhler, Erich, *Ideal und Wirklichkeit in der Höfischen Epik: Studien zur Form der frühen Artus- und Gralsdichtung,* Niemeyer, Tübingen 1970

Kuckartz, Wilfried, *Merlin: Mythos und Gegenwart,* Verlag Die Blaue Eule, Essen 1988

Kübler, Roland, *Die Sagen um Merlin, Artus und die Ritter der Tafelrunde: Nach alten Quellen neu erzählt,* Stendel Verlag, Waiblingen 1988

Lampo, Hubert / Koster, Pieter Paul, *Artus und der Gral,* Fourier, Wiesbaden 1993

Lancelyn Greem, Peter, *König Arthur und seine Ritter der Tafelrunde,* Saint Germain, Höhr-Grenzhausen 1981

Lechner, Auguste, *König Artus: Die Geschichten von König Artus, seinem geheimnisvollen Ratgeber Merlin und den Rittern der Tafelrunde,* Tyrolia Verlag, Innsbruck 1990

Leippe, Ulla, *Artus Sagen,* neu erzählt, Keyser, München 1964

Lincoln, Henry / Baigent, Michael / Leigh, Richard, *Der Heilige Gral und seine Erben,* Bastei-Lübbe, Bergisch-Gladbach 1987

Matthews, John und Caitlín, *Lexikon der keltischen Mythen,* Heyne, München 1994

Matter, Hans, *Englische Gründungssagen von Geoffrey von Monmouth bis zur Renaissance,* Winter, Heidelberg 1981

Ohff, Heinz, *Artus: Biographie einer Legende,* Piper, München 1993

Robert de Boron, *Die Geschichte des Heiligen Gral,* Nachw. und aus dem Altfranz. v. Konrad Sandkühler, Ogham Verlag Sandkühler und Co., Stuttgart 1979

Robert de Boron, *Merlin, der Künder des Grals,* Nachw. und aus dem

Altfranz. v. Konrad Sandkühler, Ogham Verlag Sandkühler und Co., Stuttgart 1980

Schirmer, Walther F., *Die frühen Darstellungen des Arthurstoffes,* Westdeutscher Verlag, Köln/Opladen 1958

Schwarzenfeld, Gertrude von, *Cornwall: König Arthurs Land,* Langen Müller Verlag, München/Wien 1977

Stein, Walter J., *Weltgeschichte im Lichte des heiligen Gral: Das neunte Jahrhundert,* Mellinger, Stuttgart 1986

Stewart, Robert J., *Merlin: Das Leben eines sagenumwobenen Magiers,* Droemer Knaur, München 1988

Tolstoy, Nikolai, *Auf der Suche nach Merlin,* Heyne, München 1989

Voss, Karl, *Reiseführer für Literaturfreunde: England und Wales,* Ullstein, Berlin 1989

Wais, Kurt (Hrsg.), *Der arthurische Roman,* Wissenschaftliche Buchgesellschaft, Darmstadt 1970

Westphal, Wilfried, *Einst wird kommen ein König: Artus – Wahrheit und Legende,* Westermann, Braunschweig 1989

Young, Ella, *Keltische Mythologie,* Mellinger, Stuttgart 1985

Young, Ella, *Keltische Heldensagen,* Mellinger, Stuttgart 1979

Zimmer, Heinrich, *Abenteuer und Fahrten der Seele: Mythen, Märchen und Sagen aus keltischen und östlichen Kulturbereichen. Darstellung und Deutung,* Diederichs, Düsseldorf/Köln 1977

Aelle   131 f., 137, 141 ff., 263, 278
Aethelfried   263 f., 280
Aethelhere   264 f., 269
Aetius   107, 111
Afallennau   61 f., 65
Agitius   s. Aetius
Agned, Mount-Schlacht von   124, 271 f.
Alarich I.   103, 166
Alcock, Leslie   30
Alfred der Große   25, 97
Ambrosius Aurelius   18, 23, 84, 86, 94 f., 97 f., 118 f., 123 f., 129, 155 f., 159 f., 162, 163 ff., 168 f., 171-177, 179, 182, 194, 197, 211, 245 f., 277
Amr   95, 209
Angeln   114, 116
Angelsachsen   116, 119, 121, 123-129, 173, 246
Anglesey   68, 261
Anglo-Saxon Chronicle   82, 90, 96 ff., 105 f., 111, 113, 117, 119-121, 127 f., 131 f., 135, 139, 143, 145, 154, 160, 170, 234 f., 235 ff., 243, 245, 261
Annales Cambriae   23, 35 f., 52, 61, 65 f., 81, 88 ff., 93, 98 f., 102, 107, 112, 126, 135, 136, 145, 147, 149 f., 160, 189 ff., 193 f., 229, 244, 247, 249, 253, 261, 264, 280
Anthemius   173, 177
Antoninus Pius   196
Antoninuswall   196
Arden, John   9
Athelstan   126

Attila   105
Aurelius Caninus   208
Avalon   12 f., 16, 20 f., 30 ff., 37, 46 f., 52, 54, 67, 74, 76 ff., 80
Avranches, Manuskript von   50, 53

Badbury Rings   136
Badon, Schlacht von   23, 40, 83 f., 87, 89, 93, 95-103, 111-114, 120, 124, 127, 129, 132, 134-137, 140-143, 244, 255 f., 259, 271, 283
Bär - Beiname Arthus   203-206, 213
Bär, Symbol Arthus   285-289
Barker, Philip   220, 222
Baschurch/Churches of Bassa   269 f., 272 f., 281 f.
Bassas   271 f., 274
Bath (Badon?)   12, 139-143, 283 f.
Beda   81 f., 97 f., 102 f., 105 ff., 110-116, 118 ff., 125, 127 ff., 131, 142, 145, 160, 163 f., 175, 245, 249
Bedivere   16, 58, 64, 68, 77
Berth, befestigter Hügel   270 f., 274, 279, 281
›Beute von Annwn‹   39, 45-48, 51 f., 267
Boorman, John   9
Britu   153-156, 158, 161, 173
Brochfael Ysgithrog   262, 280
›Buch von Taliesin‹   39
Burkitt, Annette   283 f.
Burkitt, Tim   283 f.

Cadbury   29 f., 231
Cadwallon Lawhir   261, 264
Caer Luitcoet   268
Caerleon   13, 29, 93, 123 f.,
   271, 288
Caliburn   s. Excalibur
Camelot   14, 16, 21, 27 ff., 30,
   248, 288 f.
Camlann, Schlacht von   13, 17,
   21, 54, 63 f., 66, 89,
   98, 229-232, 234 ff., 239,
   241 ff., 252 f., 255, 260, 268,
   279
Canu Heledd   269 f., 272 f.,
   281
Canu Llywarch Hen   49,
   265-269, 273, 281
Caradoc of Llancarfan   31, 90 f.
Cat Coit Celidon   93, 271 f.
Cateyrn   117
Catraeth, Schlacht von   263
Caxton, William   15, 289
Ceawlin   237, 262
Cerdic   132, 134-137, 143,
   234-240, 243, 252, 278 f.
Charford   134 ff., 236
Chester   271 f.
Chitty, Lilly   270
Chrétien de Troyes   14, 21, 27,
   54, 56 f., 71 f., 74, 79
City of the Legion   29, 93, 123,
   271 f., 288
Claudius   196
Comes Britanniarum   170 ff.,
   176
Concenn   s. Cyngen
Constans   18, 167 f.
Constantine   s. Constantius III.
Constantius III.   18, 166-169,
   171 f.
Cornovii, Stamm   146, 215,
   226
Cornwall   126 f., 184, 208,
   231 f., 239, 242

Cotton Vespasian   122
Covianna, kelt. Wassergöttin
   69
›Culhwch und Olwen‹   40 f.,
   45 f., 48, 51 f., 58 f., 67, 267
Cunedda   189 ff., 193, 197 f.,
   210 f., 224, 228, 247 f., 250
Cuneglasus   206 f., 213, 247,
   250, 254, 258, 279
Cunomorus   62-65, 232-236,
   238 ff., 242 f., 247, 252 f.,
   278
Cunorix   250 f., 256
Cuthwulf   262
Cynan Garwyn   262 f., 280
Cynddylan   209, 265 f.,
   268-270, 281
Cyngen   147, 209, 276
Cynric   134, 236 f., 243, 247,
   240, 261 f.

*De Excidio Conquestu
   Britanniae*   s. Gildas
Devon   184, 208, 242
Dinas Emrys   174, 178
Disney, Walt   10
Drustanus   62, 65, 232, 242
Drystan   s. Drustanus
Dumnonia, Königreich   184,
   192, 207 f., 323 f., 240, 242,
   253, 262
Dyfed, Königreich   184, 192,
   207 f.
Dyrham, Schlacht von   280

Eduard III.   28, 37
Edwin   263 f.
Eglwyseu Bassa   s. Baschurch
Eliseg, Säule von   146 f., 149,
   154, 248, 276
Enniaun Girt   190 f., 194,
   250 f., 256, 258, 277
Ercing   209, 268, 273
Ethelfleda   283

Excalibur   12, 16, 30, 52,
  67 ff., 78, 274, 282, 297 f.

Felix   149 f.

Galahad   56 ff., 65, 68
Ganhumara   s. Guinevere
Gawain   57 f., 65
Gelling, Peter   270
Geoffrey of Monmouth   12, 14,
  17 f., 20, 24, 26 f., 29 f., 36,
  52, 55 f., 60, 63, 67,
  76 f., 80, 87, 90 f., 127, 163,
  168, 171, 187, 230, 238 f.,
  244, 247, 252, 259
Germanus, Heiliger Bischof von
  Auxerre   104, 150, 152 f.,
  155-158, 160 f., 172
Gerontius   167
Gesta Regum Anglorum
  s. William of Malmesbury
Gildas   81-84, 96-103,
  105-113, 116 ff., 125,
  128 f., 144 f., 163 f., 171,
  175 ff., 186, 193, 206 f., 245,
  249, 251 f., 261
Giraldus Cambrensis   46 f.
Girflet   68, 79
Glastonbury   11, 31-35, 37,
  46 f., 77
Glein, Fluß   93, 123
Gloag, John   202
Gododdin   49, 200 f., 212,
  247, 263, 267
Gododdin, Königreich   197 f.,
  210 f., 247, 272 f.
Gratian   148
Gregor, Bischof von Tours   62,
  233
Guest, Lady Charlotte   42
Guinevere   13 f., 16, 32 f.,
  55-58, 64
Gwent, Königreich   184, 192,
  207, 214

Gwynedd, Königreich   174 f.,
  177, 184, 186 ff., 191 ff.,
  197-200, 207, 210, 213 f.,
  248, 250-255, 260, 264

Hadrian   196
Hadrianswall   104, 145, 196
Hartmann von Aue   73
Heath-Stubbs, John   9, 202
Heilige Gral   14, 16, 21, 34,
  37, 48, 52, 67, 71-75, 79
Heinrich I.   26
Hengist   96, 98, 116, 120 ff.,
  128 f., 146, 154, 156, 246,
  277
Henry von Huntingdon   90 f.
Hermann von Tournai   49 f.,
  53, 244
Historia Anglorum
  s. Henry von Huntingdon
Historia Brittonum
  s. Nennius
Historia Ecclesiastica Gentis
  Anglorum   s. Beda
Historia Regnum Britanniae
  s. Geoffrey of Monmouth
Honorius   157 f., 166-169
Horsa   116 f., 146, 154, 161
Hudson, James   33

Iren   109 f., 197, 215, 226,
  247

John Rous   286 ff.
Josef von Arimatäa   34 f., 37
Justinian I.   182

Karl der Große   182
Kay   59, 64
Kent, Königreich   117 f., 127,
  130 f., 134, 136, 142 f.

Lady of the Lake   16, 68 ff.,
  79, 274, 283

Lanzelot   14, 16, 21, 55-58,
  65, 68
Layamon   15, 21
Le Morte Darthur
  s. Malroy, Sir Thomas
Leland, John   29 f.
Leo I., oström. Kaiser   17
Lhuyd, Edward   146, 276
Liddington Castle   137 f.
›Life of Gildas‹   48
›Life of St. Cadoc‹   48 f., 53
Life of St. Carannog   48
Linnuis, Schlacht von   93,
  123
›Liste der Genealogien‹   254,
  259
Little Solsbury Hill (Badon)
  141, 144, 271, 278

Mabinogion   42 f.
Madog ap Maredudd   45, 290
Maelgwn   s. Maglocunus
Maes Cogwy, Schlacht von
  265, 281
Maglocunus   102, 186, 188,
  190 f., 193, 208, 247,
  250-254, 258 f., 279
Magnus Maximus   148
Malory, Sir Thomas   11, 15,
  22, 28, 56, 58, 68, 69 f., 77,
  232, 236, 288 f.
Manau Guotodin   188, 193 ff.
Mark, König   s. Cunomorus
Medraut   s. Modred
Mercia, Königreich   126, 281,
  286
Merlin   13, 26, 60 ff., 64 f., 69,
  76
Modena   50 f., 53, 244
Modred   13, 16, 23, 63 f., 66,
  89, 98, 229-234, 238 f.,
  241 f., 252 f., 259
Monty Python   10
Morgan   s. Morganna

Morganna   30, 54 f., 64
Myrddin   61 f., 65

Natanleod   132, 235, 278
Nennius   23 f., 29, 35 f., 52,
  61, 63, 81, 83-88, 90 f.,
  93-96, 98, 105 ff., 113, 117,
  120, 122 f., 127-130, 140,
  143-146, 150-157, 159 f.,
  164, 170, 174-177, 180, 182,
  188 ff., 193, 199, 244 f.,
  246-249, 268, 271 f., 284
Northumbria   126, 263 f., 280
Notitia Dignitatum   176, 298

Octha   121 f., 129 f., 137,
  142 f., 246, 277 f.
Odoaker   182
Oisc   120 ff.
Old Sarum   134
Olympiodorus   169
Oswald   264 f.
Oswy   265, 268
Owain Ddantgwyn (hist. Artus)
  254 ff., 259, 269, 271 f.,
  273 f., 276-280, 282,
  286 ff., 290, 293

Parzival   56 ff., 65, 68, 71, 74
Pascent   153
Peada   266
Pelagius   157
Penda von Mercia   264 ff.
Peredur   56 f.
Pikten   104 f., 109 f., 116, 123,
  145, 195, 197, 215, 226, 277
Pomponius Mela   47
Powys, Königreich   146 f., 156,
  159 ff., 184, 192, 207-210,
  214 ff., 224 ff., 228, 248,
  251 ff., 255, 260 f., 264 f.,
  268, 273, 276 f., 281, 290
Prophetiae Merlini   13, 60
Prosper von Aquitanien   158

Radford, Ralegh   33
Rhonabwy   45, 290 ff.
Robert de Boron   14, 21, 34,
   60, 70 ff., 79
›Rote Buch von Hergest‹   40, 43
Runde Tisch   28, 37, 289

Sachsen   107, 113, 115 ff.,
   120, 129, 131, 134 f., 156
›Saints Lives‹   48, 53
Savory, H. N.   175
›Schwarze Buch von
   Carmarthen‹   38 f.
›Stanzas of the Grave‹   77
Sussex, Königreich   127,
   131 f., 134, 136, 142 f.
Sutcliffe, Rosemary   9
Sutton Hoo   78, 269

Taurus   149 f.
Tennyson, Alfred Lord   9
Theodosius, Konsul   148
Theodosius, oström. Kaiser
   148 f., 167
Tintagel, Burg   12, 20, 26 f., 37
›Traum von Rhonabwy‹-
   Interpretation   293-297
›Traum von Rhonabwy‹   40,
   44, 290-292, 289
›Triaden von Britannien‹
   41 f., 44
Tribal Hidage   265, 268, 281
Tribruit   124
Tristan   62-65, 233

Uther Pendragon   12, 16, 18,
   26 f., 187 f., 193, 198, 247,
   255

Valentinian   149
Viroconium   216-228, 241,
   248, 251, 253 f., 256, 258,
   277, 279
Vita Gildae   s. Caradoc of
   Llancarfan
Vita Merlini   13, 30, 54, 60,
   76, 80
Vitalinus   117, 151, 155 f.,
   160, 162
Vortigern   106, 109, 113,
   117 ff., 128, 145-152,
   154-161, 164, 168, 172 f.,
   224, 227 f., 245 f., 248
Vortimer   153 ff., 161
Vortipor   208
Votadini, Stamm   195,
   197-200, 210 ff., 228,
   247 f., 263, 268, 273
Vulgate Cycle   15, 54-57, 63,
   68, 79, 231, 236

Wace   13 f., 19, 21, 27, 67
Wales   126 f.
Warwick Castle   285-289
›Weiße Buch von Rhydderch‹
   40, 55
Wessex, Königreich   126 f.,
   132, 134, 143
William of Malmesbury   23, 31,
   35 f. 51 f., 77, 83 ff., 87, 94,
   97 f., 129, 182, 244 f., 249
Winchester   16, 28, 37, 288 f.
Wolfram von Eschenbach
   73 ff., 80
Wrmonoc, Mönch   63, 65, 239

Zosimus   169 f.